高等职业教育"十三五"学前教育专业规划教材
高职院校学前教育专业理实一体化立体教材

学前教育学（微课版）

主　编　陈学敏　陈新文
副主编　杨　森　邓韵秋　张　霞

南京大学出版社

图书在版编目(CIP)数据

学前教育学：微课版 / 陈学敏，陈新文主编. —南京：南京大学出版社，2019.7(2022.7重印)
高等职业教育"十三五"学前教育专业规划教材
ISBN 978-7-305-22050-0

Ⅰ. ①学… Ⅱ. ①陈… ②陈… Ⅲ. ①学前教育—教育理论—幼儿师范学校—教材 Ⅳ. ①G610

中国版本图书馆 CIP 数据核字(2019)第 079263 号

出版发行	南京大学出版社
社　　址	南京市汉口路 22 号　　邮　编　210093
出 版 人	金鑫荣

书　　名	学前教育学(微课版)
主　　编	陈学敏　陈新文
责任编辑	丁　群　蔡文彬　　编辑热线　025-83597482
照　　排	南京南琳图文制作有限公司
印　　刷	南京京新印刷有限公司
开　　本	787×1092　1/16　印张 17　字数 382 千
版　　次	2022 年 7 月第 1 版第 2 次印刷
ISBN	978-7-305-22050-0
定　　价	42.50 元

网址：http://www.njupco.com
官方微博：http://weibo.com/njupco
微信服务号：NJUyuexue
销售咨询热线：(025) 83594756

* 版权所有，侵权必究
* 凡购买南大版图书，如有印装质量问题，请与所购图书销售部门联系调换

目 录

第一编　学前教育论

第一章　教育概述 ··· 3
　　第一节　教育的词源分析 ··· 4
　　第二节　教育的科学内涵 ··· 7
　　第三节　教育的构成要素 ··· 11
　　第四节　教育的起源探索 ··· 14
　　第五节　教育的基本形态 ··· 17
　　第六节　教育的历史特征 ··· 20

第二章　学前教育概述 ··· 27
　　第一节　学前教育的概念与对象 ··· 28
　　第二节　学前教育的属性与特点 ··· 30
　　第三节　学前教育的理论与发展 ··· 33
　　第四节　学前教育的价值与功能 ··· 37
　　第五节　学前教育的当代特征 ··· 39
　　第六节　学前教育的发展趋势 ··· 42

第三章　中国学前教育的产生与发展 ··· 47
　　第一节　原始社会的儿童教育 ··· 47
　　第二节　中国古代学前教育 ··· 49
　　第三节　中国近现代学前教育 ··· 51
　　第四节　中国当代学前教育 ··· 56

第四章　外国学前教育的产生与发展 ··· 64
　　第一节　外国古代学前教育 ··· 64

第二节　外国近现代学前教育 …………………………………………… 72

第五章　学前教育与社会发展 ………………………………………… 86
　　第一节　学前教育与经济的关系 ………………………………………… 87
　　第二节　学前教育与政治的关系 ………………………………………… 89
　　第三节　学前教育与文化的关系 ………………………………………… 91

第六章　学前教育与儿童发展 ………………………………………… 96
　　第一节　儿童发展概述 …………………………………………………… 98
　　第二节　学前教育对儿童发展的影响 …………………………………… 101
　　第三节　学前教育受儿童发展的制约 …………………………………… 102

● **第二编　学前教育要素** ●

第七章　学前儿童 ……………………………………………………… 109
　　第一节　儿童观的演变与建构 …………………………………………… 110
　　第二节　婴幼儿的心理特征与教育要领 ………………………………… 113
　　第三节　3—4岁儿童的心理特征与教育要领 …………………………… 116
　　第四节　4—5岁儿童的心理特征与教育要领 …………………………… 118
　　第五节　5—6岁儿童的心理特征与教育要领 …………………………… 120

第八章　幼儿园教师 …………………………………………………… 126
　　第一节　幼儿园教师概述 ………………………………………………… 127
　　第二节　幼儿园教师的类型及角色 ……………………………………… 129
　　第三节　幼儿园教师的职业品质 ………………………………………… 132
　　第四节　幼儿园教师的专业成长 ………………………………………… 135

第九章　幼儿园课程 …………………………………………………… 141
　　第一节　幼儿园课程概述 ………………………………………………… 142
　　第二节　幼儿园课程目标 ………………………………………………… 145
　　第三节　幼儿园课程内容 ………………………………………………… 149
　　第四节　幼儿园课程评价 ………………………………………………… 151

| 第五节 | 当代西方早期教育课程及发展趋势 | 155 |
| 第六节 | 中国幼儿园课程的历史沿革 | 161 |

第三编　学前教育活动

第十章　幼儿园教学活动 171
- 第一节　幼儿园教学活动概述 172
- 第二节　幼儿园教学活动的组织形式与常用方法 174
- 第三节　幼儿园教学活动的原则 178
- 第四节　幼儿园教学活动的设计 180
- 第五节　幼儿园教学活动的实施 186

第十一章　幼儿园游戏活动 190
- 第一节　幼儿园游戏概述 191
- 第二节　游戏的构成要素及类型 193
- 第三节　游戏的指导 197

第十二章　幼儿园生活活动 203
- 第一节　幼儿园生活活动概述 205
- 第二节　一日生活各环节的指导 208

第四编　学前教育机构内外

第十三章　幼儿园环境创设 219
- 第一节　幼儿园环境概述 221
- 第二节　幼儿园环境创设的原则 223
- 第三节　幼儿园物质环境创设 225
- 第四节　幼儿园心理环境创设 227
- 第五节　幼儿园制度环境创设 229

第十四章　幼儿园班级管理 235
- 第一节　幼儿园班级管理概述 236

第二节 幼儿园班级管理的目的、任务与原则 …………………… 238
第三节 幼儿园班级常规管理 ………………………………………… 240
第四节 托班的管理 …………………………………………………… 242
第五节 小班的管理 …………………………………………………… 243
第六节 中班的管理 …………………………………………………… 245
第七节 大班的管理 …………………………………………………… 246

第十五章 幼儿园与家庭、社区、小学的合作 ……………………… 251
第一节 幼儿园与家庭、社区合作概述 ……………………………… 252
第二节 幼儿园与家庭、社区合作策略 ……………………………… 254
第三节 幼儿园与小学衔接概述 ……………………………………… 256
第四节 幼儿园与小学衔接策略 ……………………………………… 257

参考文献 ……………………………………………………………… 265

后　记 ………………………………………………………………… 266

扫描二维码
进入在线课程

第一编

学前教育论

问题的形成过程常常比解决方式更重要。

——爱因斯坦

第一章 教育概述

微信扫一扫
观看微课
线上练习

本章导学

教育概述是关于教育的基本内涵及历史发展的基本概括,主要是帮助学生了解教育的历史与演化,理解教育的形态与特征,形成对教育的基本认识和基本观念。教育概述是学生学习学前教育学的重要基础。

学习目标:

1. 了解教育一词在不同时代的用法。
2. 理解教育一词所包含的基本内涵。
3. 理解教育的基本构成要素。
4. 了解教育的几种起源观点。
5. 掌握讨论分析教育的基本形态。
6. 了解教育的演变历史与特征。

关键概念:

教育;教育要素;教育形态

让我们直面"钱学森之问"

为什么我们的学校总是培养不出杰出人才?——钱学森刚刚远去,"钱学森之问"成为中国教育界有识之士关注的焦点。2009年11月11日,安徽高校的11位教授联合《新安晚报》给新任教育部部长袁贵仁及全国教育界发出一封公开信《让我们直面"钱学森之问"》(11月11日《新安晚报》)。看来,跟钱老有同样疑问的人,还真有几个。"为什么我们的学校总是培养不出杰出人才?"这句看似是简单的疑问,却成为钱学森留给中国教育界一个刻骨铭心的待解难题。

"钱学森之问",有点类似小沈阳的口头禅"为什么呢?"其实,发问者自己肚子里是有答案的——因为我们的学校,缺乏培养杰出人才的机制。当然,如果再追问下去,直白一点说,就是我们的学校不像学校,更像衙门。不仅没有杰出人才,而且与"杰出"两个字渐行渐远。

北京大学前副校长王义遒说:"我觉得现在高校里有一个非常不好的现象,就是行政权力远远大于学术权力。我管事的时候,要去找一个人来做院长或系主任都非常困难,他们觉得干这种事情对学术会有妨碍。现在情况不一样了,学者都很

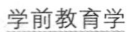

> 愿意当官,因为只有当官才有特权和资源,有自己的项目、经费、场地和人员。这种风气如果延续,学校将来就非常危险。"
>
> "钱学森之问"涉及一个复杂的现象和问题,那就是教育。教育现象和问题复杂多样,不同于其他社会现象和问题,它有着自己特定的内涵和明显的特征。所以,"钱学森之问"不只是对中国大学教育的拷问,更是对中国教育的全面检讨:包括学前教育在内的中国教育到底怎么了?教育应该是什么样的?应该培养什么样的人?应该怎样培养人?要回答这些问题并不容易,因为这里涉及一个核心的概念——教育。很显然,这里的教育,既指教育的现象,也指教育的问题,还有教育的规律等,是区分于其他社会活动的特殊领域。

第一节 教育的词源分析

关于"什么是教育"的研究,与其急于分析"教育"的概念,不如先澄清"教育"一词在各种典型语境中的用法与含义。

——黄向阳:《德育原理》

关于"教育"这个词,早在春秋时期就已出现,但古人在运用"教育"这个词时,和我们今天的理解并不完全一样,甚至我们今天所讲的"古代教育"或"近代教育",也只是为了教育历史研究的需要而做出的现代解释。或者可以这样讲,在古代一直都有教育活动的事实,但并没有"教育"这个概念,表示教育活动的是其他的词语。教育是人类社会永恒的主题,是随人类社会的产生而产生、发展而发展的。也就是说,自从有了人类社会,就开始有了教育活动,人类自身的发展需要是教育产生的重要动力。但是,在人类教育活动中是先有学校再有教师,还是先有教师再有学校,这不是今天讨论的重点,今天我们只讨论"教育"一词的来源问题。

一、古代用什么词来表示教育活动

现有的研究文献和教育史专家们一致认为,古人常用"教""诲""学""习""育"等分别表示与"教育"有关的活动。古人所谓"教",不一定是"教育"的简称,也可能包含教养、政教、教化、教导、说教等意思;所谓"学",也与近代之"学"不同,可能包含治学、学术等意思。

关于"教育"一词的来源,通常可以追溯到《孟子》,这一点,大家都没有疑义。《中国大百科全书·教育》中关于"教育"一词的解释提道:"'教育'一词,在中国最早见于

《孟子·尽心章句上》：'得天下英才而教育之,三乐也。'"①

据统计,在《孟子》一书中,"教"字出现35次,"育"字仅出现3次,"教育"只出现了1次。② 这表明,"教"是一个常用词,而"教育"只是偶然出现的提法。

研究还发现,自《孟子》以后,中国古代典籍中很少有"教育"的提法,且孟子所讲的"教育",其主体未必就是教师,更可能是开明的统治者;他所讲的"教",实为仁政之"治"。《孟子·尽心章句上》并非孟子自得其乐的表示,而是对统治者的开导。③

《说文解字》中讲:"教,上所施,下所效也。育,养子使做善也。"这里的"教"既有教学之义,也有政教之义。而"育"则为人子之育,有养育之义。在这里,"教"和"育"都是单独表达各自的意思,且大多具有私人性,即"教"和"育"都不是现在所谓的社会公共事业——教育。

在和今天的"教育"概念相关的先秦典籍中,很少提到"育"字,如在《论语》《礼记·学记》和《礼记·大学》中,均未提到"育"字;在《中庸》中有五六处提到,而《中庸》中所用"育"字,无非天地化育、万物化育之义,并非直接同"教"字相关。

在《中庸》中共有6处提到"育"字,比如:"致中和,天地位焉,万物育焉。""万物并育而不相害,道并行而不相悖,小德川流,大德敦化,此天地之所以为大也。"这里的"育"有"哺育、生长、发育"等意思,和今天"育人"之育还是有很大区别的。

而关于"教"字,《礼记·学记》所记:"教也者,长善而救其失者也。"《礼记·中庸》所记:"天命之谓性,率性之谓道,修道之谓教。"这两处的"教"大致都可以理解为"道德教化、礼法教化的过程",和今天"教育"一词有一些共同之处。

二、近代以来"教育"一词是如何演化的

现在译为"教育"的这个词在西方几种主要语言中,都是近代构建的词。同时,作为独立的、自成系统的社会活动领域的教育活动,也是近代社会发展的产物。包括教育理论研究与教育实践创新在内的中国近代教育脱颖而出,可以说是受到了西方教育潮流的影响,"教育"一词以及与它相近的一系列概念,都与这种文化历史背景相关。

自《孟子》中出现"教育"一词以来,中国古代文献中很少再出现,直到19世纪末,"教育"一词仍然比较罕见。根据我国现代教育史家陈学恂主编的《中国近代教育文选》和《中国近代教育史教学参考资料》记载,其所收教育文献到1899年止,提到"教育"的只有四个文献:一是魏源的《默觚》,二是郑观应的《盛世危言·学校》(1893),三

---

① 《孟子·尽心上》出自《孟子》,讲述了儒家思想,激励人奋发向上有所作为。《孟子》曰:"君子有三乐,而王天下不与存焉。父母俱存,兄弟无故,一乐也;仰不愧于天,俯不怍于人,二乐也;得天下英才而教育之,三乐也。君子有三乐,而王天下不与存焉。"
② 参见陈桂生:《教育学的建构》,华东师范大学出版社,2009年版第163页。
③ 参见陈桂生:《"得天下英才而教育之"辨析》,《湖北教育研究》1997年第3期。

是梁启超的《变法通义·论师范》(1896)，四是梁启超的《变法通义·论女学》(1896)。① 从这四则材料来看，魏源所讲的基本上是夏、商、周三代时期的传闻，其余三处都在介绍国外教育时提到的，郑观应讲的是国外的学校取士方法，而梁启超所讲的则是日本的教学课程名称，如修身、教育(言教授及蒙养之法)、国语、汉文、史志等。

进入20世纪，"教育"一词大量出现，单从文献名称就可见一斑。如罗振玉的《〈教育世界〉序例》(1901)、梁启超的《教育政策私议》(1902)、《论教育当定宗旨》(1902)、邹容的《革命之教育》(1903)等。这里所讲的"教育"是一个从国外引进的词汇，与当今世界各国教育理论界及教育实践一线对教育活动的界定是一致的，也就是我国近现代"教育"的概念。

大量的历史事实和研究文献表明，"教育"一词从近代开始被广泛使用，与两件大事相关：一是由罗振玉发起、王国维主编的《教育世界杂志》，自1901年起出版，每月2期，一直延续到1908年1月，共出版166期。《教育世界杂志》通过翻译介绍的方式，整理了大量关于欧美国家教育文化方面的制度和实践，尤其是美国和德国，以及日本的教育情况，在当时的中国引起了极大反响，改革教育的声音越来越大。二是1902年由蔡元培、蒋智由等发起成立的"中国教育会"。这是一个清末资产阶级教育团体。1902年4月15日，由蔡元培、黄宗仰(乌目山僧)、叶瀚(浩吾)、蒋智由(观云)、林獬(广泉)等议定并发起，是年秋冬间正式成立。其间，推蔡元培为会长，设本部于上海泥城桥福源里，并定"置支部于各地"。"以教育中国男女青年，开发其智识，而推进其国家观念，以为他日恢复国权之基础为目的"，设教育、出版、实业三部，拟集合力量，编订教科书。后该会活动于1907年停止。这是中国"废科举、兴学校"，大力推行现代教育的一支重要力量。

这个时期，"教育"和"学"这两个概念基本是同时出现在各种文献中的，而且以"学"居多。例如，当时整个教育事业被称为"学务"，国家教育机关被称为"学部"，下设"劝学司""劝学所"；"学部"中有"学臣"，"劝学所"中有"劝学员"。1906年学部奏请朝廷，颁布了"教育宗旨"。民国之后，正式改"学部"为"教育部"，蔡元培是首任教育部长。可以讲，"教育"这个词是近代由国外翻译引进而来的，当时采用"教育"一词，并非用以表达所谓"古代教育"或者"古代教育思想"等，而是把它作为可借鉴的、和"教育"这个外来概念对应的词来对待的，因为近现代"教育"一词与古代教育活动在内涵上还是有区别的。这就是我国近现代关于"教育"概念的使用情况。

通过以上对"教育"概念所做的词源分析，可以知道："教育"一词在从古代到现代的历史发展过程中，其内涵和指向，以及其作为社会活动的主体都发生了较大变化。今天我们所运用的"教育"概念和古代文献中的"教育"概念虽有区别，但也有内在联系。更重要的是，"教育"一词已经成为我们和世界交流的重要概念，被融入了人类教育的共同语境之中。教育活动作为各国社会发展的重要方面，作为人类自身发展进步的重要途径，已经成为全球共同关注的问题。

---

① 参见陈桂生：《教育学的建构》，华东师范大学出版社，2009年版第166页。

现代人对"教育"的理解已远远超越了过去对"教育"的规定性,并在各个不同语境中被广泛使用。在日常语境中"教育"往往与"教训""教导""帮教"等词相关,主要是一个道德概念和道德实践,比如,"今天看了一部电影,我深受教育。"这里的教育其实就是指个人在思想品德方面得到了帮助和引导。"这个孩子今天违反了学校相关规定,你要好好教育教育他。"这里的教育也有教导、教训、帮教的意思。在理论语境中,"教育"与学习、学校、课程、教学、教师、德育、智育、体育、美育等概念息息相关,共同构成了"教育学"的概念体系。比如,杜威讲:"我相信,唯一真正的教育,来自儿童感受到自己所处的那种社会情境的各种需要对儿童能力的刺激。"这里的教育,就是教育家们所研究的理性的、应然的、理想的教育。在政策语境中,"教育"往往与政治、经济、科技、文化、环境等一起,构成社会发展的系统,它们各自代表一个领域的事业,支持着一个国家或地区的综合发展。

第二节 教育的科学内涵

真正的教育不传授任何知识和技能,却能令人胜任任何学科和职业,这才是真正的教育。

——曾任耶鲁大学校长 理查德·莱文

近年来,中国教育发展取得了举世瞩目的成就,教育改革深刻而全面,人们关于教育的认识正发生着巨大的变化。但由于各方面因素的制约,教育仍然是社会发展中的"弱势群体",人们对教育改革的争议从未停止过,尤其是对教育质量的质疑之声正逐渐增加,教育的功利化作为当今教育的最显著特征之一被越来越多的人所批评,有识之士纷纷指出:"教育应该回归本质。"

那什么是教育的本质呢?该如何来认识教育的本质呢?这其实涉及教育理论中一个最普通、最基本的问题,即教育是什么?

确实,有关教育的所有认识都只是我们的一孔之见,我们能够归纳出来的所有认识可能都是片面的,因为这些都是在教育家经验的基础上所做的思考,但这不妨碍我们对教育的科学内涵进行交流和探讨。为了科学全面地理解教育的内涵,我们从三个层面来分析,这样能够帮助我们确立正确的教育观。

一、教育家如何定义教育

给"教育"概念下定义,就是揭示教育的科学内涵,但教育是个历史范畴,在历史长河中发生过许多重大变化,"教育"概念的含义也在不断变化,这一点在"教育的词源分析"中我们已经有所了解。

当今,影响我们对教育内涵的理解大多来自教育家们的观点,特定的身份和经历,让他们成为最有资格对教育概念进行科学解释的人。这里我们选取现代教育学之父、德国教育学家赫尔巴特,瑞士教育家裴斯泰洛齐,法国教育家卢梭,英国教育家斯宾塞和日本教育家村井实关于教育的论述来分析,如表1-1所示。

表1-1　不同国家教育家对教育的定义

教育家	关于教育的理解
赫尔巴特(德国)	教育的全部问题可以用一个概念——"道德"来包括。
裴斯泰洛齐(瑞士)	教育的目的在于代表人的一切天赋力量和能力。
卢梭(法国)	教育应当依照儿童自然发展的程序,培养儿童所固有的观察、思维和感受的能力。
斯宾塞(英国)	教育是为我们的完善生活做好准备。给各种情况下的各方面行为以正确指导,即如何治身、如何养心、如何处事、如何立家、如何尽公民的义务、如何利用天然的资源来增进福利、如何善用我们的才能,达到最高效用,以求人己皆利,要言之,如何经营完善的生活。
村井实(日本)	教育是使儿童(每个人)变得善良的各种活动。

从上面所列的论述来看,教育家们对教育的理解各有不同。赫尔巴特尤其强调教育在人的道德发展方面的作用,不仅规定了教育的道德内容,更规定了教育的道德价值。这与我国古代关于教育的理解具有很大相似性。裴斯泰洛齐则强调教育是一种无处不在、无所不能的影响,以及教育激发人的天赋力量、培养人的能力的目标取向。卢梭则主要强调教育的方式方法,而对于人的主观能动性认识不够。斯宾塞则强调教育的生活准备性,和杜威强调教育本身也是生活还是有一定区别的。村井实则主要强调教育的目的是使人变善,这一点与中国古代"育,养子使作善"有相似之处,其实也是在强调教育的道德发展目的。

但是,教育家都生活在特定的历史时期,他们对教育的解释也就必然带有时代的特征以及他们各自不同的知识基础和哲学观念。所以,关于教育的定义应该说是众说纷纭、各有表述。然而,无论每个人的知识基础和哲学基础有何不同,他们对教育的理解基本上还是有共性可循的。比如他们都很重视教育的道德目标和价值取向,肯定了教育是促进人的道德品质提升的活动,是促进人的知识和能力发展的活动,是引导人自主发展的有目的的活动。

虽然这只是教育家们的一家之言,但由于教育家长期从事教育活动研究,对教育的理解和认识会比其他人更具有理性和高度。同时,教育家们长期从事教育实践改革与创新,丰富变化的教育实践,会强化他们对教育的理解和信念,以及对自身理论的坚持。所以,教育家们对教育的不同解释可以帮助我们更加全面、深刻、快捷地认识教育这个社会活动。

二、组织机构如何定义教育

我们主要选取《中国教育辞典》《教育大辞书》《中国大百科全书教育》《美利坚百

科全书》等由重要教育组织机构组织编写的教育工具书和联合国教科文组织的研究成果来分析教育的科学内涵,因为他们是最权威的机构和教育学家。

《中国教育辞典》(1928):教育之定义,有广、狭二种:从广义言,凡足以影响人类身心之种种活动,俱可称为教育;狭义而言,则唯用一定方法以实现一定之改善目的者,始可称为教育。

《教育大辞书》(1930):广义而言,凡足感化身心之影响,俱得云教育。只称其结果,不计其方法;狭而言之,则惟具有目的,出以一定方案者,始云教育。

《中国大百科全书·教育》(1985):从广义上说,凡是增进人们的知识和技能、影响人们的思想品德的活动,都是教育;狭义的教育,主要是指学校教育,其含义是教育者根据一定社会(或阶级)的要求,有目的、有计划、有组织地对受教育者的身心施加影响,把他们培养成为一定社会(阶级)所需要的人的活动。

《美利坚百科全书》(1991):从最广泛的意义说来,教育就是个人获得知识或见解的过程,是个人观点或技艺得到提高的过程。

《反思教育:向"全球共同利益"的理念转变》(2015):教育应该以人文主义为基础,以尊重生命和人类尊严、权利平等、社会正义、文化多样性、国际团结和为可持续的未来承担共同责任。

从以上具有代表性的辞书和报告来分析,我国学者和机构更多地把教育区分为广义和狭义两个层面来理解。广义上主要是指一切影响人发展的活动;狭义上则主要是指一切学校活动。而且,广义的教育则未必具有明确的目的和系统的内容,而狭义的教育则一定有明确的目的和系统的内容。

相比较而言,国外学者和机构倾向于从更广义、更宏观的层面来理解教育并定义教育,他们大多是从个体的发展角度,将教育视为一种社会实践活动,强调教育是一个社会个体发展的过程,是一个社会多元价值影响的过程。他们也强调教育的目的性,而且注重教育的方法和价值取向,对教育过程中的基本要素有清晰的定位。

三、教育实践如何诠释教育

教育家和相关组织机构的思考与研究为我们理解教育提供了思路,但是,理论总是与实践相联系的,脱离了实践,理论将成为无水之源。教育的科学内涵,其实是在教育实践创新中不断发展变化的,归根结底是教育理论与教育实践相结合的产物。

(一) 新基础教育

当代著名教育家、教育学家、华东师范大学终身教授叶澜先生,早在20世纪80—90年代就在探索"新基础教育"改革。她指出,学校是一个生命场,目的是提升学生的生命质感。基础教育应该为学生打好生命的底色,为学生的终身发展奠定基础,并把在近代工厂式规格教育中丢失的"人"给找回来。2017年10月18日,她在深圳市光明新区"新基础教育"生态区总结会上指出:新基础明确提出为了学生的主动健康发展而办学。教育的责任就是促进学生发展,如果你阻碍学生发展就是错,如果你放任学生发展也是错。只有当你促进学生发展,才是真正在做教育。新基础教育的宗旨,是从生命和基础教育的整体性出发,唤醒教育活动的每一个生命,让每一个生命真正"活"起来。

(二) 新教育实验

由当代著名教育家、苏州大学教授朱永新博士发起的"新教育实验",自2000年开展以来,已经历经了十几个年头,使3 500多万名师生受益。新教育实验一开始就自觉地把"行动"二字写在了自己的旗帜上。2002年,新教育实验最初从苏州昆山玉峰实验学校起航的时候,提出了五大行动,分别是营造书香校园、师生共写随笔、培养卓越口才、聆听窗外声音、建设数码社区。后来增加了构筑理想课堂,并且提出了6+1的家校合作共建。2013年,又正式提出了新教育的十大行动,主要内容包括:营造书香校园、师生共写随笔、聆听窗外声音、培养卓越口才、构筑理想课堂、建设数码社区、推进每月一事、缔造完美教室、研发卓越课程、家校合作共育。朱永新教授提出,"新教育"是一种以教师成长为起点,以营造书香校园等十大行动为途径,以帮助新教育共同体成员过一种幸福完整的教育生活为目的的教育实验。

(三) 明远教育书院实验小学

2017年6月19日,原望京新城南湖中园小学和原望京新城南湖东园小学两所区级示范校整合,经朝阳区批准,经北京明远教育书院授权,更名为北京明远教育书院实验小学,由当代教育家、教育学家顾明远担任名誉校长。北京明远教育书院实验小学将继承学校办学传统,秉承北京明远教育书院的理念,落实以顾明远先生为代表的教育家的教育理念,以"用关爱守护孩子的童年幸福"为办学理念,以"让学生成长在活动中"为育人理念,以"培养健康、灵动的,具有关爱品质和发展素养的精彩少年"为培养目标,以"集团办学、文化管理、学术兴校、智慧名教"为办学策略,以"办对学生一生发展和幸福负责的乐园"为办学目标,力求更好地发挥规模效益,促进教师专业发展,提升学生实际获得感,打造优质学校,让学生喜爱、社会满意,并辐射和带动区域教育发展。明远教育书院实验小学的成立,是教育家和教育学家们实践自己教育理论的一次新探索。他们希望在这所小学中,能够完全充分地展示教育的本真追求,让教育真正回归其本质。

除了以上教育家和教育学家们主持的基础教育改革实践外,还有许多来自民间的有识之士,有感于当下教育的诸多问题,他们纷纷从现有的教育体制中走出,建立更为自然、独立的学校,甚至将孩子领回家自己来教,希望营造适合孩子自由和谐、全面发展的教育环境。还有的引进欧洲"华德福学校",打破中国传统教育观念的束缚,希望建立新的教育环境。"华德福学校"的教育理念正在被越来越多的家长所接受,这被看作是对现行中国教育的一种"反叛",对我们深刻理解"教育"的科学内涵无疑会有很多启发。可见,大家都在为"教育应该回归本质"而努力着!

那么,到底什么是教育的本质呢?如何理解教育的科学内涵呢?

根据上面三个层面的分析,我们尝试归纳一下教育的本质和内涵:教育是一种有目的地培养人的社会实践活动。在教育过程中,培养人始终是教育科学内涵的核心,而人的自由、和谐、全面的发展始终应该成为教育的本质追求。

来自教育实践的探索让我们进一步思考:理论上关于教育的内涵解释,如何才能转变成我们的教育行动?如今的教育实践为什么不能深刻诠释教育家们的思想?关于"教育"的科学内涵或许永远会处于发展变化之中,但从教育理论家的思考到实践改革家的探索来看,他们所追求的教育应该而且必须包含一点,那就是教育是单纯的,对人的培养不能强加太多的外在目的,人的发展才是教育的根本追求。

第三节 教育的构成要素

> 世界上没有才能的人是没有的。问题在于教育者要去发现每一位学生的禀赋、兴趣、爱好和特长,为他们的表现和发展提供充分的条件和正确引导。
>
> ——苏霍姆林斯基

在之前,我们一起学习了"教育的词源分析"和"教育的科学内涵",相信大家对"教育"的理解和认识,一定会在原来生活经验的基础上更加理性和深刻。那现在我们是否能够准确地区分教育活动与一般社会活动呢?比如,一个教师团队经过精心的准备,集体研讨,正在摄影棚与工作人员一起制作"学前教育学"在线开放课程,或者一个学生团队正在教室里自主学习老师们制作完成的"学前教育学"在线开放课程,请问这两种活动哪一个属于教育活动呢?

答案是,两种活动虽然都发生在学校里,与教和学有直接的关联,但它们却都不属于教育活动。这是为什么?因为教育是个复杂的系统,要想认清教育活动,正确区分教育活动与一般社会活动,就必须对教育的活动和过程加以分解,这样才能够找到构成教育活动的要素,即教育的"细胞"构成。

从教育活动和教育过程来看,可以列举许多构成教育活动的要素,其中有些要素是教育活动的必要成分,缺少了这种成分就不称其为教育。比如,尽管发生在学校里,但缺少教师或学生的参与,教研活动严格来讲就不是教育活动。有学生参加的,以一定教育内容为主题的师生共同开展的教研活动,就属于真正的教育活动。而另一些要素属于教育活动的充分条件。条件越充分,教育活动就越复杂。如上面提到的教研活动,它是保证教育活动顺利开展的充分条件,教研活动做得越好,教育活动就会越有价值。这里,我们主要分析一下作为教育活动的必要成分的简单要素。

一、谁在关注教育构成要素

早在18世纪,近代教育思想的奠基者卢梭就曾经把教育分解为"自然的教育""人的教育"与"事物的教育"。

19世纪初,德国教育学家赫尔巴特在把"教育"同"教学"加以比较时指出:"'教学'概念有一个显著的标记,它使我们非常容易把握研究方向。在教学中总是有一个第三者的东西为师生同时专心注意;相反,在教育的其他一切职能中,学生直接处在教师的心目中。"可见,在他看来,"教学"由三要素构成,而教学以外的"教育"活动中,教育者和受教育者之间不借助于一定中介而直接联系。

19世纪80年代,美国教育学家格雷戈里试图从分析教学的构成要素入手,提示教学的法则。他认为,假使拿一项完全的教学活动来分析,可以发现七个显著的元素(或成分),即两个"人"的成分——教师和学生,两个"心"的构成——语言和功课,三个职能动作——教授、学习、试验。

20世纪初,法国教育社会学奠基者涂尔干曾论及教育要素问题,他在谈到教育的定义时提到,教育有"两个要素",即教育者和年轻一代,还有教育者对年轻一代的影响。由此,"两个要素"实际上是三个要素,即两个"人的要素"和一个"事物的要素"。

20世纪初期德国文化教育学派(以施普兰格、利特为代表)提出在教育主体与客体之间有一个联结中介要素,叫"陶冶材"。"陶冶材"是以"文化材"为源泉的,陶冶价值的"文化材"称为"陶冶材"。

1928年出版的《中国教育辞典》中有"教育之要素"条目,其表述是:"教育为导人由自然状态以入理想状态之活动。以人员、物品、场所三者为其要素。"但实际上,教师和学生可以成为两个独立的要素,而教育场所和教育设备均为教育活动的充分条件,而非简单条件。因为有了教师和学生借助于教材即可进行教育活动。

1942年5月,抗战时期郭化若将军应邀到延安军事学院讲授教学法。在他看来,教育中只有三个基本因素,即教师、学生和教材(包括教育设备)。

按照马克思的分析,劳动过程的简单要素是人类有目的的活动,即劳动、劳动资料(亦称劳动手段,主要是劳动工具)、劳动对象。如果把教育过程同劳动过程类比,其简单要素应当包括教育者有目的的教育活动、教育对象(受教育者)、作为教育者与教育对象联系中介的"教育资料"(相当于"劳动资料",不相当于"生产资料")。

说到这里,大家或许觉得分析所谓"教育的基本要素"这件事情原来这么简单,这些要素不正是人们习以为常的最简单的教育活动的事实吗?的确如此,当年美国教育学家格雷戈里曾回答过这个问题,他说:"当种子、泥土、光、热以及水分等达到适当程度时,植物便能生长以至成熟。这也是最明显不过的事实。但要证明它却是不容易的。对教育的认识同样如此。"

根据以上分析,结合之前学习的关于教育科学内涵的理解,我们认为,在教育活动和教育过程中,必然包含着三个相互联系、相互影响的基本要素,它们分别是教育者、教育对象和教育资料。但是，复杂教育过程不是各种简单教育要素的机械组合，由于教育过程中教育者、教育对象和教育资料这三个要素都是变量，其中每一个要素都可能发生量变与质变的转化，特别是教育资料在复杂教育过程中还可能分化成若干独立的要素，这就使得教育的基本要素变得复杂了。

二、如何理解教育要素之间的复杂关系

教育过程中涉及两个"人"的要素，即教育者和教育对象。在教育过程中哪个更重要呢？从教育过程来看，似乎"教育者的有目的的活动"更重要些。但是，就教育的发生来说，教育对象却是教育存在的首要前提。在不存在教育对象的场合，教育者是无用"文"之地的。在现实情况下，人们若不需要受教育，也就无求于教师。所以，近代的教育名著大都不是从教育者而从教育对象的角度来论证教育的发生和教育的必要性的。因为，就教育的发生来说，教育者不过是一种"工具"，教育对象才是教育的主人。

这就涉及一个问题，在教育过程中，教育者和教育对象到底是什么样的关系呢？在现实中，教育者常常是教育过程的主宰，而教育对象反而成为教育者的"工具"。近代以来，教育实践变化的趋势却是在把这种颠倒了的关系努力颠倒过来。这其实就是人们关于教育本质的讨论。比如，迄今为止的教育史表明，虽然从来没有人否认教育对象是"人"，但未必都把人当作"教育对象"，也未必都把教育对象当作"人"对待。在当今世界上，这种现象依然存在，这就是教育复杂性的表现。

在人类发展的历史上，到底是先有教师还是先有学生呢？在教育过程中，教师和学生都处于什么样的地位呢？常见的论述是"教师主导、学生主体"。这句话似乎没有什么问题，且已经成为我们理解教师和学生在教育过程中地位的基本依据。但我们必须知道，通常我们所讲的"教师主导"，应该是指教师的"主导地位"，而不是"主导作用"。教育者之所以在教育过程中处于"主导地位"，是由于教育者的有目的的活动就是教育本身，而客观上处于"主导地位"的教师是否发挥了"主导作用"，则要取决于教师的主观努力，并根据教育主体与客体关系的实际情况而定。即取决于教育者在教育过程中实际充当了什么角色。比如，某个教师若没有发挥应有的教育影响，虽然不能否认他是教师，但由于他并未承担教育者角色，我们只能把他算作"名不副实"的教育主体。

至于"学生主体"应该是指学生在接受教育影响、发展变化的过程中，具有个体的主观能动性，并不能认为学生就是教育过程的主体。因为"主体"是同"客体"对应的概念，没有"客体"就无所谓"主体"，如果一定要坚持教育过程中"以学生为主体"，那难道在教育过程中要"以教师为客体"吗？于是，现在又有"双主体"和"主体间性"的观点，即教师和学生都是教育过程中的主体或者在不同的教育情景下互为主体。

即便这样，那教育过程中的"客体"又是什么呢？有人提出：以教育过程中的"物"的要素为客体，然而，这里所讨论的问题的症结正是教育过程中的人际关系，而不是人与物的关系。所以，在教育过程中，既然作为学生，那便是教育对象，就是教育过程

的客体。如果一定要说"学生主体",那只能理解为学生是驾驭教育资料的主体,即学习活动的主体,因为教育资料的影响只有在被学生所内化时,才是真正的教育资料。

因此,还需要对教育者与教育对象之间的中介"教育资料"的构成有起码的了解和认识。教育资料的源泉是文化资料,从文化资料到教育资料有一个提炼与选择的过程,所以,构成教育资料的各种成分不是一成不变的,而正是"教育资料"的这种变化才标志着教育的发展与演进。

通过对文化发展的演进及其作为教育资料所发挥的作用来看,我们可以把教育资料的构成大致分为五种成分,即教育媒介、教育材料、教育手段、教育组织形式与活动方式、教育场地与设备。连同教育者和教育对象,就合并成为复杂的教育过程的七要素。复杂化的教育过程带来一个问题,比如,在"在线开放课程"的学习场合,网络视频中的教师属于教育要素吗?如果教师采用线上线下混合式教学,则在现场的教师属于教育要素吗?所以,我们还必须要将教育要素由复杂变得简单,不然就会出现教育主体与客体的混淆现象。

第四节 教育的起源探索

横跨"史"与"论",兼及"历史"与"逻辑",是教育起源研究的独有特征。

——郑金洲

教育起源问题不可能是一个实证的问题,而只能是一个逻辑论证的问题,其结论只能靠想象和推理,因而是不可能有定论的问题。但教育的起源问题历来被教育学和教育史所重视。教育史重视基本上是学科常规的重视,而教育学重视,除了教育起源课题本身的意义外,主要是寻求对教育本质研究的启示。

一、教育起源问题的研究历程

关于教育起源问题的研究由来已久,许多学者从不同的学科视野和研究方法出发,做了许多极有创见的研究工作。在我国,自 20 世纪 80 年代以来,学术界在已有的"劳动起源说""生物起源说""心理起源说"等基础上,不断地提出了许多新的观点。主要有以下几种:

1. 需要说

主张教育起源于生产劳动的需要(沙毓英);起源于社会生产和生活的需要(毛礼锐);起源于社会生活的需要和人类自身身心发展的需要(厉以宁,胡德海,孙培青)。

2. 人生发展说

在批判"需要说"的基础上,提出需要并不是教育活动赖以产生的真正源头,需也是在活动中产生和发展起来的,教育的最终本源在于以劳动创造为核心的人的全部生活的矛盾运动,即人生的发展,才是人类教育赖以产生的真正源头(程大琥)。

3. 社会化影响说

认为教育起源于产生了语言之后的原始人类对年幼一代所施加的社会化影响(马兆掌)。

4. 超生物经验的传递和交流说

坚持教育起源于劳动这一观点的正确性,同时提出教育起源于人类在劳动过程中形成的超生物经验的传递和交流(桑新民)。

5. 交往起源说

认为如果从形态的角度讲,教育起源于人类的交往,而不是生产劳动。自然,交往并不是教育,但它蕴含着产生教育的因素,当交往的双方相对特殊化,并形成一种以传递经验、影响人的身心发展为直接目的的活动时,交往才转化为教育(叶澜)。

还有"文化活动起源说"、"知识传授"与"知识授受"的起源说、"前提—条件说"等,众多关于教育起源的观点都是从对"劳动起源说"的质疑开始的。华东师范大学郑金洲教授认为,自 1978 年以来,我国教育起源问题研究大致可以分为两个阶段。第一阶段是从 1978—1983 年,研究者大多主张教育起源于劳动,与教育本质、教育规律及教育功能的讨论联系在一起。论者通过对教育起源于劳动的分析,探讨教育的生产属性,考察教育与生产劳动的关系,透析教育的经济功能。第二阶段是从 1984 年至今,许多研究者对"劳动起源说"提出了不同见解,以孔智华《人类教育并非起源于劳动》一文为先导,胡德海《教育起源问题刍议》嗣后,"劳动起源说"根深蒂固的地位受到了挑战。教育起源问题的研究也因此进入了激烈的论争,呈现出一派"盎然"的景象。

二、三种教育起源的理解思路

国际上对于教育起源问题的探讨已经经历了一个世纪,最早的提出者是法国哲学家、社会学家利托尔诺,19 世纪后期,他在《各人种的教育演化》一书中系统地提出并阐述了生物学的教育起源论。他根据对动物生活的观察,描述了动物界的教育现象,如猫教小猫捕鼠、鸭教小鸭游泳等。后来出现的人类教育,不过是继承了业已存在的教育形式而已。他认为,教育是一种在人类社会之外,远在人类出现之前就已经产生的社会现象。英国教育学家沛西·能在不列颠协会教育科学组织大会上做过一个名为《人民的教育》的报告,他指出:"教育从它的起源来说,是一个生物学的过程,不仅一切人类社会——不管这个社会如何原始——都有教育,甚至在高等动物中间,也有低级形式的教育,教育是扎根于本能的不可避免的行为。"

总之,教育的生物起源论力主教育是一种源于本能的生物现象,和我们把教育视为人类社会特有的现象,在理论观点上是存在着根本分歧的。我国教育界在谈及"生物起源论"时,一方面,大多采用苏联教育史专家米丁斯基在《世界教育史》中关于教育起源于劳动的观点,认为教育是人类社会所特有的现象,人与动物不同,人的活动不能由本能来指导。"生物起源论"不能解释教育起源的全部原因,这种观点是反马克思主义的,是资产阶级学说,是十分荒谬的。但另一方面,从20世纪80年代开始,随着人们对"劳动起源论"的质疑,"生物起源论"也开始被人不同程度地接受和进行批判性地创新。比如孔智华于1984年提出的"前身说",就认为人类教育就其目的而言,只是也只能是人类本能的作用结果,所以,人类教育起源于古猿的教育,并宣称"生物起源论"并不是错误的,而是正确的,最多只能说它是片面的。

美国著名教育史专家孟禄就不认同利托尔诺的教育起源于动物本能之说,他认为利托尔诺没有揭示人的心理与动物心理的本质区别,于是,他从心理学的观点去解释教育起源问题,提出了教育的心理起源论,认为教育起源于儿童无意识的模仿。他在《教育史教科书》中写道:原始社会的教育"普遍采用的方式是简单的、无意识的模仿","原始社会只有最简单形式的教育,然而,在早期阶段中,教育过程却具备了教育最高发展阶段的所有基本特点",即承认儿童对成人的无意识模仿便是最初的教育。

对心理起源论持否定观点的人都认为,心理起源说过分夸大了模仿在教育中的地位和作用,而对教育是一种有目的、有意识的活动认识不足,否定了教育的目的性和意识性。把模仿看作教育的起源,未免把复杂的教育产生问题简单化了,自然得不出正确的答案。

"生物起源论"和"心理起源论"自苏联传入我国,至今已经有60多年了,人们在引用和批判它们时,列举的主要观点或"罪状"几乎与苏联教育史专家米丁斯基在《世界教育史》中的论述无异。这就是教育的劳动起源论的最早论述,它成为我们批判"生物起源论"和"心理起源论"的有力武器。直到目前为止,我国的许多教育史和教育学著作,都认为教育的劳动起源论是唯一正确的理论,似乎已成科学定论。

教育的劳动起源论认为,教育起源于劳动,起源于劳动过程中社会生产需要和人的发展需要的辩证统一,其代表人物就是苏联教育史专家米丁斯基。他在《世界教育史》中提出:只有从恩格斯的"劳动创造了人本身"这个著名论断出发,才能了解教育的起源。教育起源于人类的生产劳动。首先,人类的教育是伴随人类社会的产生而产生的,推动人类教育起源的直接原因是劳动过程中人们传递生产经验和生活经验的实际社会需要。其次,人类的劳动是社会的共同劳动。社会成员的行为准则、道德规范、风俗习惯以及宗教禁忌等方面的经验需要传递给下一代,这种传递活动也促进了教育的产生和发展。

教育的劳动起源论被视为马克思主义的唯物起源观,一直到20世纪80年代,其在中国的地位不容置疑。但从20世纪80年代开始,有研究者开始对教育的劳动起源论提出了质疑,质疑主要表现在三个方面:第一,劳动虽然是教育起源的最主要的、决定性的条件,但它只是教育起源的外因;第二,"劳动起源说"没有正确地理解恩格斯"劳动创造了人本身"这一命题,有把马克思主义理论简单化、绝对化和公式化的倾向;第三,"劳动起源说"在逻辑上混淆了教育和劳动这两个不同的概念和范畴,劳动是"人"和"物"的相互作用,教育是"人"和"人"的相互作用。劳动生产物,教育生产人。两者不存在从属关系。

围绕着"教育起源于劳动吗?"这一问题的讨论一直持续了好几年,尽管也有人(北京师范大学康永久)认为,教育的劳动起源论"主要也是一种阶级立场,而不是一种纯粹的学术观点"。坚持"教育的劳动起源论"的还是占绝大多数,教育的劳动起源论仍然是关于教育起源的最主流观点而被写进大学教育学教科书和教育史著作之中。但对教育的劳动起源论进行了新的补充论证,如认为人类起源于劳动,音乐、审美、教育也可以说起源于劳动,只是不同事物应该有自己独特的起源。教育的起源在哪里呢?有人认为,教育应该起源于劳动的智化或者说智慧化了的劳动(王希尧)。智慧,使劳动方式发生了性质上的变化,这就是劳动的智化。智化了的劳动必须导致教育的产生。由此,我们发现,即使是仍然高举"教育的劳动起源论"大旗者,也已不再是简单地从恩格斯"劳动创造了人本身"的论断中演绎而来。我们有理由相信,关于教育起源问题的认识,会随着人类学、生物学、考古学等学科的发展而呈现出新的趋势。

第五节 教育的基本形态

教育形态不是一成不变的,一定的教育形态只能与一定的历史时代相适应。当历史发生以生产力发展水平为划分标准的划时代变革的时候,教育形态就发生变革。

——湖南大学 胡弼成教授

学习"教育的词源分析"时我们了解到,自从有了人类社会,便有了教育活动,只是没有"教育"这个名称而已,所以,我们说教育是随人类社会一同产生的,又是随人类社会发展而发展的。但是,作为教育活动的基本要素中的教育者、教育对象和教育资料却并不是同时出现的,他们都是人类社会发展到一定阶段的产物。学校也是人类社会发展到一定阶段的产物。中国有史可考的学校产生于夏朝,有考古发现证明的学校产生于商朝。所以,我们又说教育的基本形态其实也是在人类社会发展过程中不断完善形成的。那么在学校这种主要的教育形态出现以前,教育又是怎样的形态呢?它又是如何发展到今天的模式的?未来教育的基本形态又会有怎样的趋势呢?

人类教育演变的过程大体是:从非形式化教育到形式化教育,从形式化教育的出现到教育实体的形成,从古代教育实体的发生到近代学校的兴起,从学校的诞生到学校系统的形成,从学校系统的形成至今,教育制度化达到了成熟的程度,开始成为教育反思的对象。这是一种以是否存在制度化教育为特征的教育形态描述模式。简单地讲,从这个角度,我们可以将教育的基本形态分为非制度化教育(非形式化)、制度化教育(形式化)和新非制度化教育三种。

一、非制度化教育

这里首先要对"非制度化教育"和"制度化教育"做简单界定。我们认为,所谓"非制度化教育"是指在教育作为一个完善的社会实践系统所需基本要素还未完全具备的条件下的人类教育活动。而"制度化教育"则是指具有完善的构成要素,并形成系统化、逻辑化、规范化的人类教育活动。它们的区别在于:在非制度化教育中,教育主体不确定,教育对象也不固定,教育主体与客体的联系带有偶发性质,它同人们的社会生活浑然一体。如原始社会人类教育活动,甚至是奴隶社会时期人类教育活动也多少具有"非制度化教育"的特征。因为那时的教育活动基本上是融入人类生活之中的,作为教育主体的教师,其身份也不确定,作为教育对象的学生也没有年龄等规范。在"非制度化教育"中,一个显著的特征可以理解为教育基本要素不稳定,教育实体尚未完全形成。或者说,虽然有教育实体的存在,如春秋末期出现的私学,但它们为数不多,还不足以称为"教育实体",只能算是"教育活动"。它们与先秦典籍中出现的"教"的活动在内涵上还有一定差异。

也就是说,在"非制度化教育"中其实还经历了两个阶段,一个是教育实体形成以前,一个是教育实体形成之后。教育实体的形成是以教育机构的形成及其职能的发挥为标志的,比如,在古代中国,学校开始产生时,往往不都是专门的教育机构,而是兼为习射、养老的场所。如《孟子》所载:"设庠、序、学、校以教之。"这些机构并不符合我们关于教育活动的界定,所以,我们只能把这些机构称为"前学校",它们就属于教育实体未完全形成的时期。在这个时期,教育主要是单个教师对单个学生进行的。在我国长期封建社会时期,作为教育机构的各类"学校"虽然大量存在,但作为教育基本构成要素的教育者和教育对象都在很大程度上被政治规定,出现了较大的不稳定性。虽然算作是教育的实体,但至少不能算作是规范的教育实体,所以,仍然属于"非制度化教育"。

二、制度化教育

"制度化教育"大抵可以从17世纪捷克教育家夸美纽斯提出建立系统的学校制度和以班级授课制代替个别教学的思想开始,系统的学校制度开始建立。大概在19世纪下半叶,严格意义上的教育系统已经基本形成,"制度化教育"正式呈现。因为,从历史的角度来看,古代学校的出现,起初是属于摆脱了劳动的社会阶层的一种特权,其性质与现时的学校教育制度迥然不同。真正的学校一般公认为是近代社会才有的。正如日本教育学家大河内一男和海后宗臣在《教育学的理论问题》一书中提出的:"无论哪一个国家,都是近代才开始设立学校。进入19世纪以后,才逐渐发达起来。"

我国是在清代末年才在"废科举,兴学校"的意向下,引进西方制度化教育实体组织形式的。在1902年的《钦定学堂章程》中还称教育机构为"学堂",1912年的学制中就改称教育机构为"学校"了。这一名称的变化不仅表明中国教育与国际教育接轨的趋势,更重要的是表明了在中国过去长达几千年的封建社会时期,是不存在"学校"的。或者说,不存在制度化的学校教育。因为过去的教育机构或教育实体基本上是"取士之学"而不是"养士之学",且经常出现"生员不入学、监生不在监"的现象,教育机构也是时兴时废的。这时候的学校基本上是独立的办学实体,相互之间没有严格的关系,学校也未能使得教育基本要素建立联系。

我国从清末"废科举,兴学校"以来,在西方制度化教育实体组织形式的影响下,公共教育制度开始形成,学校大量增加,需要确立一定的规范作为衡量学校工作的尺度,并在学校职能健全以后,解决上下级别学校衔接、不同类型学校分工以及办学权限等问题。于是,学校制度、课程设置、外部考试制度等应运而生,把各级各类教育机构逐渐聚合成为学校系统。而在国外,各级学校系统基本上是按照两条路线发生的:一是从高级学校向低级学校下延而发生的系统,它是先有传统的大学,然后才有大学预备学校,并依次向下延伸,它属于贵族化的教育系统;二是从低级学校向高级学校上伸而发生的系统,它以普及国民教育为起点,初等教育的普及推动中等教育的普及,进而促进高等教育的发展。

欧洲若干教育发展较早的国家,一般先设学校而后建立学校制度,形成学校系统。从近代学校的出现(16世纪)到学校系统的形成,大约经历了300年时间;后起的国家如日本,则参照外国学校系统的先例,一举建立学校系统,并使其带有制度化教育的特点。所以,从近代学校的建立到学校系统的形成历时较短,而最初建立的学校系统,基本上是属于下延型学校系统。中国近代学校系统的发生即是如此。比如,中国近代最初的学务是从创设高等学校入手的,所以,我们常以京师同文馆的开办(1862)为近代学校的嚆矢,且1862—1894年间所设学堂大都为"一段制"学校,表明当时学校系统尚未形成。1898年因考虑到大学堂生源缺乏,管学大臣遂请旨要求各省从速建立中小学堂。不久,壬寅学制、癸卯学制相继问世,中国现代学制系统形成。教育系统形成后,教育越来越"制度化",所以就被称为"制度化教育"。

三、新非制度化教育

"制度化教育"形成以来,极大地提高了人才培养的规模、速度和质量,但由于其所具有的计划性、标准化、封闭性等特点,也使得其不可避免地成为当今教育批评与反思的对象。人们在对"制度化教育"提出批评和反思的同时,也在努力建立一种新的教育形态,"非学校化社会"思想应运而生,"新非制度化教育"形态便成为大家讨论的新趋势。典型代表是出生于奥地利的基督教神父伊凡·伊里奇于1971年出版了《非学校化社会》一书,发动了有一定影响的"非学校化运动",对"制度化教育"进行了尖锐的批判。

制度旨在规范活动,它在一定范围和一定条件下能发挥积极作用,但许多事情都有一定的限度,制度也不例外。制度一旦太过密集和僵化,变得无处不在甚至"令人窒息",也就是说当制度走向"制度化"时,更多体现地将是制度的负面效应。在当前,制度化的教育中到处充满着功利化倾向,充满着对教育对象个性的贬抑、对教育教学创造的压制、对学校本体职能的异化。正如联合国教科文组织国际教育发展委员会在《学会生存:教育世界的今天和明天》里所讲的:如今,"教育中最没有人怀疑的教条是有关学校的说法:即教育等于学校","学校和其他各代之间的教育手段和通信工具比较来说,它所具有的重要性不是正在增加而是正在减少。"

在这场"非学校化运动"中,人们发现在人类正式教育之外,还存在着一个非正式的教育系统,而支持这个系统的就是"终身教育"的思想。人们一方面不断谋求"制度化教育"的革新;另一方面,在学校之外另辟蹊径,采取各种非制度化的方式为越来越多的人提供越来越充分的学习机会,使教育对于个人终身成为连续的过程。这就是在"终身教育"思想指导下的"新非制度化教育",它要设计的未来教育是一个为整个社会而不是只为少数人的教育形态,是为了个体终身学习而不只是阶段性的教育形态。在这里,教育等于学校的观念将被改变,学校也不等于教育,在学校之外,可能存在大量的自主学习与个体发展,于是,关于教育的概念和内涵也将因此而发生变化,这种探索还会只是人类对自身教育的一种憧憬吗?我们必须要从教育的历史角度做进一步的分析,才能发现学校教育系统变革演进的深刻根源和基本动因。

第六节 教育的历史特征

人是有历史的动物。
——洪谦:《当代西方资产阶级哲学著作选辑》

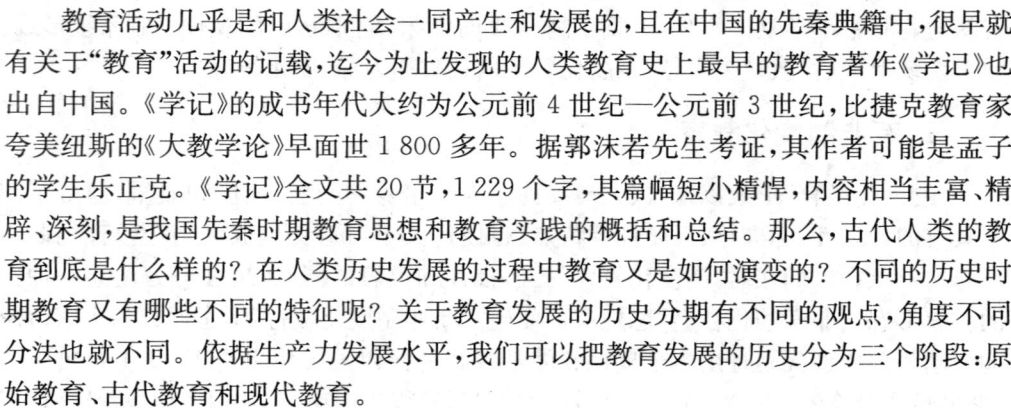

教育活动几乎是和人类社会一同产生和发展的,且在中国的先秦典籍中,很早就有关于"教育"活动的记载,迄今为止发现的人类教育史上最早的教育著作《学记》也出自中国。《学记》的成书年代大约为公元前4世纪—公元前3世纪,比捷克教育家夸美纽斯的《大教学论》早面世1 800多年。据郭沫若先生考证,其作者可能是孟子的学生乐正克。《学记》全文共20节,1 229个字,其篇幅短小精悍,内容相当丰富、精辟、深刻,是我国先秦时期教育思想和教育实践的概括和总结。那么,古代人类的教育到底是什么样的?在人类历史发展的过程中教育又是如何演变的?不同的历史时期教育又有哪些不同的特征呢?关于教育发展的历史分期有不同的观点,角度不同分法也就不同。依据生产力发展水平,我们可以把教育发展的历史分为三个阶段:原始教育、古代教育和现代教育。

一、原始教育的一般状况

1. 原始教育的部族性

每个部族都生活在一个自足的空间,这个空间之外就是神秘的宇宙,或者是他们所不能掌控的"物自体"(康德语)的世界,与世俗生活无关。但这样的一个外部世界对于他们来说,是非常令人惊恐的。所以,原始社会教育行为经常被严格限制在部族之内。如《左传成公四年》所讲:"非我族类,其心必异。"

2. 原始教育的生活性

原始社会教育并没有从人们的日常生活中脱离出来,它与日常的生产生活融合在一起,没有专门的教育,没有专门的教育者,也没有专门的教育机构。像原始的狩猎、捕鱼、采集、养殖、畜牧、制陶、建筑、角斗、射箭属于社会生产,家庭、年龄级序、性别、氏族、部落属于社会关系和组织方面,神话、巫术、祭祀、礼仪、习惯、风俗、信仰、禁忌、艺术(尤其是音乐、舞蹈)属于它的精神文化。原始教育就是渗透在这种亲族生活之中的教育,围绕着并且主要是在生产劳动、社会生活实践之中进行的。由于没有文字和书本,教育方式主要是耳濡目染和口耳相传。其目的不是培养独立个体,而是培养适应内外环境压力的群体成员。

3. 原始教育的公平性

原始教育中没有阶级的分层,有的只是一些自然的分化,一些因年龄、性别、亲疏关系、性格特质等方面的差异而产生的自然分工。这些分工并不意味着某种权力或优越性,他们是公平的。原始教育主要包含两个方面,一是为适应现实生活的物质环境的实际教育,另一个是为适应精神生活的非物质环境的理论教育。比如巫术、术士、驱魔师、药师等就直接控制着原始人的理论教育,对他们的部落行为进行指导,关键是要安顿他们的灵魂。用今天教育的概念来分析,原始教育中的巫术对人的影响可能不算作是教育。

二、古代教育的主要特征

北京师范大学教授成有信先生在1987年时曾撰文指出,从原始教育向古代教育过渡的过程中出现的第一次突破,就是教育与生产劳动的第一次分离,其性质是统治者的教育从生产劳动与社会生活中分离出来。与此同时,劳动者的教育还是与生产劳动、日常生活和社会实践结合在一起的。另外,哲学家的首次出现,使得各个文明都发生了终极关怀的觉醒,拥有了自己伟大的精神导师,如中国的孔子、老子、墨子、庄子和其他诸子百家,古代印度、希腊等也有大量的哲学家出现。用社会学家帕森斯的话来说,是"哲学的突破"使得人类的社会认知发生了巨大变化,同时,以前都是世外高人征服我们,或者是烦琐礼教约束我们,现在是"出类拔萃者"教育我们。

这些变化的结果就是教育因此而成了一项专门事业,如专门的教育机构、专门的教育者和专门的教育资料(教育内容)。同时,教育与生产劳动的分离及哲学家的出现,促成了教育的等级及至等级式的教育,推动了阶级分化与社会分层。至少,那些引人注目的教育形式,成了有闲者的特权。教师都有一个很高的地位,是一个制度化的权威。他们不会像今天的教师这样千方百计地调动学生的积极性。正所谓"一日为师,终身为父"。

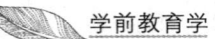

他们又是如何在教学的呢？先看一段《论语·述而》中的话："不愤不启，不悱不发，举一隅不以三隅反，则不复也。"什么意思呢？"愤"，就是心求通而未得；"悱"，口欲言而未能。不到你实在想不出的那个份上，就不开导你。不到你特别想表达却表达不出来的那个份上，就不告诉你。老师讲了一个东西，你不能想到三个作为回应，老师就不讲了。这种教学到底是启发式还是灌输式呢？不能简单地下结论，《论语》的本意是说不要轻易启发，即使要启发，也要等待时机。所以，过去教师其实不用教很多东西，教学主要靠学生自己去学。

《论语》留下的教学记录就这么一点点，跟学生讲的话也就是这么一点点，其他时间学生都干什么去了呢？就是去自求自得。孔子说："吾有知乎哉？无知也。有鄙夫问于我，空空如也。我叩其两端而竭焉。"我开始时也是空空如也，但没有知识又有什么关系呢？我回过神来东问一句、西问一句，用不了多久也就全明白了。这个时候的教学不是依赖我们现在的教学艺术与技巧，也不是依赖此前教育者的神秘魅力，而是依赖于共同体传统和文化元典，依靠教师自己的身份，所以教学是很简单的，对教师而言就是不教之教。

三、现代教育的基本趋势

现代教育的兴起是社会分工的结果，理性化、商品化、工业化是与现代化相关度比较高的概念，在现代教育中也有各种不同的表现。它们带来的不仅是学校制度的变革，还有更加深刻的教育实践的转变。现代教育最突出的特征之一就是制度化，它使得现代学校与日常生活经验的关系慢慢地紧张起来了，学校的教育与教学完全是在科学的教育理论指导下而开展的，看起来更加规范和高效，但也同时表现出僵化、死板和缺乏生活气息。

相比较古代教育，现代教育在社会化大分工的过程中，越来越具有公共性和全民性。过去的教育是只为少数人服务的，大多数人都是在陪他们学，教育中的等级性非常严格。而且，在教育内容方面也是有很大区别的，现代教育充分体现了社会发展的需要，体现了个体服务公共事业的需要。学校是开放的，知识是开放的，关系是开放的，学校之间有着紧密的联系，教育成为国家公共事业。但同时，现代教育具有明显的科学取向，教育的发展越来越依赖教育理论研究，教育的改革越来越依赖于教育理论成果的指导。

随着"互联网＋"技术与理念的不断提升，教育活动正在发生质的变化，现代教育中的基本要素也因此而变得复杂，关于教育的科学内涵也因此发生变化。教育正在突破学校和教师的限制，走向"非制度化"的方面。同时，在全球化浪潮的推动下，现代教育越来越突破阶级性而走向更加民主化的道路，终身教育与教育民主化将成为现代教育的重要发展趋势。

学习小结

学前教育学是教育学学科群中的一个分支,且其理论基础应该是教育基本原理,所有关于学前教育概念的解释均要符合教育的基本原理。对于一个初次接触学前教育学的学习者来说,理解教育的基本概念还是有一定困难的,因为教育概念早已经被生活化,但是,生活化的概念与理论上的概念还是有很大区别的,初学者必须要能够将生活化的教育概念通过学习融合到教育的基本原理之中,转化为理论上的概念,这样才能全面、科学地解释教育的有关现象。

比如,教育这个概念,理论上,它主要是指一种公共事业,以及为实现这一公共事业所采取的相应措施和手段。生活化的教育就有各种理解,最主要的一点是,它很多时候被理解为一种私人行为,比如,个体要受教育、接受批评教育等。教育本身也包含有这些含义,但更多的应该是一种公共性的活动而非私人性的活动,在这种背景下,从理论上阐明教育的基本内涵就显得非常重要。

要想真正理解教育的理论内涵,你必须要知道教育这个概念的词源,它到底是从哪儿来的?最初时候它是什么意思?我们在这里对古代到近现代教育的词源进行了分析,比较详细地解释了不同语境下反映教育活动的词语,对我们了解教育一词的来源很有帮助。尤其是我们可以清楚地知道,在中国古代有教育活动实践,但并没有教育的概念,表示教育活动实践的概念主要有其他如教、诲、学、习、育等。其中以学居多,甚至到了近代各种文献资料和政府文书中都以学来表示教育活动实践,直到民国之后学部改为教育部,标志着教育一词在中国正式地被认可。

教育的词源分析主要是帮助我们了解教育一词的来历和不同时期的主要含义,对于我们学习古代教育文献、理解教育的科学内涵非常有意义。教育概念在当代也处于发展变化之中,概念名称没有变化,但其内涵与外延却在不断发生变化,关于教育的词源分析在之后的学前教育的学习过程中将一直会产生影响,所以,这部分内容并不是可有可无的,而是一个初学者必须掌握的基本常识。

复习与思考

1. 列举古代与"教育"一词相关的词语(至少3个);
2. 用自己的话描述不同语境下的"教育"并解释其含义。
3. 描述有关教育要素的代表性观点并谈一下你对教育要素的理解。
4. 结合教育实践活动解释教育构成要素及其相互关系。
5. 描述1—2种有关教育起源的研究观点。
6. 简单描述并解释三种教育起源的基本内容。
7. 分析制度化教育的标志及其意义。
8. 描述原始教育的特征。

9. 如何理解古代教育中的教学？
10. 选择一个点解释现代教育的趋势。

问题讨论

1. 你认为在我国，"教育"一词的大量出现是从什么时间开始的？有什么标志性事件吗？
2. 在教育的构成要素中，教育者、学习者和教育资料，你觉得哪个更重要？为什么？
3. 关于教育的起源问题，我们主要介绍了生物起源论、心理起源论和劳动起源论，你是如何看待教育的起源问题的？你有新的不同观点吗？
4. 对于教育的形态，还可以从学校教育、家庭教育和社会教育三个视角来进行划分，这与我们所学习的非制度化教育、制度化教育和新非制度化教育之间有什么关系吗？

思维练习

1. 根据本章所学，并结合上述问题讨论，做一个关于教育概述的知识图表。
2. 作为一名幼儿园教师，你该如何把关于教育理论的学习纳入整个专业能力提升的范畴进行规划？

学海拾贝

新一轮"教育产业化"正在摧毁中国孩子

2017年12月23日，中国教育三十人论坛第四届年会暨"教育创造美好生活"高峰论坛在北京举行。论坛以"激发教育活力"为主题，这是国内首次以教育活力为主题的大型论坛，17位演讲嘉宾来自海内外，围绕激发公办学校新活力、激发高等教育办学活力、小微学校与多样化办学、教育+办学、现实与未来等议题展开讨论，集思广益、凝聚共识，为激发办学活力提供思想支持，以期打造改革推动力，推动中国教育与时俱进、科学发展。现场座无虚席，气氛热烈。来自全国各地的800多名关心教育的各界人士参加了论坛，并与嘉宾交流，观看网上直播的朋友超过一百万人。

在这次论坛上，21世纪教育研究院院长、北京理工大学教育研究院教授、教育学家杨东平提出了一个让人震惊的观点：新一轮"教育产业化"正在摧毁中国孩子。下面是杨东平教授的部分演讲内容：

第一章 教育概述

这次论坛的主题是"教育创造美好生活"。请问,我们的生活美好吗?自从孩子上了小学以后,这个美好就丧失了。幼儿园的虐童事件,日益炽烈的课外补习热,大城市激烈的择校竞争……教育正在摧毁童年,摧毁家庭幸福。这一轮新的"教育产业化",有几个比较典型的事实。

1. 课外补习正在"绑架"学校教育

课外补习的规模和能量都非常大。目前我国教育培训机构总数约为20万家,中小学辅导的市场规模超过8 000亿元,上课外辅导的学生达1.37亿人次,参与辅导机构的教师有700万—850万。

2. 培训机构的基本模式是"提前教育"

这就造成了中国学校教育的一个非常严重的问题,很多学校一年级开学的时候,老师发现只有一两个学生还不会,大多数都已经达到了二年级的水平,这让学校怎么教?这就是"绑架"。

2012年的PISA测试中,上海取得了世界第一的优异的成绩,但上海同时还得到了另外一个世界第一,就是课业负担、学习时间世界第一,而且还是遥遥领先。

具体数值是上海学生每周校内上课时间为28.2小时,在65个国家(地区)中位于第9位;每周课外作业时间13.8小时,名列第一。加上校外辅导和私人家教,每周校外学习时间17小时左右,远高于OECD的平均值7.8小时。

这个PISA测试是非常严格的,因此可以澄清关于课外补习有些似是而非的说法,什么儒教文化圈的东亚国家和地区,都追求考试成绩,望子成龙,改变不了,都一样。已经完全不一样了!港澳台的课外学习时间约为上海的一半,日本仅为上海的1/3,而他们也都是PISA第一梯队的成员。

炽热的课外补习热,基本特点是城市大于农村、东中部大于西部、重点学校大于非重点学校,就是参加补习的重点学校学生多于非重点学校学生;还有小学生多于初中生。课外补习在国外称之为"影子教育",如影随形跟在学校教育后面,很大程度上是为了弥补学校教育的不足,尤其是为后进学生提供课外辅导,就是所谓"补差"的功能。

但是在中国,其功能普遍成为"培优",越是学习好的人上的补习班越多。有一句话是:"不怕班里有学霸,就怕学霸放暑假。"越是在大城市,越是在重点学校,越是在优势阶层,补课的强度越大。所以,课外补习进一步扩大了教育不公平,正在成为一种新的阶层再生产的重要机制。

3. 小升初择校竞争:公退民进

小升初择校近几年出现的情况是除了北京和深圳是以公办学校为主,上海、南京、西安、广州等大城市择的都是民办学校,就是初中阶段的名校基本是民办学校。尽管全国宏观统计,初中阶段的民办学校占10%左右,但是在成都,初中民办学校学生的比例达19.8%;上海有的区的这一比例,达到了30%—40%。

义务教育的学校系统正在发生分化,民办教育成为优质教育的代名词,而公办学校成为二流的学校。一系列的统计说明了这一点。上海2015年中考成绩排名,前十名均为民办(平均分从570—590分),而公办学校中成绩最好的,平均分则在560分以下。杭州2015年的中考成绩统计,500分以上的考生中来自民办学校的超过90%。

4. 公办学校正在逐渐被"边缘化"

义务教育学校系统的两极分化面临的危险,北京大学的王蓉教授称之为"教育的拉丁美洲化",就是有钱的上优质的私立学校,普通老百姓上平庸的公办学校。这是我们的目标和理想吗?

5. 新一轮"名校办民校"

第一轮"名校办民校"是在90年代末的时候,把一批公办的名校转化为实行民办机制的"转制学校",公办学校换了一个马甲就可以高收费。当时主要是为了弥补政府教育资源不足。由于产生了乱收费和制造学校差距之类严重问题,到2005年左右就被叫停了。

目前这一轮新的"教育产业化",特点之一是名校和房地产市场的深度结合。最具有可视性的现象就是超级中学的扩张。衡水中学在全国各地办了23所学校,基本上都是和房地产或者大企业合作。为什么今年在衡水中学的平湖分校遭到强烈的抵制?实行提前招生,用高额的资金攫取高分学生和优秀老师,一百万聘一个校长,然后以高升学率来自我循环。用这种方式,几乎所有的公办学校都无法与它竞争,这就是教育界的"野蛮人"。

这一轮"教育产业化"的一大特点是资本市场的介入,无论培训机构还是名校办民校,背后都有资本强大的力量,资本凶猛。2017年4月,教育培训业的两大巨头新东方、好未来美股的市值突破100亿美元大关。2017年7月,好未来集团市值达到127.4亿美元,2018财年第二季度总净收入增幅66.8%;新东方教育集团K12业务营收在2017财年增长44.2%,已经占到总营收的55%。

6. 解析教育的"剧场效应"

严重的课外补习和择校竞争,自媒体称之为"剧场效应",就是在剧院看戏,第一排人站起来了,后面的人没办法,结果大家都站起来,所有的人都被"绑架"了。

在公办学校、民办学校、培训机构和家长这几个不同主体中,公办学校认为民办学校考试掐尖,家长非理性择校,培训机构推波助澜。每个主体都有自己的责任,受罪的是儿童。这个结构图其实缺了一个主体:政府在哪里?要解析"剧场效应"其实也很简单,就是政府在干什么?

第二章 学前教育概述

微信扫一扫
观看微课
线上练习

本 章 导 学

学前教育概述是学前教育基础知识的概括,主要是帮助学生理解学前教育的概念、特点、价值等内容,形成对学前教育的基本认识,树立正确的教育观和儿童观。学前教育概述是学生从事更高水平专业知识学习的前提和基础。

学习目标:

1. 了解学前教育、早期教育和幼儿教育三者之间的关系。
2. 理解学前教育公益性和普惠性的内涵。
3. 理解3个及以上具有代表性的学前教育理论流派。
4. 了解学前教育的主要价值。
5. 理解学前教育发展的当代特征。
6. 了解我国学前教育发展的基本趋势。

关键概念:

学前教育;价值;理论

早期教育和幼儿教育是学前教育吗?

什么是早期教育?现行的学前教育学教材中很少提及早期教育一词,但在大众和传媒中使用的频率并不低于学前教育一词。截至2015年,我国开设早期教育专业的高校有35所,早期教育专业的出现是教育事业大发展的好事情。但我们不禁要问:究竟何为早期教育?早期教育与学前教育是何种关系?

早期教育(early education):及早地对儿童进行教育、培养的一种教育思想、思潮或措施。其年龄界限有不同的说法,有的指学前儿童的教育与学习;有的泛指从出生到小学低、中年级这一时期的教育与学习;有的指从胎教起。这种界定中,早期教育的外延大于或等同于学前教育的外延。另一种观点是早期教育是对0—3岁的孩子进行的教育。人们对早期教育的定义,基本可以归纳为三种观点:早期教育是对0—6岁儿童的教育;早期教育即对3—6岁对儿童的教育;早期教育是对0—3岁的孩子进行的教育。这些纷繁多变的观点可能与"早期"是相对性时间概念有关,"早"到多少主要依靠人在具体语境中的理解,这也使得早期教育、幼儿教育和学前教育的关系无法确定。

> 相对早期教育定义的混乱不堪,人们对幼儿教育的理解相对稳定。"幼儿"是一个较严谨的概念,因为根据人的生长发育规律,卫生学把儿童的生理年龄划分为新生儿、婴儿、幼儿、少儿等几个阶段,幼儿一般指3—6岁阶段。对于学前教育,人们更多的是从学校教育的立场对儿童的教育阶段做出界定。
>
> 阅读、评析这些关于早期教育、幼儿教育和学前教育的观点,似乎它们之间有种割不断理还乱的关系,三者之间能画等号吗?要想准确回答这个问题,其实并不容易。关于什么是学前教育,近年来也有各种观点,分歧主要集中在教育对象的年龄阶段上。

第一节　学前教育的概念与对象

在儿童时期没有养成思想的习惯,将使他们从此以后一生都没有思想的能力。

——[法]卢梭

近年来,随着国家教育改革的深入推进,尤其是 2010 年 11 月《国务院关于当前发展学前教育的若干意见》颁布以后,各地纷纷出台《学前教育三年行动计划》,学前教育的基础条件和社会地位得到了极大的改善,学前教育实践改革取得巨大成就。同时,我们也发现,学前教育的理论研究与学习也出现了空前的活跃,这又在理论上加快了学前教育科学发展的步伐。那么,什么是学前教育呢?它和早期教育、幼儿教育是什么关系呢?学前教育的对象又是什么呢?今天我们就围绕这些问题和大家一起探讨学习。

一、国外关于学前教育的界定

联合国教科文组织制定的"国际教育标准分类"的统计框架中是这样描述的:"早期儿童教育属于0级课程,包括0—2岁幼儿的'早期儿童教育开发'和针对3岁到初等教育起始阶段幼儿的'学前教育'两个类别。"而且,随着"托幼一体化"日益成为一种发展趋势,"国际教育标准分类"还将涵盖0岁到初等教育起始阶段的幼儿的课程归为"综合性的早期儿童教育课程"。从这个文件可以看出,在国际上,关于"学前教育"是放在"早期儿童教育"的范畴内进行设计的,它是"早期儿童教育"中的一个阶段,即特指针对"3岁到初等教育起始阶段幼儿"的教育。

1978 年 9 月,在泰国曼谷召开的"学前教育新态度"的区域性专家会议上,曾建议,从胎儿至正式受教育前应称为幼年照管和教育,受这种教育是每个儿童的权利。

建议与会各成员国,在其全面社会计划内应考虑对本国所有儿童进行幼儿照管和教育的实质性问题,并把它作为社会计划的组成部分。1981年11月,联合国教科文组织在法国巴黎召开了国际学前教育协商会议,对学前教育的概念进行了专门的讨论,其解释为:"能够激起出生直至进入小学的儿童(小学入学年龄因国家不同而有不同)的学习愿望,给他们学习体验,且有助于他们整体发展的活动总和。"

从这两个会议上专家们的建议来看,一是在名称上各有不同,泰国会议认为"从胎儿至正式受教育前应称为幼年照管和教育",将"学前教育"与"幼年照管和教育"两个概念等同;巴黎会议则直接称为"学前教育"。二是在教育对象的年龄阶段上略有不同,泰国会议提出的是"从胎儿至正式受教育前",而巴黎会议提出的是"出生直至进入小学"。

综合以上分析我们认为,在国际上,人们更加倾向于认为,从出生到进入小学的儿童教育称为"早期儿童教育",而不是"学前教育"。虽然在1981年11月巴黎会议上提出了应该称为"学前教育",但仍然无法改变各国对"学前教育"的教育对象的不同界定。

二、我国关于学前教育的界定

关于"早期教育"。华南师范大学教授周德昌主编的《简明教育辞典》指出:"广义指从人出生到小学以前阶段的教育,狭义主要指上述阶段的早期学习。"北京师范大学教授梁志燊主编的《中国学前教育百科全书·教育理论篇》指出:"广义上指出生到入小学以前的教育,也即学前教育;狭义则指对0—3岁阶段婴儿进行的早期智力开发教育。"

关于"幼儿教育"。周德昌主编的《简明教育辞典》指出:"亦称学前教育,一般是指教养机构根据一定的培养目标和幼儿的身心特点,对入小学前的幼儿所进行的有计划地教育。在我国规定幼儿园招收3—6岁的儿童。"梁志燊主编的《中国学前教育百科全书·教育理论篇》指出:"指对3—6岁学前儿童进行的教育,与乳婴儿教育一起共同构成学前教育。"

从以上两种教育辞书中的界定分析,在我国,"学前教育"与"早期教育"(如梁志燊)、"幼儿教育"(如周德昌)基本上是通用的。但在"学前教育"对象的年龄阶段划分上还是有分歧的,周德昌认为"学前教育"亦称"幼儿教育",而幼儿教育的对象是3—6岁儿童;梁志燊则认为"学前教育"就是广义的"早期教育",而早期教育的对象是从出生到入小学以前的教育。

在南京师范大学教授黄人颂主编的《学前教育学》(2009年版)、浙江师范大学杭州幼儿师范学院教授朱宗顺主编的《学前教育学》(2012年版)等高校学前教育专业教科书中,基本上都认为,学前教育就是指对0—6岁儿童所实施的教育。

但是,在学前教育实践中,从《中华人民共和国教育法》的规定来看,国家在法律和政策框架内只使用了"学前教育"而并未使用"早期教育"或"幼儿教育"的概念,并且将"学前教育"与"初等教育""中等教育"和"高等教育"并列使用,纳入我国教育基本制度。应该说,"学前教育"是与"早期教育""幼儿教育"具有内涵上的差异的。而且当"学前教育"与"初等教育""中等教育"和"高等教育"并列使用,构成我国的学校制度系统时,"学前教育"应该是指3—6岁儿童的幼儿园教育。

还有,从我国目前高等院校专业目录来看,"学前教育专业"和"早期教育专业"是同时存在的,且在山东英才学院就同时开设了这两个专业,而它们的培养目标又是不同的。"学前教育专业"毕业生是服务于3—6岁幼儿保教、科研和管理等,而"早期教育专业"毕业生则服务于0—3岁婴幼儿保教、科研和管理等。

另外,有研究者通过中国知网这个功能强大的搜索引擎,运用主题探索的方式对"学前教育""早期教育"和"幼儿教育"三个概念进行了比较,研究发现,在2010年之前的50多年中,公开出版的文献中"幼儿教育"概念的使用在总量和年均数量上均显著大于"早期教育",而"早期教育"又略大于"学前教育"。但是自2010年之后,情况发生了变化,涉"学前教育"的累积文献总量和年均文献数量则开始反超"早期教育"(约1.7万篇)和"幼儿教育"(约2.6万篇),成为最核心的学科领域概念。

根据分析,我们认为,"学前教育"概念与"早期教育""幼儿教育"在内涵上应该有所区别,教育对象上更应该严格区分。综合我国理论与实践情况,我们认为,学前教育在广义上,应该是指针对0—6岁儿童所实施的教育,它包括0—3岁的早期教育和3—6岁的幼儿教育两个教育阶段。

第二节　学前教育的属性与特点

教育为公以达天下为公。

——陶行知

教育是一项公共事业,这是教育的基本属性之一。但是,学前教育在社会改革大潮中却屡屡试水,让越来越多的人开始思考,学前教育到底还是不是"教育"这一严肃的问题。

2006年深圳市政府决定,在未来3年内,将22家市属公办幼儿园转企,随后还将对区属的公办幼儿园进行转企改制。深圳的这一改革举措,受到了被改制单位的强烈抵制,也在全国范围内引起了广泛的关注和持久的讨论。讨论所涉及的问题就包括学前教育的性质定位与属性描述问题。

学前教育的身份变得越来越有争议,作为学前教育根本属性的公益性正受到来自政府、市场、民间和专业团体等多种力量的质疑。学前教育的面孔变得日益模糊,其社会地位变得日益弱势。关于学前教育的属性,原来是如何描述的呢?

一、法律文件中的学前教育属性

1989年颁布的《幼儿园规程》提出,幼儿园是对三周岁以上学龄前幼儿实施保育和教育的机构,属学校教育的预备阶段。

1993年颁布的《教育法》提出,国家实行学前教育、初等教育、中等教育、高等教育的学校教育制度。

1996年修订颁布的《幼儿园规程》指出,幼儿园是对三周岁以上学龄前幼儿实施保育和教育的机构,是基础教育的有机组成部分,是学校教育制度的基础阶段。

2001年颁布的《幼儿园教育指导纲要(试行)》指出,幼儿园教育是基础教育的重要组成部分,是我国学校教育和终身教育的奠基阶段。

2003年出台的《关于幼儿教育改革与发展的指导意见》指出,幼儿教育是基础教育的重要组成部分,发展幼儿教育对于促进儿童身心全面健康发展,普及义务教育,提高国民整体素质,实现全面建设小康社会的奋斗目标具有重要意义。

2001年出台的《国务院关于当前发展学前教育的若干意见》指出,学前教育是终身学习的开端,是国民教育体系的重要组成部分,是重要的社会公益事业。发展学前教育,必须坚持公益性和普惠性。

2018年出台的《中共中央国务院关于之前教育深化改革规范发展的若干意见》再次明确,学前教育是终身学习的开端,是国民教育体系的重要组成部分,是重要的社会公益事业。

从上面的分析我们不难看出,学前教育在我国一直被纳入国民教育体系,作为基础教育的重要组成部分。既然如此,为什么还会有深圳市等地方政府对学前教育属性的争议?又为什么会有忽视学前教育既有属性而对学前教育与市场实行"强制婚姻"呢?一个重要的原因就在于地方政府对学前教育的公益性和普惠性缺乏认识,以及对教育产业化或教育生产性的误解。

二、学前教育的公益性和普惠性

教育的公益性即教育的公共利益性,是指教育所提供的产品或服务只能由人们共同占有和享用。从利益上看,这种利益具有公共性、社会性、整体性。利益主体是公众、社会、国家、民族,乃至于整个人类,而不限于社会成员的某一个体。根据《教育法》第八条规定,"教育活动必须符合国家和社会公共利益",凡依法举办的教育,包括基础教育有机组成部分的学前教育,都应该符合公共社会利益。而从学前教育产品属性上分析,它是具有强正外部效应的准公共产品,涉及广泛的社会公共利益,应当属于社会公益性事业。

学前教育的普惠性不属于学前教育天然的本质属性,它体现的是社会制度安排和国家对学前教育的理解。普惠性的主要内涵是普遍惠及,人人享有,即学前教育的各项制度和措施能够普遍惠及广大人民群众,其核心属性是高度包容性。所谓高包容性是指学前教育的经费投入不仅惠及特权儿童、弱势儿童、残障儿童,更包括其他所有儿童。普惠性服务尊重的是公民权利,而非身份限制、阶层背景、经济基础等。

学前教育的公益性意味着政府对学前教育的发展负有重要的主体责任,尤其是对学前教育的投入和管理。目前,我国学前教育支出占GDP的比例平均为0.06%,不仅低于发达国家,也低于巴西、墨西哥、印度等发展中人口大国。世界各国对早期教育的投入,占教育总投入的平均水平大约为3.8%,而我国学前教育经费一直在全国教育经费总量中的1.2%—1.3%之间徘徊,还有十多个省份的学前教育经费只占到了1%。可见,我国虽然在各种法律规范中明确了学前教育的公益性属性,但政府在学前教育投入方面并没有体现出这一应有属性。

三、学前教育是否应该纳入义务教育

学前教育到底应该不应该纳入基础教育,甚至义务教育,政府也还缺乏应有的明确表示。目前,我国学前教育理论界普遍认为,学前教育属于基础教育的重要组成部分,这一点是没有疑义的。且在国家相关法规和政策文件中,也非常明确地指出了学前教育属于基础教育的重要组成部分。但是,同属于基础教育的学前教育却无法享受如小学和初中那样的义务教育权利,这在立法上是一个缺憾,在学术和理论上无疑也是一个不能自圆其说的瑕疵。所以,近年来,关于学前教育该不该纳入义务教育的讨论一直不断,在每年的全国"两会"上,都会有代表提出,将学前教育纳入义务教育管理,由政府为儿童的启蒙教育买单。

关于教育产业化或教育的经济功能,不少人存在着认识误区。深圳市等地方政府要求将公立幼儿园转企改制不仅与他们对教育公益性和普惠性的认识有关,更与他们对教育产业化或教育的经济功能的理解有关。学前教育中有市场、有产业、有经济行为,但是不意味着我们可以将学前教育完全市场化、全面产业化。因为这不仅关系到学前教育的"教育"身份,也关系到学前教育从业人员的"教师"身份,幼儿园和教师也会因此而失去《教育法》《教师法》等法律的保护。而我国的《教育法》也明确指出,"任何组织与个人不得以营利为目的举办学校及其他教育",这当然也适用于学前教育。在学前教育发展过程中可以有市场运作,可以借助于市场和社会力量来参与学前教育机构建设和事业发展,但是,不能够简单地将学前教育直接推入市场,全部交给社会力量,这在国际上也是有共同理解和认识的。

目前,学前教育的基本属性主要由学前教育在其学制系统中的地位、是否免费、是否纳入义务教育体系等构成。关于学前教育在各自国家学制系统中的地位在国际上有两种情况:一是以法国、日本、韩国、英国、美国为代表,将学前教育作为其学制系统的第一阶段予以规定。在某种意义上,法国学前教育具有义务教育性质,美国和英国是部分年龄段纳入义务教育体系,而日本和韩国的学前教育则是独立于义务教育系统之外的。二是以印度为代表的尚未将学前教育纳入正规学制系统。在印度,强调早期儿童保育和教育是国家应该为儿童提供的教育,但并非每个儿童的法定权利。

关于学前教育阶段是否免费也有三种不同情况:比如,法国是实行学前教育完全免费的,早在1881年,法国《学校法》就明确规定幼儿园为教育机构,幼儿学校实行免

费教育。这使得法国学前教育的质量和入学率一直处于世界领先地位。再比如,美国、英国和韩国是实行学前教育部分年龄段免费。美国将学前一年教育,即学前班教育视作基础教育的第一阶段,并对学前班学生实行免费义务教育。英国就比较复杂,幼儿学校或幼儿班属于英国义务教育范畴而实行免费;近年来又推行3—4岁免费学前教育的政策;有些地区开始向3岁以下儿童延伸免费制度。韩国和美国一样,其免费政策限于学前一年。还有是以项目的形式开展部分或阶段性学前教育免费制度,比如美国的"提前开端计划"和"早期提前开端计划"、英国的"确保开端计划"、印度的"儿童综合发展服务项目"等,而日本则是实行多方合作的普遍缴费模式。

根据以上分析,我们可以将学前教育的属性和特点简单归纳为公益性和普惠性,其中公益性是其本质属性和主要特点,而普惠性则是社会制度安排和国家发展要求。我们必须坚持认为学前教育还是教育,幼儿园还是学校,学前教育从业人员还是教师。学前教育作为基础教育的重要组成部分要得到更多的体现,学前教育应该迟早纳入义务教育范畴进行管理,这些是保证学前教育质量和提高学前教育普及率的重要政策导向。

第三节 学前教育的理论与发展

> 如果一位教育工作者不能明确说出他的教育活动的目的,那就跟一个建筑师在为一座新建筑奠基时还不知道要建筑什么东西一样,令人不可理解。
>
> ——[俄]乌申斯基

中国有句俗话,"三岁看大,七岁看老。"几千年来,这句话被许多家庭作为育儿的重要经验一直传承着。诸如此类的俗话还有许多,比如:"树大自然直""棍棒之下出孝子""小孩的心灵就是一张白纸,任画什么就是什么""近朱者赤,近墨者黑"等。这些都是在历史上长期存在的关于儿童发展的观念,在21世纪的今天,你还会相信吗?关于儿童的发展我们又该坚持什么样的基本观点呢?这其实就是学前教育理论的发展问题,或者关于学前教育学的基本理论问题。

教育理论的发展与教育的发展并不是同步的,教育是与人类社会一同产生和发展的,教育理论则是思想家、政治家和教育家们在社会发展过程中不断总结完善历史上教育实践的基础上而提出来的,是人类社会进步的表现,尤其是人类社会对自身发展与教育实践认识的不断提升。学前教育理论的发展也是如此,而且学前教育理论的发展是教育理论中的一个重要分支,是建立在教育理论的基础之上的。从学科的角度讲,教育理论的发展形成了教育学及其学科群,学前教育学就是从教育学科中分离出来的,作为一门独立的学科,它是伴随着学前教育机构的建立而开始的。

关于学前教育理论的发展,我们可以循着学前教育理论的形成历史来做一个简单分析,以建立一个清晰的教育理论形成与发展的脉络。在不同的教科书上关于教育理论形成与发展的阶段划分是不一样的,无论如何划分,都是为了更清晰地展示学前教育理论的发展轨迹和学前教育学形成的路径,我们可以不拘泥于某种形式,而直接探索学前教育理论的实际。在这里,我们把学前教育理论的形成发展分为三个阶段来介绍。

一、学前教育理论的孕育与萌芽阶段(古希腊时期到18世纪后期)

学前教育理论形成之前,关于学前教育的各种观点和思想,也是散见于哲学家和思想家的各种著作中的。在西方教育的历史上,最早较为系统地阐述学前儿童教育问题的应该是古希腊哲学家柏拉图,他在《理想国》和《法律篇》中,提出了他的学前公共教育理论,他主张:从学前期起,由国家对男女儿童进行公共教育;要重视学前期儿童的教育,重视游戏、体育、唱歌、讲故事等活动。还有亚里士多德在其《政治观》中第一个提出"教育要遵循自然"的观点,为学前教育理论的形成与发展奠定了重要基础。在中国教育的历史上,最早在西汉时期就有了关于早期教育的记载。西汉的贾谊在《新书》中记载了公元前11世纪周成王母注意胎教之说。在《大戴礼》和《本命》中,则有关于儿童出生后年龄特点的记载。这应该算是我国历史上关于儿童早期教育的最早记载了。

随后,学前教育理论的发展非常缓慢,这与儿童在古代社会的地位有关。在14世纪之前,由于受封建与教会思想的控制,儿童的精神受到压抑,头脑受到禁锢,身体受到奴役。文艺复兴运动产生了人文主义的世界观,由人文主义出发的教育,提倡要热爱儿童,信赖儿童,由此,教育理论和教育学的发展进入一个新的时期,出现了大量的教育家和教育著作,学前教育理论的发展也随着教育家们对儿童的发现与研究而逐渐产生。比如,捷克教育家夸美纽斯的《母育学校》和《世界图解》就是这一时期的典型著作,尤其是《母育学校》,被视为世界上第一部系统地论述家庭教育形式下学前儿童教育的专门著作。法国教育家卢梭的《爱弥儿》,则通过儿童爱弥儿从出生到成年的教育过程,系统地阐述了他的自然教育理论,提出了教育应该适应自然,尊重儿童、热爱儿童,要按照儿童的特点发展儿童的个性等学前教育的理论观点。英国教育家洛克则反对天赋观念,提出并推广了著名的"白板说",强调要重视儿童的早期教育。他认为儿童的心灵是一张没有任何特征和任何观点的"白纸",武装人心灵的是经验,"通过经验,我们形成了我们所有的知识,人的心灵最终来自人的经验。"

应该说,这一时期,学前教育理论是依靠教育理论的发展而发展的,学前教育的主要思想都是与普通教育的思想一同呈现的,因为这一时期还没有专门的学前教育机构,也没有专门研究学前教育理论和儿童发展理论的教育家,但这却是学前教育理论产生与形成的重要基础。

二、学前教育理论的形成与发展阶段(19世纪初期到20世纪中期)

19世纪以来,在德国产生了世界上第一个幼儿园,诞生了世界上最伟大的幼儿教育家,开始了幼儿园教师的培训工作,也产生了现代学前教育的系统理论。1837年,德国教育家福禄贝尔在勃兰根堡设立了一所幼儿学校,专收3—7岁的幼儿。1840年,他将这所幼儿学校正式改名为幼儿园,这是世界上第一所幼儿园。在这里,他开始研究幼儿园教学方法,发展了一套系统的课程和教育方法,涉及幼儿学习的特点、课程、方法以及教师培训等方面。他还撰写了《人的教育》《幼儿园教育学》等著作,系统地提出了学前教育的理论,对于学前教育学从教育学中独立出来做出了重要贡献,他本人也被称为世界"幼儿教育之父"。他认为,教育应当追随儿童发展之自然,对儿童的教学和训练在根本原则上应该是被动的、顺应的,而不是命令的。强调自我活动是儿童教育的基础,游戏对于儿童发展具有重要的教育价值。不仅如此,他还根据儿童的特点,将玩具、教具和教材融为一体,创造了一种操作物——恩物,意为神恩赐儿童的玩具,现代的许多幼儿园里还在广泛应用。

19世纪欧美各国的学前教育主要接受福禄贝尔的思想和理论,进入20世纪以后,随着对幼儿早期教育的重视和学前教育机构的不断发展,学前教育理论呈现快速发展的状态,形成了相互吸收又各具特色的理论流派,对于学前教育理论的丰富和完善起到了重要作用。比如,美国实用主义教育家杜威和意大利著名学前教育家蒙台梭利。杜威虽然不是专门研究学前教育的教育家,但他关于儿童发展的理论对于学前教育理论的建立具有重要指导意义,他的"儿童中心论"可以说是现代教育史上对儿童教育价值的又一次新发现。他主张教育应该把重点放在儿童身上,以儿童为中心,强调儿童主观能动性在学习中的作用。杜威的教育著作主要有《民主主义与教育》《经验与教育》等。

蒙台梭利则是现代教育史上除福禄贝尔外又一位著名的幼儿教育家。她于1907年在罗马贫民区创设"儿童之家",招收3—6岁的幼儿。在这里,她进行教育实验,逐步制定了整套的教材、教具和教学方法,创立了蒙台梭利教育体制,受到全世界的瞩目。1909年,她出版了学前教育理论代表作《蒙台梭利教育法》(又名《儿童之家的科学教育方法》),1933年又出版了《童年的秘密》,系统阐述了她关于学前教育的理论主张,以她的名字命名的幼儿教育方法——蒙台梭利教育法至今仍然活跃在世界各国学前教育领域。她认为,教育的目的在于发现儿童的"生命的法则",帮助儿童发展生命,她对于儿童有新的认识,并不把儿童看作是未成年的"小大人",而是看成与成人互为相反的两极。她还认为,要建立一种合乎科学的教育,其基本原则是使儿童获得自由,使儿童从妨碍其身心发展的障碍中解放出来,使儿童的天性得以自然的表现。在教育方法方面,她重视环境和教师的作用,她认为儿童的发展离不开适宜的环境,而教师就是适宜环境的创造者、观察者和指导者。她还很重视感觉训练,完成感觉训练有一整套教具,用于训练儿童不同感官的发展。

除此以外,在这个时期,还出现了如奥地利精神分析心理学家弗洛伊德,美国著名心理学家格塞尔、班杜拉,瑞士心理学家皮亚杰等一批专门研究幼儿心理的心理学家,他们在儿童心理研究方面的成就,为学前教育理论的丰富和发展做出了重要贡献,对学前教育学的形成和发展起到了重要影响。

这一时期,我国也出现了一批现代教育家,他们在学前教育理论研究方面也都卓有成就,提出了具有我国特色的学前教育理论,比如陶行知、陈鹤琴、张雪门、张宗麟等。其中,陈鹤琴是我国近代学前儿童教育理论和实践的开创者,他于1919年9月开始任南京高师教师,教授教育学、心理学和儿童心理学课程,1923年,创办了中国第一所实验幼稚园——鼓楼幼稚园(张雪门于1903年在武昌创办中国第一所公立幼稚园——湖北幼稚园,陶行知于1927年创办中国第一个乡村幼稚园和劳工幼稚园——燕子矶幼稚园),进行中国化、科学化的幼儿园实验,总结并形成了系统的、有民族特色的学前教育思想。他强调学前教育要考虑儿童特点,要重视儿童的全面发展教育,反对以教师为中心或儿童中心主义倾向,强调教育要多种形式,幼儿园要与家庭密切联系、相互配合。他的这些教育理论奠定了中国现代学前教育理论的基础,也奠定了他在中国学前教育理论界的地位——中国幼儿教育之父。

三、学前教育理论的繁荣与创新阶段(20世纪中期以来)

20世纪中期以来,随着世界范围内的经济改革的深入,带来了教育内部的深刻变革,在这场变革中,学前教育迎来了繁荣发展的春天。与此同时,学前教育理论的发展也随着学前教育实践的繁荣而出现百花齐放的良好局面。关于当代学前教育理论发展的总结文献并不是很多,这个也与学前教育理论在整个教育理论中的地位有关,学前教育领域专门的研究队伍和研究机构与其他教育领域相比相对较弱,所以,在许多人批评学前教育工作者应该"走出象牙塔"时,我们也听到了学前教育工作者应该"先建筑象牙塔"的声音。但是,我们仍然认为,学前教育还是迎来了自己的春天,学前教育理论的繁荣与创新仍然是之前所无法比拟的。

在新中国成立之后直到1976年"文化大革命"结束,近30年的发展历程中,包括学前教育在内的中国教育理论研究工作几近停止,1979年之后,在陈鹤琴等老一辈学前教育家们的努力下,学前教育理论研究得以启动,发展学前教育也成为包括中国在内的世界各国未来教育目标之一而倍受重视。学前教育理论在广泛吸收心理学、脑科学的研究成果的基础上,更加强调自身理论的完整性和特色化,体现了学前教育理论的包容性和开放性。行为主义和人本主义心理学、认知结构理论、多元智能理论、建构主义理论、最近发展区理论等,都对学前教育理论与实践的发展产生了重要影响,尤其是对于学前教育理论的繁荣与创新产生了积极的促进作用。

第四节 学前教育的价值与功能

学前教育对幼儿个人、家庭、社会和国家都有重要的价值。其中,学前教育对幼儿发展的价值,是最核心的价值,也是衡量学前教育其他价值的基础和前提。

——虞永平

学前教育价值即学前教育满足人们需要的关系属性,具体来说,即学前教育在一定社会历史条件下的功用性。关于教育的价值取向,历来都存在着个人本位论和社会本位论之争,在社会发展的不同历史时期,教育的价值取向在个人本位和社会本位之间此消彼长。学前教育作为教育系统中的重要部分,其价值取向除了要遵循教育价值的一般规律和趋势外,还应该有自己独特的价值与功能。

针对学前教育价值的研究,不同国家和地区有不同的研究领域和视角,比如,北美国家从关注"优质与个别化"出发来研究,澳大利亚注重多元文化价值研究,美洲国家注重社会进步的战略价值,欧洲国家注重"走向自然"的人文价值,非洲国家从"公众事务"的角度进行研究。

在我国,学前教育价值的研究相对要弱,这和学前教育理论与实践在国内的地位变化是有关系的。应该说,在 21 世纪之前,学前教育一直处于比较弱势的地位,从 2001 年《幼儿园教育指导纲要(试行)》颁布以来,学前教育才全面纳入国家教育改革的战略。一直到 2010 年《国务院关于当前发展学前教育的若干意见》的出台,学前教育的价值和功能才真正被发现。

学前教育的价值一般可以从宏观、中观和微观三个层面来认识,这也是我们今天要和大家讨论的。

一、学前教育在宏观层面的价值

学前教育宏观层面的价值是指在社会大系统中,学前教育这个子系统与其他子系统的关系。学前教育既是一切教育的基础,也是社会发展、存续的基本条件之一,体现在学前教育的社会价值方面。主要表现在四个方面,第一,学前教育有利于整体提高国民素质,促进社会的民主、文明、进步。第二,发展学前教育是一项重要的人力资本投资。许嘉璐先生在百年中国幼教纪念大会上曾富有远见地指出:"人才培养的制高点不在最后阶段,而在最初阶段。"第三,发展学前教育有利于促进社会公平。尤其是补偿性的学前教育在消除社会贫困、促进社会公平方面作用十分明显。第四,学前教育有利于降低犯罪率,促进社会和谐、稳定。

二、学前教育在中观层面的价值

学前教育中观层面的价值是指学前教育与家庭之间的价值关系。有人曾言,关闭一所幼儿园比关闭一所大学,或一所低质量的幼儿园的存在比一所低水平大学的存在,更会让家庭、社会不得安宁,这从侧面反映了学前教育对于家庭的影响和作用。由于学前教育的普惠性特点,它带给广大家庭和社会成员的影响就更大了。学前教育中观层面价值主要表现在:第一,学前教育机构一方面从时间上为家长的工作与学习提供便利,将女性解放出来,为促进家庭和谐稳定提供了保障;另一方面,针对不同儿童成长需要而开展的学前教育课程与活动对家长提高自身修养,尤其是提高育儿能力和水平提供帮助。第二,学前教育的质量成为各个家庭最为关心的共同问题,直接影响儿童未来接受教育的能力和志趣。1996年,联合国教科文组织在《教育:财富蕴藏其中》的报告中曾指出:"受过幼儿教育的孩子与没有受过这一教育的孩子相比,往往更能顺利入学,过早辍学的可能性也少得多。""学前教育的不足或缺乏这种教育,均可严重影响终身教育的顺利进行。"

三、学前教育在微观层面的价值

学前教育微观层面的价值是指学前教育系统内将儿童作为主体与其他要素之间的价值关系,即学前教育对儿童发展的价值。主要表现在两个方面:

一是学前教育对于儿童的社会性、人格品质发展的重要性。社会性和人格品质是个体素质的核心组成部分,它是通过社会化的过程逐步形成与发展的。1988年,当75位诺贝尔奖获得者聚集一堂,记者问他们:"您在哪所大学、哪个实验室学到了您认为最重要的东西?"一位白发苍苍的老者回答道:"在幼儿园。"并说,自己在幼儿园学到了最重要的东西:把自己的东西分一半给小伙伴,不是自己的东西不拿,东西要放整齐,吃饭前要洗手,做错了事情要表示歉意等。另有著名的"发展适宜性教育"和我国"学前儿童社会性发展与教育研究"等成果都表明,早期行为、性格发展不良的儿童,在学龄阶段更难适应学校生活,交往困难、厌学、逃学,纪律问题和少年犯罪率更高;成年时期更容易出现情绪、交往障碍和行为问题,有的甚至出现人格障碍,走向犯罪的歧途。

二是学前教育对于个体的认知发展的重要性。学前期是儿童认知发展最为迅速、最为重要的时期,在人一生认识能力发展中具有十分重要的奠基性作用。研究发现,婴幼儿具有巨大的学习潜力,比如,婴儿在3个月时便能进行多种学习活动,1岁婴儿能学会辨认物体的数量、大小、形状、颜色和方位,幼儿具有很强的模仿力、想象力和创造力。学前期还是儿童心理多方面发展的关键期,在关键期内个体对于某些知识经验的学习或行为的形成比较容易,而如果过了关键期,则很难,甚至不再可能发展。比如,2—3岁是儿童口头语言发展的关键期,4—6岁是儿童对图像的视觉辨认、形状知觉形成的最佳期,5—5.5岁是掌握数概念的最佳年龄,5—6岁是儿童词汇能力发展最快的时期。

同时,学前期还是儿童的好奇心、求知欲、想象力和创造性等重要的非智力品质形成的关键时期。学前教育质量还直接关系到儿童能否形成正确的学习态度、良好的学习习惯和强烈的学习动机,从而对个体的认知发展和终身学习产生重大影响。

另一些研究发现,适宜的学前教育对于解决因贫困、疾病等原因而缺少恰当的抚育与学习机会的儿童具有重要的改善功能,他们更需要成人提供适宜的学前教育环境。比如,美国的"开端计划"和"帕里学前教育方案"的研究就表明,早期良好的学前教育能使处境不利儿童"在认知、语言和思维操作等各方面发展得更好",并且会"对这些儿童的认知、学习产生一直持续到其成年期的长期的、积极的影响"。近年来关于孤儿院儿童与正常家庭中成长的儿童的比较研究也进一步证明了,如果在婴幼儿时期缺少了恰当的抚育与学习机会,将会使儿童的智力发展受到压抑、迟滞。孤儿院儿童与正常家庭中成长的儿童相比,不仅情绪行为表现异常,而且智力发展水平低下。

长期以来,在我国学前教育界,从总体上而言,比较偏重于学前教育的工具价值,或者说是社会价值,而忽视学前教育的个体价值,不仅表现在长期忽视学前教育的投入与发展,甚至在当下,在国家高度重视学前教育的情况下,关于学前教育的价值问题仍然未能得到很好地解决。如幼儿园小学化、公立幼儿园转企改制、幼儿园过分迎合家长和社会等现象广泛存在,这不仅是对学前教育属性的误读,也是对学前教育价值的根本颠覆。

第五节 学前教育的当代特征

> 学前教育既要顺应儿童自然发展,又要将儿童发展纳入社会需要的轨道。
>
> ——朱家雄

当前学前教育的发展在世界范围内正呈现快速发展的时期,世界各国在学前教育立法、学前教育经费投入、学前教育专项计划、学前教育评估、学前教育研究等各个领域也呈现出跨区域、跨文化的共同趋势,它们共同构成当代学前教育的主要特征,研究这一个问题,对于准确把握当代学前教育发展的一些共性问题,科学规划学前教育改革策略都具有重要的意义。本节主要通过比较的视角,围绕学前教育的当代特征这一主题和大家一起学习、讨论。

一、世界各国学前教育儿童入园率的发展趋势

一般来说,儿童的受教育机会与一个国家的教育投入和民众对于儿童受教育需求有着密切的关系,儿童的受教育机会一般和国家经济发展状况有关,也与民众的教

育需求有关,所以,分析儿童入园率其实是对学前教育的综合考察。在这方面,世界范围内存在以下两个特点:

一是世界范围内的入园率呈现上升趋势,地区性的发展趋势引人注目。根据联合国教科文组织发表的报告《强大的基础》显示,1999—2004年间,世界范围内的入园率从33%上升到37%。其中发达国家从73%上升到77%,发展中国家从28%上升到32%,转型国家从41%上升到58%。同期,1996—2003年间,我国学前三年毛入园率从41%下降到了37%,之后在2006年回升到42%,2007年回升到46%。根据教育部《国家中长期教育改革和发展规划纲要(2010—2020)》中期评估学前教育评估报告显示,2009—2014年间,我国学前教育三年毛入园率从50.9%上升到70.5%。入园率增幅最快的是两个地区:一是太平洋和加勒比海地区的国家;二是中欧和东欧的转型国家。这些国家呈现出的增长是与其入园率基数较低有关,同时也体现了其经济快速发展中社会对于学前教育的旺盛需求以及政策层面的回应。

二是入园率随着年龄增加而提高,各国普遍将政策关注点和资源聚集在学前最后一年。比如墨西哥在法律上明确了普及学前教育的三步走目标:在率先实现5岁普及学前教育目标的基础上,分步完成普及4岁和3岁的目标。法国等国率先实现了3岁至义务教育阶段入园率普及的目标,近年来又将目标锁定3岁以下的幼儿,并且采取了一系列措施努力实现0—3岁学前教育普及的目标。这种渐进主义的政策路径一方面反映出政府、家庭对于学前教育最后一年重要性的普遍认同,另一方面也反映出政策制定时的现实主义的态度。

二、学前教育的当代特征

学前教育的发展引起了社会各界的积极关注,学前教育在价值取向、责任主体、管理体制、投入体制、实施方式以及督导评估等方面表现了一致的和突出的特点。

一是将促进公平作为普及学前教育的核心要素,优先保障弱势地区和弱势人群。公平理念始终贯穿于普及行动计划,比如印度、美国等国家主要实施专门针对各类处境不利儿童及其家庭的国家普及行动计划。英国、澳大利亚、古巴等国家则主要实施对全体儿童有效,但优先保障弱势儿童的国家普及行动计划。印度的"儿童发展综合服务计划"、古巴的"教育你的孩子计划"等,都很重视公平理念的体现,尤其是关注处境不利儿童的学前教育。我国各省区在《国务院关于当前发展学前教育的若干意见》(国发〔2010〕41号)指导下制定的"学前教育三年行动计划"也特别注重发展农村学前教育。

二是强化并积极落实政府的主导责任。普及行动计划代表的是国家意志,但是事实上,地方政府在经济实力、政策制定和执行能力等方面均存在着差距,因此,为提高计划实施效率和质量,各国中央政府均通过强化其统筹规划、法律政策制定、财政投入、教师队伍建设、督导评估等职责保障其在计划运行中的领导地位。像美国不仅有"开端计划",而且还制定了《开端计划实施标准》和《开端计划法案》等一系列法案和政策来保障政府主导责任的落实。我国于2010的制定的《国务院关于当前发展学前教育的若干意见》和 2018 年制定的《关于学前教育深化改革规范发展的若干意见》等文件都一致强调在学前教育事业发展中要坚持政府主导。

三是建立高层级的专门管理机构和多部门参与协调合作的管理机制。比如美国"0—5 岁计划"由奥巴马亲自领导的"总统早期学习委员会"统筹管理,英国"确保开端计划"由"儿童、家庭与学校部"和"工作与抚恤金部"共同管理,澳大利亚成立由教育、就业和劳资关系部组成的"学前教育和澳大利亚政府委员会小组"对行动计划进行总领导,古巴则是在教育部下设"教育你的孩子计划全国科技小组"实施专门领导。我国的"学前教育三年行动计划"则直接由各级地方政府负责,由教育主管部门具体管理。

四是保障并不断加大财政投入,并且规范经费管理。主要是将经费纳入政府预算并立法予以保障,注重以中央或联邦政府投入为重要支撑且投入力度不断加大。但是,政府加大财政投入并不是无条件的,而是根据各方参与的学前教育发展评估的情况进行逐年提升。尤其强化经费管理并规范经费的合理使用,以保证和提高财政投入的效益。比如,英国明确规定"确保开端计划"经费的主要用途,像确保开端儿童中心专款、早期教育拨款和扩建学校专款等。美国 2007 年通过《开端计划法案》明确规定必须预留一部分经费专门用于提高计划的质量,如培训、科研和技术援助等。

五是依托科研与评估为学前教育改革和发展提供依据。以科研和评估为主要手段,密切关注国家行动计划的实施、效果和存在的问题,进而通过相关决策影响计划的走向,对提高计划的质量和实效具有至关重要的意义。各国在学前教育改革发展过程中普遍重视保障和促进科研的开展以为学前教育的改革提供持续、科学、高质量的服务。而且,强调以评估作为学前教育行动计划改革和发展的决策手段,成立专门的评估机构对行动计划进行动态跟踪,并通过检测各项指标来判断计划实施是否偏离原有的目标设定,各项任务是否有效完成,哪些方面需要重点关注和改进,进而为下一步改革和具体决策提供重要支撑。我国于 2010 年发布实施《国家中长期教育改革和发展规划纲要(2010—2020 年)》(以下简称《规划纲要》),在实施五年后,2015 年教育部对《规划纲要》的实施情况进行了中期评估,发布了各类型教育的中期评估报告,其中包括学前教育专题评估报告。对五年来学前教育取得的成就和存在的问题进行了总结,并对下一步工作提出了七条对策建议。

除了上述特点外,学前教育在世界范围内还呈现出日渐重视教育质量监控体系的建立。2015 年联合国教科文组织发布的全民教育全球监测报告《成就与挑战》指出,学前教育普及率逐年提升,学前教育质量与公平的矛盾却呈现加深的趋势,这缘于正在致力于让所有儿童接受公平教育机会的众多国家因偏重教育公平而忽视教育质量问题。2015 年联合国教科文组织大会审议通过的《2030 教育行动框架》也将提供优质的学前教育列为联合国可持续发展目标的子领域,纳入包容、公平和优质的全民终身教育体系中。因此,如何在保障学前教育公平的基础上,提高学前教育的质量,处理好更高质量、更加公平的共同发展关系,已经成为当前和未来学前教育工作的重点。我国《国务院关于发展当前学前教育的若干意见》中也提出了建立幼儿园保教质量评估监管体系的基本要求。

当前,世界各国关于学前教育的认识越来越趋于一致,学前教育是基础教育的重要组成部分已经成为全球学前教育的共识,学前教育的当代特征只是众多共识中的核心部分,随着教育改革的深入和世界经济的变革,学前教育的当代特征也将更加丰富多彩。比如,建立高质量的教师队伍以保证教育质量的稳步提升,建立健全法律规范以保证学前教育质量的持续发展等。

第六节 学前教育的发展趋势

> 教育就是直面人的生命、通过人的生命、为了人的生命质量的提高而进行的社会活动,是以人为本的社会中最体现生命关怀的一种事业。
>
> ——叶澜

当前,世界学前教育的发展呈现出繁荣昌盛的态势,各国政府对学前教育的重视可以说是前所未有,关于学前教育的政策法律不断健全,学前教育公共设施也不断完善,学前教育师资水平和待遇不断提高,学前教育评估标准和规范不断建立。从学前教育现有发展状况分析,未来世界学前教育的发展将呈现以下几个方面的趋势。

一是从注重教育公平为主逐渐转向教育公平与教育质量共为核心的学前教育改革方向。20世纪末期以来,教育公平问题一直成为国际学前教育改革的核心内容,尤其是针对处境不利儿童和家庭的普及性计划不断出台,极大地帮助了这些儿童和家庭,为他们提供了适宜的学前教育,在促进教育公平甚至是社会公平方面发挥了重要作用。比如,美国的"开端计划"、英国的"确保开端计划"、印度的"儿童发展综合服务计划"等,还有我国的"学前教育三年行动计划",对于农村学前教育的发展无疑发挥了重要作用。但是,由于学前教育入园率的不断提升,突显了师资队伍的严重不足,学前教育"入园难"的问题得到缓解的同时,教育质量将成为未来人们关注的焦点。不仅是中国,世界各国都普遍存在着这一问题,而这必将是未来学前教育改革的重要方向。

二是从强调社会进步为主逐渐转向社会进步与儿童发展齐头并进的学前教育发展目标。学前教育的公平是社会公平的一个缩影,学前教育发展水平也是一个国家和地区经济发展水平的反映。作为"公益普惠"型的学前教育,体现的是其公共教育的属性,强调更多的应该是社会进步与发展,是学前教育的普及与大众化。但是,当学前教育真正实现"公益普惠"时,我们会发现,儿童和家庭所需要的不仅仅是学前教育机会的公平,儿童自身的发展将成为更多人所关注的领域。来自美国"开端计划"的团队研究成果表明,一个接受适宜学前教育的儿童与没有机会接受学前教育的儿童在未来发展和终身教育方面会表现出巨大差异。而且,这一结论也被国际社会所认可,成为未来学前教育发展的重要目标。

三是从强调政府投入为主逐渐转向政府投入与优先保证相结合的学前教育拨款倾向。学前教育的投入主体应该是政府,或者说,政府在学前教育发展方面应该负有主体责任,这是世界范围内的一个共识。根据一项研究表明,无论是OECD国家还是其中欧盟21国,在平均水平上,政府都是学前教育经费投入的绝对主体,政府投入超过总体投入的79%。欧洲五国学前教育经费投入中政府投入占比最高的是法国,达到94%,私人仅承担6%。其次是意大利政府投入的比例同样占比在90%以上。德国、英国和美国政府对学前教育的投入在2010—2015年间有所下降,但是最低的,美国政府也达到了70%。日本政府对学前教育的投入占45%,韩国政府对学前教育的投入虽然增长较快,但也仅仅只有55.5%。总体而言,在OECD国家,政府作为学前教育经费投入的绝对主体地位基本确立。

在这些国家中,政府投入学前教育经费的方式正在发生变化,如政府会优先保证投入一定数量的公立幼儿教育机构。目前,法国公立学前教育机构占比最高,达到90%;德国刚刚超过40%;而韩国则不到20%。根据《国家中长期教育改革和发展规划纲要》中期评估报告学前教育专题报告提供的数据,我国2014年教育部门办园,即公办幼儿园占比达到50.13%。随着"学前教育三年行动计划"的持续推进,公办幼儿园的比例会有更大增幅,尤其是农村公办幼儿园。当然,从近年来的数据分析,各国在保证一定数量的公立学前教育机构的同时,也加大了对私立学前教育机构的投入和资助。同时,还会增加特殊需要和处境不利儿童的辅助性投入,比如对有特殊需要和处境不利儿童在照看、保育、家庭资助等方面的辅助性投入,以帮助有特殊需要的孩子和处境不利儿童获得更好的发展。

四是从单一主体评价向多元综合评估转变的学前教育质量保障体系的建立与完善。在学前教育快速发展的过程中,教育的质量问题始终是各国政府高度重视和重点关注的领域,其中一个重要方法就是加强对学前教育的评估,并且将评估结果与学前教育投入挂钩,而评价的主体往往又只有政府,且这种评价主要倾向于办学基本条件,对于学前教育的质量关注非常不够。未来学前教育的评价必将发生变化,这种单一主体的评价模式将会被多元综合评估所代替,且会通过立法的形式,确保学前教育质量公平、内涵发展。

同时,评估还会涉及幼儿教师资质标准和学前教育机构设置的基准。比如美国"开端计划"对幼儿教师的学位要求由最初的协士学位或儿童早期教育的高级学位提升到儿童早期教育协士、学士或更高级学位。我国的《幼儿园教师专业标准(试行)》其实就是未来学前教育教师培养和评价标准。再次,许多国家如英国、美国、法国、巴西等均注重建立学前教育督导评估制度,以保障学前教育质量。这将使得未来学前教育的评估与督导相结合,过程评价与结果评价相结合,基本条件评价与教育质量评价相结合,走向多元综合评估的模式。

学习小结

　　学前教育概述是学习学前教育学的基础和前提,主要涉及学前教育的概念与对象、属性与特点、理论与发展、价值与功能、当代特征与发展趋势等内容。这对于刚入门的学前教育学习者来说是十分必要的。儿童,我们在生活中也许并不陌生,但我们真的了解儿童,了解学前教育吗?孟子有一句话:"大人者,不失其赤子之心者也。"幼教工作者应当熟悉儿童,敬畏儿童的发展规律,发现儿童的自然智慧,尊重儿童的赤子之心,帮助儿童获得有意义的经验,使儿童拥有一个幸福的童年。初学者要能够通过理论的学习与辨析,将正确的教育观和儿童观根植内心,并结合实践,全面认识儿童和学前教育有关现象。

　　目前学前教育界存在一些"怪"现象:一些人在鼓吹学前教育重要性的名义下,倡导儿童早期智力开发,将小学的学习内容和学习方式提前到学龄前,致使学龄前儿童已经开始提前上学,甚至是"大"上学、"狠"上学。这说明对学前教育的科学认识远没有在所有幼教工作者的思想中充分确立起来。

　　要想真正理解学前教育,你必须要厘清学前教育的概念,受个人主观经验的影响,我们容易把早期教育、幼儿教育和学前教育等同起来,其实不然。我们在这里对三者之间的关系进行了梳理,对学习者了解学前教育的内涵很很大帮助。学前教育的属性主要是帮助我们认识市场经济背景下的学前教育本质。我国学前教育事业取得的发展成就,和民办幼儿园的投入不无关系。引入市场机制可以拓宽幼儿园的资金来源,提高教师工资待遇,增加幼儿接受教育的机会,但与此同时,学前教育的过度市场化、商业化,引发的问题也不容忽视。学前教育的发展趋势主要是帮助我们了解未来世界学前教育的发展方向,这有助于我们全面了解当前学前教育面临的机遇和挑战。所以,学前教育概述这一部分内容是初学者的必修课,会对今后从事幼教工作产生重要的影响。

复习与思考

1. 谈谈你对学前教育专业和早期教育专业的认识。
2. 用自己的话描述"学前教育"并解释其含义。
3. 描述学前教育公益性和普惠性的内涵。
4. 讨论如何平衡资本逐利性和学前教育的公益性?
5. 描述3个国内外幼儿教育家的主要教育观点并谈谈你的理解。
6. 谈谈你对"学前教育已得到高度重视"的看法。
7. 简单描述并解释学前教育对儿童发展的重要价值。
8. 分析大力发展普惠性幼儿园的意义。
9. 描述未来世界学前教育发展的趋势。
10. 阐述幼儿教师与教育质量的关系。

 **问题讨论**

1. 你认为"早期教育""幼儿教育"是否等同于"学前教育"？为什么？
2. 如何看待"幼教产业决不能玩资本游戏"？
3. 关于学前教育的公益性和普惠性，你是如何理解的？你有新的不同观点吗？
4. 学前教育是否应该纳入义务教育？为什么？
5. 针对未来世界学前教育发展的趋势，谈谈我们应该如何面对？

 **思维练习**

1. 根据本章所学，并结合上述问题讨论，做一个关于学前教育概述的知识图表。
2. 幼儿教师为什么需要进行教育理论学习？你该如何践行幼儿教育理论？

 **学海拾贝**

改革开放40年我国学前教育的成就与展望

改革开放40年来，我国学前教育事业所取得的成就具有划时代意义。一个曾经被视为"看孩子"的行当，如今已发展成为拥有独特价值、独立话语体系的不可被替代的社会事业与专业活动。主要成就包括：一是资源数量取得历史性突破，学前教育公共服务体系初步建立；二是经费与财政投入显著增长，学前教育成本分担机制日趋合理；三是探索制度创新，学前教育管理体制得到理顺；四是儿童本位的基本理念得到认可与传播，保教质量不断提升；五是师资队伍量质齐增，培养培训模式更加开放、多元、专业。

虽然我国学前教育事业取得了令人瞩目的成就，但是基础薄、起步晚的中国学前教育，面临新时期教育现代化的挑战和问题也有很多，如学前教育发展不均衡，农村学前教育问题依旧突出；先进的教育理念在思想和实践之间存在距离；幼儿教师的身份、待遇仍遭遇尴尬等。进入社会发展的新时期，我国的学前教育需要从多个方面着手，破解事业发展的难题，提高教育的质量，为广大幼儿造就幸福美好童年。

社会文明呼唤"儿童意识"。儿童意识是以"儿童本位"为核心思想的、对儿童这一处于特殊阶段的人的认识与态度。它表现为对儿童价值的认可、对儿童身心特点的尊重、对儿童兴趣与需求的理解、对儿童权利（特别是发展权）的支持。联合国《儿童权利公约》曾指出："关于儿童的一切行为，不论是由公私社会福利机构、法院、行政当局或立法机构执行，均应以儿童的最大利益为一种首要考虑。"20

世纪90年代以来,我国已连续三次颁布儿童发展纲要,反复强调"保护儿童""儿童优先""儿童最大利益""儿童平等发展"等观点,可见,倡导树立儿童意识已成为世界的共识和我国政府的责任。

"幼有所育"呼唤法制建设。虽然改革开放40年我国教育法律法规体系的基本框架已经大致形成,然而,学前教育至今没有专门的法律。由于缺乏国家层面的法律规范,学前教育在很多方面还没有真正建立起长期稳定有效的体制和机制,全社会尤其是一些政府部门还没有从法律上认识学前教育的地位和作用,投入不足、资源缺乏、师资流失、质量不高等问题随时可能加剧,学前教育的健康持续发展还难以得到真正实现。可喜的是,学前教育法已于今年纳入全国人大常委会立法规划的一类立法项目,并拟在十三届全国人大常委会任期内提请审议。专门法律的确定,将为健全具有中国特色的学前教育法规体系起到搭框架和夯基础的作用,为落实"幼有所育"的中央指示提供法律依据。

民生幸福呼唤政府担当。改革开放40年来的经验和教训提醒我们,要实现学前教育自身的良好发展,以及发挥其对国家发展的利好作用,应务必坚持政府在学前教育事业中的主导地位。政府管理越到位,学前教育就越能先前发展。

可持续发展呼唤"中国思想"。改革开放40年来,我国学前教育界不断向国外学习,借鉴了不少先进理念,这对起步晚、基础薄弱、又曾遭破坏的中国学前教育来说,具有极其重要的意义。但随着与国外交流机会的增加,"拿来主义"的做法日益明显,蒙台梭利教学法、多元智能理论、感觉统合训练、高瞻课程、瑞吉欧教育体系……都成了教育机构模仿、使用的对象,甚至出现了追求某种海外经验的潮流。单纯复制、照搬来的做法不但可能"水土不服",无法引导本土教育的向好发展,还有可能压抑本土的创造。创办既符合幼儿发展规律,又具有中国特色的学前教育,是我国学前教育研究者、实践者共同面临的问题。一方面,先进的本土化观念需要在既有教育思想和现代学前教育的一般原理上再构,这是理论研究者的责任;另一方面,将外来理论转化为适宜本土的、指导教育行动的观念时,需要实践者的观念重构。

第三章　中国学前教育的产生与发展

微信扫一扫
观看微课
线上练习

本 章 导 学

中国古代的学前教育有着悠久的历史,特别是在胎教、蒙学教材等方面;近现代一百多年来,不断学习国外先进理论和教育模式并中国化,形成了具有中国特色的"活教育"理论、"整个教学法"和"五指活动课程";新中国成立后,特别是改革开放四十多年来,学前教育事业蓬勃发展,取得了举世瞩目的成就。

学习目标:

1. 了解原始社会儿童教育的内容和形式。
2. 了解中国古代家庭教育的基本内容。
3. 把握近代中国学前教育转型的背景。
4. 了解"中华民国"知名学前教育机构、社团及著名教育家。
5. 了解苏区和边区的学前教育,把握其历史经验。
6. 了解中国社会主义建设时期学前教育发展中大起大落的情况。
7. 了解改革开放四十年来中国学前教育发展的成就及历史进程。

关键概念:

胎教;童蒙教材;湖北幼稚园;活教育;整个教学法;五指活动

第一节　原始社会的儿童教育

学前教育是相对于学校教育而言的。在专门的教育机构未出现之前,既不存在所谓的学校教育,当然也不可能有所谓专门的学前教育。但是,这并不意味着在学校产生以前原始社会便没有对年幼儿童实施的教育。

——田景正,杨佳:《中外学前教育史》

原始社会是人类历史发展的第一阶段,也是人类教育产生和发展的起点。在原始社会中,一夫一妻的家庭尚未出现,原始部落或公社内实行儿童公有,以社会公育形态,在生产生活中进行儿童教育。

一、原始社会的儿童教育内容

在距今 400 多万年至 1.5 万年的原始人群时期,以北京猿人为例,他们十几个人甚至几十个人结成群体,集体进行生产劳动,也集体教育子女。他们教孩子制造石器,告诉孩子要选择坚硬的石料、打制刃口、锥尖,使普通的大石块变成尖锐、锋利的石器。他们还教孩子用火,给孩子讲解火的用处、取火和保存火种的方法。伴随着语言和思维的发展,他们还教孩子团结互助,带领孩子进行集体采集,告诉孩子们要勇敢地同毒蛇、猛兽及各种自然灾害做斗争。

在距今 1.5 万年至 5000 年的母系氏族公社时期,成人会把有关经验教给儿童。儿童学制石器已经过渡到精细的磨制。同时,还学习制造骨器、木器、弓箭。随着陶器出现,年长者会把制作陶器的方法适时传授给儿童。另外,年长者还向儿童传授风俗习惯、宗教仪式、生活经验等。

从以上史实可以看出,原始社会儿童教育的内容除了生产劳动教育、道德宗教教育外,还有艺术教育、体格和军事训练。这些都是在日常生活、生产中随机进行的。

二、原始社会的儿童教育方法

原始社会儿童教育的方法,从儿童学习的角度看,主要是观察与模仿。妇女们在采集,捕捉各种食物时,儿童往往跟随在其身旁,观察成人的劳动,并不断尝试,最后逐渐能独立辨识、采拾和捕捉这些植物和动物。从长辈教育的角度看,主要是讲授及示范。老人们常向孩子们讲述"夸父追日""女娲补天""精卫填海""后羿射日"等神话故事,培养下一代艰苦奋斗、团结协作、勇敢斗争的精神;采用舞蹈、歌谣等文艺表演形式,用动作示范、现身说教等形式,教孩子们制造和使用生产工具。

三、原始社会的儿童教育特点

概括起来,原始社会儿童教育具有以下几个特点:一是实行儿童公养公育。在原始社会,家庭没有形成,儿童为全氏族所共有,他们均为是整个氏族公社的后代;二是生产生活经验是最基本的教育内容。儿童教育主要是为儿童未来直接的生产生活服务,因而,其教育内容主要是生产生活经验。在今天看来,传授给儿童的生活知识是比较简单的,但同时也是多样的、全面的;三是没有专职教师和专门的教育场所;四是教育手段是言传身教。

第二节　中国古代学前教育

> 人生小幼，精神专利。长成已后，思虑散逸，固须早教，勿失机也。
> ——《颜氏家训·勉学》

中国古代学前教育的基本形式是家庭教育。社会化的学前教育机构是比较少见的。

一、胎教

家庭学前教育的第一步是胎教。中国是世界上提倡和实行胎教最早的国家。春秋之前，胎教为宫廷所独有，春秋之后，胎教流传民间。我国古代的胎教，是通过对母体食物营养、视听言动，乃至情绪等的规范，间接影响胎儿身体及心智发展的教育方式。它是建立在养胎医学和早期教育理论之上的。但与今日建立在现代医学及脑科学基础的胎教理论不可同日而语。

据史籍记载，最早的胎教产生于距今3000多年的商末时期。周文王的母亲曾行胎教。周文王的母亲怀文王时，不看丑恶的东西，不听邪恶的声音，不说傲慢不逊的话语，这便是自觉地实行胎教。

自秦汉以来，胎教日益受到重视，而且出现了一批胎教著作。如西汉贾谊编纂《新书·胎教》、北齐徐之才著的《胎产书》、唐代名医孙思邈著的《千金要方·养胎》等著作，都对胎儿的生理、胎儿脉象、胎儿营养、妊娠饮食居处禁忌、胎教等问题，提出了独到的见解。

胎教的基本主张是少生、优生，并对择偶、及时受孕提出了要求。今天看来，也有一定积极意义。胎教的基本原则：食物要求——"不食邪味"；环境要求——"居处简静"；行为要求——"行坐端严"；情绪要求——"情性和悦"。

二、宫廷学前教育

胎儿出生后，父母则在家庭中对婴幼儿进行教育。由于古代记录手段的贫乏，平民家庭学前教育的记载很少，只有从少数的文献中了解宫廷学前教育。

宫廷是古代帝王的家庭。宫廷学前教育是古代帝王在宫廷内所实施的教育，主要是以太子、王子为对象的教育。宫廷学前教育与一般百姓家庭学前教育的重要区别，就在于其具有制度的保障。这些制度主要包括"三公"制度、"三母"制度和"四贤"制度。"三公"制度，又称"保傅"制度，是指通过设立专门人员即师、保、傅来负责太子和王子的教育。他们各有分工，各有职责，共同担负对君主后代的教育。师、保、傅均为朝廷命官，由男子担任，其主要任务是在外廷对君主进行教育和训练。而太子和王子们自幼生长在内宫，其养育的职责则由一批宫廷女子来承担，并以制度予以保障，这就是"三母"制度。"三母",即指承担宫廷学前教育职责的师、慈母、保姆。其职责分别为:"师,教以善道者;慈母,审其欲恶者;保母,安其寝处者。"在三母之外,另设乳母。这就是所谓的"四贤"制。

家庭学前教育最早进行且最为重要的是"母教"。母亲的言行对幼儿有着巨大的影响力。至于"父教",则主要反映在行为规范的养成和知识启蒙方面。家庭教育的内容主要有以下几个方面:

一是礼仪规范教育。古人主张,幼小儿童的道德教育重在培养良好的道德行为习惯,从小懂得社会一般的道德规范,这被称为"幼仪"或"童子礼"。南宋教育家朱熹提出,儿童的道德教育重在教"事"而不在教"理",即懂得正确的礼仪规范,养成良好的行为习惯。二是初步伦理道德教育。家庭伦理教育主要包括敬重长辈和友爱兄弟两方面。敬重长辈体现为"孝"的教育。孝的教育首先是让其自小懂得顺从父母长辈;其次是让儿童自小懂得侍奉父母。友爱兄弟体现为"悌"的教育。"悌"的教育除了要求兄弟之间幼小的要敬重年长的外,尤其强调兄弟和睦,做到互爱、礼让、团结。三是习劳俭朴教育。古代家庭一般都注重对幼儿进行养成俭朴和劳动习惯的教育。这是因为习俭朴和爱劳动是人的美德和基本的生活能力,并希望通过俭朴劳动习惯的养成培养儿童居安思危的意识和自立能力,为在日后复杂多变的社会生活环境中应对自如,获得生存,不至于潦倒不起。朱熹在为儿童编的读物《小学》中就讲明了"由俭入奢易,由奢入俭难"的道理。四是初步的文化知识教育。由于受"学而优则仕"观念以及自隋唐以来实施科举制度的影响,一般家庭都注重对儿童早期的文化知识教育。包括识字、习字教育,计算教育,自然常识教育,初步的读书、写作和学习方法教育等。

需要指出的是,我国古代传统家庭学前教育内容中有一个极大的缺陷,即不重视体育。不少人甚至对体育抱有某种偏见,认为运动仅仅是玩乐,会使儿童不务正业。从而形成了片面的重德、重文而轻视体育锻炼的传统。

三、社会学前教育

虽然,家庭学前教育是中国古代学前教育的基本形式,但在中国古代历史长河中,也曾出现过专门接纳幼儿的社会机构。

西周统治者不仅重视孕妇胎教,而且十分注重宫廷婴幼儿教育。为了把太子和世子教育和培养成为皇室的继承人,他们于公元前11世纪,创设了"孺子室"——为太子和世子设立的早期教养机构,即"学前教育机构的雏形",作为实施保教工作的专门场所。

公元119年,汉和帝皇后邓太后,名邓绥,为了更好地教育皇室子弟,创办了宫廷学前教育机构——"邸第"。诏征王子王孙五岁以上七十余人,并为开邸第,教学经书、躬亲监试。邸第有以下特点:一是有明确的办学目的,有很强的针对性;二是设置"师保",挑选优秀的教师担任教学工作,规定了具体的教学内容,采用儒家经书作为基本教材;三是严格管理,热情关怀。

以上可见,一方面,孺子室和宫邸学具有明显的特权性,不是一般贵族子弟和平民子女可以享受的,不具备近代教育机构的"公共性";另一方面,它们区别于家庭学前教育,具有教育机构的一般特点。

到了宋代,出现了慈幼局、举子仓与广惠仓等社会学前教育机构。

据《宋史》记载,宋高宗绍兴三年(公元1138年)五月,宋朝廷首设慈幼局于临安(今杭州),专门收容"贫民生子不能育者"。该机构为中央政府拨款,为官方的赈恤措施之一。其后,个别地方亦设有慈幼局。

宋孝宗乾道五年(公元1169年),时任福建泉州同安县主簿的朱熹,请求设立举子仓。举子仓主要是赈济贫困多子家庭,但其子女仍由父母亲属抚养。

广惠仓的创设稍后于举子仓。据记载,乾道七年,诸路设立广惠仓,收养遗弃小儿。因此,广惠仓有别于举子仓,实为"诸路收养"之所,可视为严格意义的慈幼机构。

慈幼机构的创设始于南宋,元、明两代衰落不振。清代立国后,为笼络汉族民心,同时随着"康乾盛世"国力的增强,慈幼机构的办理振兴一时。

康熙元年(1662年),由康熙帝的祖母孝庄太皇太后发起捐输设立育婴堂。《清朝通典·赈恤》记载:"建育婴堂于京师广渠门内,定育婴事宜。凡收育弃孩,其有姓名、年月日时可稽查者,注于册,雇乳妇乳之,有愿收为子孙者,听之。本家有访求认领者,讯与原注册者,令其归宗。"

雍正八年(1730年),明令由地方政府按期支拨育婴堂办理经费。至清末,各省城均有育婴堂之设。各州亦办有县育婴堂。由于育婴堂兼有婴幼儿养、教功能,成为清末的公共学前教育机构"蒙养院"的首设场所。

第三节　中国近现代学前教育

什么叫作"整个教学法"?整个教学法就是,把儿童所应该学的东西,整个地、有系统地去教儿童学。这种教学法,是把各科功课打成一片;所学的功课,是无规定时间学的;所用的教材,是以故事或社会或自然为中心的,或是出发点。但是,所用的故事或关于社会、自然的材料,总以儿童的生活、儿童的心理为依据的。

——北京市教育科学研究所:《陈鹤琴教育文集》(下卷)

中国近现代学前教育,一般是指始于1840年第一次鸦片战争,迄于1949年新中国成立这一段时间。这一时期,中国的政治、经济以及文化教育均发生了深刻变化,学前教育随之也由传统向近代转型,公共学前教育社会机构出现。

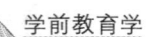

一、晚清时期的学前教育

1904年1月,清政府颁布了《奏定学堂章程》,又称"癸卯学制"。这个学制是模仿日本的三段学制系统而成。学制的第一阶段为初等教育,包括蒙养院、初等小学、高等小学三级;第二阶段为中等教育;第三阶段为高等教育。蒙养院作为学前教育机构已列入学制之中。

同时,颁布《奏定蒙养院章程及家庭教育法章程》(以下简称《蒙养院章程》)。该章程是中国近代第一个学前教育法规,它的颁布和实施标志着蒙养院制度的确定。《蒙养院章程》主要包括四个方面内容。一是办学宗旨。《蒙养院章程》开篇明确指出了蒙养院的办学宗旨为:"蒙养家教合一之宗旨,在于以蒙养院辅助家庭教育。"即社会性的蒙养院与家庭教育相互辅助。二是招生对象、收托时间和院址设置。《蒙养院章程》规定:"保育教导三岁以上至七岁之儿童,每日不得超过四点钟",招收"本地附近幼儿,其父母愿送入其中受院内之教育者",但不包括女孩。院址设在各省府厅县以及大市镇的育婴堂和敬节堂内。三是师资来源。蒙养院的教师由育婴堂和敬节堂的乳媪和节妇以及贫困人家的妇女担任。为了提升这些妇女的文化水平,规定各府县应编写女教科书,刊印家庭教育书刊,令这些"自相传习"。四是保育教导目的与科目。《蒙养院章程》提出保育教导四项要旨,涉及体育、智育、德育和美育等方面,还提出了蒙养院与小学迥然不同的教导科目,主要有游戏、歌谣、谈话、手技等四个方面。

实际上,在《蒙养院章程》颁布以前的1903年9月,中国的第一所学前教育机构湖北幼稚园已经在武昌创办了。章程颁布后,湖北幼稚园更名为武昌蒙养院,接着又改名为武昌模范初等小学蒙养院。由于当时国内缺乏学前教育师资,在兴办之初聘请了卢野美知惠等三名日本保姆(教师)负责办理。卢野美知惠毕业于东京女子高等师范学校,是日本来华最早的幼儿教育工作者,任湖北幼稚园园长。1904年,卢野美知惠拟定了《湖北幼稚园开办章程》,对该园的办园宗旨、对象、课程以及设备等做出了明确的规定。该园的办园宗旨和课程设置注意到儿童各方面协调发展,考虑到学前教育阶段与初等教育阶段的衔接,符合幼儿身心发展的客观需求,是比较合理和进步的。因而,湖北幼稚园是清末一所办学规范、质量较高的学前教育机构。

从全国的情况看,《奏定学堂章程》颁布后,我国的学前教育逐步发展起来。据统计,1907年,全国各类蒙养院428所,在院幼儿4 893人;1908年,蒙养院114所,在院幼儿2 610人;1909年,蒙养院92所,在院幼儿2 664人。在这些蒙养院中,既有公立者,也有私立者。较为著名的公立蒙养院有1903年创办的京师第一蒙养院,1905年创办的湖南蒙养院,1907年创办的福建公立幼稚园和上海公立幼稚舍,1911年湖南省女子师范学堂附设的蒙养院。较为著名的私立蒙养院有1905年成立的天津严氏蒙养院,1907年成立的上海私立爱国女学社附设蒙养院,1908年由江苏金山县节妇朱氏捐献田产创办的怀人幼稚舍以及北京曹氏(曹广权)家庭幼稚园,1909年山西育婴堂附设的幼稚园。

蒙养院制度是中国第一个公共学前教育制度。它的产生标志着中国学前教育完全由家庭负担的历史终结,朝着学前教育社会化的道路迈出了第一步。但由于其所处历史的封建性,蒙养院制度仍具有一定的保守性,具体表现为:蒙养院的运转是以辅助家庭教育为宗旨的,蒙养院的地位和作用大打折扣;蒙养院利用育婴堂和敬节堂内的妇女充当教师,教育质量较为低下;特别是蒙养院还极为重视封建伦理道德的灌输。另外,蒙养院在办学中还严重抄袭日本,显示出鲜明的半殖民教育的特点。

二、民国时期的学前教育

1912年1月,南京临时政府成立,著名的民主教育家蔡元培任教育总长。1912年7月,教育部召开临时教育会议讨论教育政策和教育改革措施等重要问题。9月,教育部公布《学校系统令》,又称《壬子学制》。实施一年多之后,至1913年8月,又陆续颁布了各种学校令,对壬子学制有所补充和修改,于是综合形成了一个更加完整的学制系统,即《壬子癸丑学制》。按壬子癸丑学制的规定,学前教育机构的名称为蒙养园。虽然,蒙养园被规定为学制体系中的教育机构,但不占学制年限,并未单独成为学制系统中的一级,而属其他教育机构的附属部分。此时期的蒙养园主要附属在小学和女子师范学校内。这样看来,蒙养园虽然没有摆脱附属的地位,但已不再附设于育婴院和敬节堂内,而是纳入了真正的教育机构系列。总体上,学前教育地位已经显著提高。

1919年的五四运动将中国革命推向新民主主义阶段。在五四新文化运动的推动和美国教育的影响下,中国出现了一次民主教育改革的浪潮。其中学制改革是这一系列教育改革的主要标志。1922年9月,教育部召开学制会议,通过《学校系统草案》,11月1日,该制以"大总统令"的形式颁行,名为《学校系统改革令》。因1922年为农历壬戌年,故称《壬戌学制》。

关于学前教育,《壬戌学制》规定:将蒙养园改称为幼稚园,既可单设,亦可附设;办理宗旨,依照"儿童本位"思想,侧重于"谋个性之发展";教育对象确定为3—6岁的男女儿童。1929年后,《幼稚园课程标准》确定了音乐、故事和儿歌、游戏、社会和自然、工作、静息、餐点等七项保教内容。这就改变了以前学前教育机构在学制中一度没有明确规定的状况,确立了它在学制系统中作为国民教育第一阶段的地位。

新学制的颁布,推动了中国学前教育进一步向前发展。但民国前期,可以信赖的学前教育统计资料较少,因而很难得到全国比较准确的学前教育机构的数据。但有几点可以明确:一是教会学前教育机构占据很重要的地位,国人自办的很少;二是学前教育机构主要集中在城市,农村几乎没有;三是国人自办的学前教育机构中,私立幼稚园明显多于公立幼稚园;四是出现了不少由知名人士创办的有较大影响的幼稚园。

譬如,南京高等师范附属幼稚园,它是由留美归国的陈鹤琴创办的。办园指导思想是当时方兴未艾的杜威的实用主义教育理论。该园重视幼儿的自发活动,尊重幼儿的兴趣,注重生活经验和直接知识的获取,尤其注重个性的培养和人格的养成。在教学中以生活为中心,无显分科目,以谈话、游戏、手工、音乐为主要活动。

浙江大学教育系培育院。该院是由时任教育系主任郑晓沧于1935年秋主持创设的。教保人员由浙江大学教育系毕业生和在校学生担任。该院招收3—4.5岁的幼儿入院。该院是一所兼具实习性和实验性的学前教育机构,供"儿童心理学""儿童训导与心理卫生"等课程观察、研究、实习之用。培育院强调幼儿生活自由、愉快、家庭化、游戏化,尽量给儿童以自由活动的机会,寓指导于不觉之中。

厦门集美幼稚园。1912年2月,爱国华侨陈嘉庚创办了集美学校,作为其中的一部分,设立了集美幼稚园。该园有明确的办园指导思想,即把幼稚教育当成立国之根本基础,认为有了健康的儿童才能有健全的国民;教师为儿童的伴侣,幼稚教育是爱的教育;教育应以儿童为中心,建立在儿童需要和生活的经验上;幼稚园应成为"儿童的乐园",幼稚教育是求孩子的解放与幸福;幼稚教育有改造家庭教育的责任。这一办园思想充分体现了五四时期新教育的要求,既有历史的进步意义,又具有当代的现实意义。

南京鼓楼幼稚园。1923年春,时任东南大学教授的陈鹤琴在自家客厅创办了鼓楼幼稚园。该园得东南大学教育科辅助,成为东南大学教育科的实验园地,中国第一个学前教育实验中心。该园的办理宗旨为:"不受旧式幼稚教育之束缚,立意创造中国化的新幼稚园。"该园最为显著的特征,就是实验性。1925—1928年,该园进行了几项实验研究:读法研究、设备研究、故事研究、课程研究以及幼稚生的行为习惯、幼稚生的技能练习、幼稚生生活历等多方面的实验研究。鼓楼幼稚园的课程分列了音乐、游戏、工作、常识、故事、读法、数法、餐点、静息九项。课程实验的结果,成为1929年教育部颁行《幼稚园课程暂行标准》的基础。

南京燕子矶幼稚园。1927年11月,在陶行知的领导下,由张宗麟协助筹措在南京郊区创办南京燕子矶幼稚园。该园是我国第一所乡村幼稚园,又是陶行知的生活教育理论适用于幼稚教育领域的实验田。该园的办园宗旨在于研究和实验办好农村幼稚园的具体方法,以便在全国农村普及。开办之初,借用的是燕子矶小学房舍,招收附近农民子女30名,实行免费入学。1928年春,新校舍落成,配有活动室、导师研究室、图书室、清洁室等设施,幼儿增加至40名。1930年,晓庄学校被封后,该园停办。

上海劳工幼儿团。该团也是由陶行知领导创办的。该团位于沪西女工区,招收自断奶到八岁的婴幼儿,将托、幼、小三者连成一气。因而不宜采用幼稚园名称。该团位于工厂区,其宗旨是为女工服务,向劳工的儿童实施教育。经费来源主要靠陶行知募集和青年会的资助,入团儿童免收学费。该团师资及保育人员不足,仰赖上海女青年会派出志愿人员协助。设备因陋就简,桌凳、滑梯、翘板、木马、积木等,大多请木工自制。教育的重点是卫生健康教育,并经常带孩子到附近公园散步、观察,以增长知识,开阔视野。1935年,因经费等问题而被迫停办。劳工幼儿团为中国第一所专为工人子女开设的学前教育机构。

总体上讲,因为"中华民国"时期战乱不断,学前教育事业发展极为缓慢。学前教育机构的最多年份1947年也仅为1 301所,对于拥有4亿人口的中国来说,其幼儿入园率之低可想而知。

三、苏区和边区的学前教育

与此同时,不同于国民党统治区,在中国共产党的领导下建立的农村革命根据地(即苏区)、抗日根据地和解放区(即边区)的学前教育也从无到有,建立了独特的学前教育体制,积累了经验,锻炼了队伍,成为新中国学前教育发展的重要基础。

1927年11月,中国共产党建立了第一个苏区。1931年11月,中华苏维埃共和国诞生,苏区建设进入了全盛时期。1934年2月21日,苏区中央人民政府内务部颁布了《托儿所组织条例》(以下简称《条例》)。这是红色政权颁布的第一部关于学前儿童教育的指导性、纲领性文件,确立了苏区的托儿所制度。《条例》对托儿所的目的、功能、规模、上级领导机构、儿童入托条件、作息制度、环境、设备、经费、保教人员编制标准、保教人员的职责、儿童的卫生与健康、托儿所管理等事项做了详细的规定。

《条例》颁布后,江西瑞金率先成立了上屋子托儿所和下屋子托儿所,共收40多个幼儿,其中33个为红军子女,大部分的孩子还在哺乳期;托儿所的工作人员由群众选举产生,按政府规定给予优待;托儿所的房子专用且设备齐全,有睡床、小椅子和募集的玩具。之后,江西苏区掀起了办托儿所的热潮,其中兴国县办了227所,受到《红色中华》的登报表扬。

但到了1934年10月,随着红军长征开始,中华苏维埃共和国成了"马背上的共和国",苏区消失,苏区的托儿所也不复存在。

直到红军长征胜利到达延安后的1938年7月,宋庆龄、蔡畅、邓颖超、康克清等在延安成立了中国战时儿童保育会陕甘宁边区分会,宗旨是"保育战时儿童"。为了更好地开展保育儿童的工作,陕甘宁边区政府将儿童保育列为中心工作,并于1941年颁布了《陕甘宁边区政府关于保育儿童的决定》(以下简称《决定》)。文件要求,在边区实行儿童公育制度,将学前教育进一步推向民间。同时,对儿童保育工作的管理体制、保育人员的训练、建立保育院的条件、孕母及产妇的保健待遇、婴儿的保育、保姆的待遇等做了十分具体的规定。

在《决定》的号召下,这个时期成立的洛杉矶托儿所、延安第一保育院、延安第二保育院、渤海托儿所和华东保育院等,是当时比较有名的托幼机构。

随着形势的发展,抗日战争后期,儿童公育制度更加明确起来。1945年,边区保育工作方针明确指出:一是建立儿童公育制度,凡抗战将士及一切机关工作人员的子女,一概由政府抚育,以便家长能专心致力于抗战建国大事业;二是全面推进保育工作,使这个工作能普遍深入民间去,为全边区儿童谋福利。

总之,苏区和边区的学前教育是为了革命战争、生产建设和工农大众服务的教育,它所创造的学前教育事业佳绩、保教工作者的崇高精神以及所积累的宝贵经验是中国学前教育发展史上的辉煌篇章。

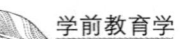

第四节　中国当代学前教育

学前教育是终身学习的开端,是国民教育体系的重要组成部分,是重要的社会公益事业。发展学前教育,必须坚持公益性和普惠性,努力构建覆盖城乡、布局合理的学前教育公共服务体系,保障适龄儿童接受基本的、有质量的学前教育;必须坚持政府主导,社会参与,公办民办并举,落实各级政府责任,充分调动各方面积极性;必须坚持改革创新,着力破除制约学前教育科学发展的体制机制障碍;必须坚持因地制宜,从实际出发,为幼儿和家长提供方便就近、灵活多样、多种层次的学前教育服务;必须坚持科学育儿,遵循幼儿身心发展规律,促进幼儿健康快乐成长。
——国务院:《关于当前发展学前教育的若干意见》(国发〔2010〕41号)

一、新中国成立初期

1949—1956年,是新中国成立初期,也是新中国学前教育体系创建的重要时期。1949年12月,新中国第一次全国教育工作会议在北京召开,确定了全国教育总方针,会议确定建设新教育要以老解放区教育经验为基础,吸收旧教育的有益经验,特别要学习借鉴苏联教育建设的先进经验。教育必须为国家建设服务,向工农开放,教育发展采取普及与提高相结合的原则,为新中国学前教育发展指明了方向。1951年10月,政务院公布施行《关于改革学制的决定》,出台了新中国第一个学制。即明确新中国学制分为学前教育、初等教育、中等教育、高等教育、各级政治训练班五个部分,学前教育是学制体系的第一环。实施学前教育的组织为幼儿园,招收3足岁到7足岁的幼儿,使他们的身心在入小学前获得健全的发育。幼儿园将在有条件的城市首先建立,然后逐步推广。从此,"幼儿园"的名称正式取代"幼稚园",中国学前教育事业走上了有组织、有计划、有步骤的发展道路。

1952年3月,教育部向全国颁布实施《幼儿园暂行规程(草案)》和《幼儿园暂行教学纲要(草案)》两部学前教育法规。这两部法规吸收了老解放区的学前教育经验,借鉴了苏联学前教育经验。《幼儿园暂行规程(草案)》的内容包括总则、学制、设置、领导、教养原则、教养活动项目、入园、结业、组织、编制、会议制度、经费、设备、附则等,共计8章43条。《幼儿园暂行教学纲要(草案)》的内容有:各班幼儿年龄特点和教育要点;体育、语言、认识环境、图画手工、音乐、计算共6科教育纲要。

在以上政策法规的推动下,百废待兴的新中国,学前教育事业迅速发展,依靠各种力量,采取多种途径创办了一批学前教育机构。在城镇,教育部门、工厂、机关、团体、部队和街道办都为创建幼儿园付出了很大努力。这些部门或创办了幼儿园,或在小学附设了幼儿园（班）。在农村，生产合作社采取多种形式发展学前教育，形式有临时托儿组、亲邻相帮、换工看娃、个别寄托等。有数据显示，截至1956年，全国有幼儿园18 534所，比1946年增加了10倍多；入园幼儿约有108.1万人，比1946年增加近9倍。

二、社会主义建设时期

1956—1965年是新中国社会主义建设时期。其间，受到"左倾"思想的影响，学前教育的发展一波三折。

1958年，党的八大二次会议通过"鼓足干劲，力争上游，多快好省地建设社会主义"的总路线。之后，大跃进运动和农村人民公社化运动，使得高指标、瞎指挥、浮夸风和共产风为主要标志的"左倾"思想泛滥。受之影响，1958年9月，中共中央、国务院在《关于教育工作的指示》中不切实际地提出：全国应在三年到五年的时间内基本完成学龄儿童大多数都能入托儿所、幼儿园的任务。根据这一指示，全国各地盲目开展"三天托儿化"和"实行寄宿制、消灭三大差别"的办学活动，造成城乡幼儿园一哄而起，特别是农村幼儿园的过快增长。1958年，全国幼儿园数量比1957年增加了41倍多，1960年比1959年增加了47%。

经过过快的发展后，1961年1月，党的八届九中全会纠正"左倾"错误，决定对国民经济实行"调整、巩固、充实、提高"的方针。教育部则根据经济、师资等实际情况整顿学前教育事业。中国学前教育的发展放缓。1961年的全国幼儿园数比1960年下降了近12倍，主要是农村幼儿园的大量裁撤。整顿期间，教育部还撤销学前教育处，学前教育失去了统一管理和领导的专职机构，显然不利于学前教育的科学发展。

三、"文革"时期

1966年5月—1976年10月，中国发生了史无前例的"文化大革命"。在这场运动中，"左倾"路线甚嚣尘上，学前教育备受冲击。

"文革"否定了新中国成立十七年来学前教育领域取得的成就，他们将新中国成立十七年的教育路线批判为"一条极力反对毛主席的无产阶级教育路线的、妄图复辟资本主义的资产阶级反动路线"；还把新中国成立初期学习苏联学前教育理论批判为"大肆吹捧、贩卖修正主义货色"；把成立于老解放区的"六一幼儿园"说成是"培养特殊阶层的、阴谋复辟资本主义的黑样板"，不一而足。"极左"路线还极力歪曲20世纪50年代培养幼儿德、智、体、美四育全面发展的学前教育方针；攻击之前建立的学前教育管理制度。在上述错误思想的引导下，"文革"期间我国学前教育体制被严重破坏，各地的幼儿园已无正常秩序可言，教养活动充满了严重的政治化和程序化。

由于"极左"路线的破坏，"文革"开始之初，学前教育机构成了任人宰割的牺牲品，一度锐减。许多幼儿园园舍、场地被占用，不少人员被任意调离，幼儿园惨遭解散。

不过，"文革"后期，一些学前教育工作者在重重困难中，仍然本着对学前教育事业的热忱,努力维持着幼儿园的正常工作制度和教育秩序,并抓住各种机遇发展学前教育事业。1975年,邓小平力促整顿,经济形势逐渐好转后,幼儿园的发展出现了一个小高潮。当年,全国有幼儿园17.17万,比1974年4.02万所增加3.2倍;1976年为44.26万所,比1975年增加近1.6倍。同时,一些地区还积累了些许办学经验。

四、建设具有中国特色的社会主义社会的新时期

"文革"结束后,特别是十一届三中全会以来,中国开启了建设具有中国特色的社会主义社会的新时期。学前教育事业亦蒸蒸日上,日益展现出面向现代化、面向世界、面向未来的时代特征,逐步走向规范化和科学化。

1979年11月,教育部颁发《城市幼儿园工作条例(试行草案)》,共6章30条,包括总则、卫生保健和体育锻炼、游戏和作业、品德教育、教养员、保育员和其他工作人员、组织、编制及设备等。1980年11月,卫生部颁发《城市托儿所工作条例(试行草案)》,共5章28条,包括总则、婴幼儿卫生保健工作、婴幼儿的教养工作、组织、编制及工作人员职责、房屋和设备等。

为了规范管理和科学推进农村学前教育事业,基于农村学前教育的现状,1983年9月,教育部印发《关于发展农村学前教育的几点意见》,使农村学前班成为农村学前教育发展的增长点。

1989年6月,国家教委颁布了《幼儿园工作规程(试行)》(以下简称《规程》)。试行七年后,又于1996年6月修订并正式颁发。修订后的《规程》有10章62条,进一步明确了幼儿园"是基础教育的有机组成部分,是学校教育制度的基础阶段";规定幼儿园的任务之一是"为家长参加工作、学习提供便利"。《规程》成为幼儿园开展保教工作的基本依据和规范,对幼儿园开展各项工作具有指导作用。

1989年8月,国家教委颁布《幼儿园管理条例》,共6章32条,包括总则、举办幼儿园的基本条件和审批程序、幼儿园的保育和教育工作、幼儿园的行政事务、奖励与处罚及附则。该条例对加强学前教育事业的领导起到了重要作用。

随着新时期经济的发展和经济体制的改革,各级政府动员和依靠社会各方面的力量,多途径、多形式地促进学前教育事业的发展。据统计,1978—2000年,除1981—1983年和1997—2000年减少外,全国幼儿园数各年均有增长。1985—1990年,幼儿园数稳定在17万余所,在园幼儿数的增长较为明显,1989年为1847.66万人,比1977年的总人数增长了一倍多。步入20世纪90年代,全国幼儿园数保持在18万所左右,在园幼儿数则有所增加。这一时期,发展学前教育依然采取公办与民办并举的"两条腿走路"的方针。公办幼儿园主要指由教育部门和其他部门主办的幼儿园,其发展较快。随着经济体制改革的深入推进,此时期由城镇街道、工矿企业和农村集体创办的民办幼儿园逐步减少,私立幼儿园开始出现,且其所占比例不断扩大。与此同时,农村学前教育事业不断发展,幼儿园数和在园幼儿数占全国总数的"半壁江山"。1989年,农村幼儿园有11.99万所,占全国总数的69.5%;农村在园幼儿有1118.33万人,占全国总数的60.6%。

第三章 中国学前教育的产生与发展

21世纪以来,我国学前教育取得长足发展,普及程度逐步提高。在教育大国向教育强国、人力资源大国向人力资源强国迈进的关键阶段,迎来了学前教育改革与发展的大好机遇,具备了许多前所未有的有利条件。

为推动学前教育改革和进一步发展,国务院办公厅于2003年3月转发教育部等部门颁布的《关于幼儿教育改革与发展的指导意见》,明确学前教育的发展路向和各级政府在学前教育事业发展中的责任。2010年7月,中共中央、国务院印发了《国家中长期教育改革与发展规划纲要(2010—2020)》(以下简称《规划纲要》)。《规划纲要》首次对于学前教育采用专章进行论述,体现了国家和社会对于学前教育前所未有的重视程度。《规划纲要》指出,未来10年学前教育的发展任务有三大方面:一是基本普及学前教育,到2020年,普及学前一年教育,基本普及学前两年教育,有条件的地区普及学前三年教育;二是进一步明确政府职责;三是强调重点发展农村学前教育,努力提高农村学前教育普及程度,着力保证留守儿童入园,并把推进农村学前教育作为"重大项目和改革试点"来抓。

为了全面贯彻落实《规划纲要》精神,解决社会中"入园难、入园贵"等学前教育发展中遇到的诸多问题,国务院于2010年11月颁布了《关于当前发展学前教育的若干意见》(以下简称《意见》)。由国务院颁布的专项学前教育文件,在历史上是第一次,说明国家已把发展学前教育提升到教育和社会事业发展的战略高度。《意见》包括10个方面的主要内容,故又被称为学前教育"国十条"。"国十条"的主要内容包括:一是重新界定了学前教育的性质。特别指出,学前教育是重要的社会公益事业和重大的民生工程,因此,学前教育必须坚持公益性和普惠性,要求各级政府将学前教育经费列入财政预算,中央财政设立专项经费,实施学前教育三年行动计划,有效缓解"入园难"问题。二是为提供"广覆盖、保基本"布局合理的学前教育公共服务,要求采取多种形式扩大学前教育资源。三是强调要加快建设一支师德高尚、热爱儿童、业务精良、结构合理的幼儿教师队伍。

"国十条"是我国学前教育发展史上一个重要的里程碑,标志着"学前教育春天"的来临。自"国十条"颁布以来,学前教育事业蓬勃发展。具体表现在反映学前教育事业状况的指标逐年提升。从幼儿园数量看,2001年全国为11.17万所,至2012年则达到18.13万所。11年间共增加6.96万所,年增长率约5.7%。在园幼儿人数方面,2001年全国为2 021.84万人,至2012年则达到3 685.76万人。11年间共增加1 663.92万人,年增长率约5.6%。园长及教师数量方面,2001年全国为63.01万人,至2012年则达到167.75万人。11年间共增加104.74万人,年增长率达到15.1%。

学前教育事业的发展不仅体现在教育规模的扩大上,更体现在教育质量的全面提升上。伴随着新世纪中国基础教育领域课程改革,2001年7月,教育部颁发了《幼儿园教育指导纲要(试行)》(以下简称《纲要》)。《纲要》是新世纪我国对于幼儿园课程改革的顶层设计,凸显出新的理念和价值取向,标志着中国学前教育课程进入了一个崭新阶段。

《纲要》由总则、教育内容与要求、组织与实施、教育评价四个方面组成。总则提出:幼儿园应"实施素质教育",其根本任务是为"幼儿一生的发展打好基础"。为此,幼儿园要与家庭、社区合作,创设健康丰富的生活环境来帮助幼儿学习,以游戏为基本活动。幼儿园的工作应保教并重及关注幼儿个性发展等。在教育内容与要求方面,一个重要的改变是将幼儿的学习内容划分为健康、语言、社会、科学和艺术五个领域,并同时强调"各领域的内容相互渗透,从不同的角度促进幼儿情感、态度、能力、知识、技能等方面的发展"。在教育目标的表述上,多使用"体验""感受""喜欢""乐意"等词汇,突出了发展幼儿情感、兴趣、态度、个性等方面的价值取向。

五、中国教育发展的新时期

2010 年以来,中国教育步入了以质量为核心的新的发展时期。针对学前教育领域屡禁不止的"小学化"倾向,以及社会上实际表现出的儿童观、教育观、发展观的混乱及一些违背科学规律的做法,2012 年 10 月,教育部颁发了《3—6 岁儿童学习与发展指南》(以下简称《指南》)。从教育理念上看,《指南》是《纲要》的深化和进一步具体化。《指南》极为重视幼儿生活对于其自身发展的价值,特别强调,幼儿园、家庭和社会作为幼儿生活的现场和引导幼儿生活的主体在幼儿学习和发展中的作用。

针对社会上一些违背科学规律的做法,《指南》提出了五条基本原则:一是关注幼儿学习发展的整体性,指出"不应片面追求某一方面或几方面的发展";二是尊重幼儿发展的个体差异,切忌用"一把尺子"衡量所有幼儿;三是理解幼儿学习方式和特点;四是重视幼儿的学习品质;五是要求幼儿教师和家长了解 3—6 岁儿童学习与发展的基本规律和特点,建立对幼儿发展的合理期望,实施科学的保育和教育,让幼儿度过快乐而有意义的童年。

《指南》从"健康""语言""社会""科学""艺术"五个领域分别描述了幼儿的学习与发展。每个领域按照幼儿学习与发展最基本、最重要的内容划分若干个子领域。每个子领域下列出若干目标,每一个目标均列出"各年龄段典型表现"和"教育建议",供教师和家长参考。

学习小结

教育作为一种社会现象,随着人类社会的产生而产生,发展而发展。学前教育也是如此,它与人类社会一样古老。在原始社会,学前教育的基本特征是公养公育,教育与生产生活密切联系在一起。随着家庭的出现,学前教育开始由家庭承担下来。中国古代家庭十分重视学前教育,积累了丰富的历史遗产,如对胎教的重视,对于儿童从行为习惯、伦理道德到文化知识进行全面教育。特别是在宫廷,对学前教育的师资、教育内容、考核等方面均有相应的设计。

清末至"中华民国"是中国学前教育转型和发展时期。一方面,西方的文化教育开始向中国渗透;另一方面,为救亡图存,中国迈开了向西方学习的步伐。清末随着近代教育制度的诞生,学前教育开始成为教育系统的一部分,其完全由家庭承担的历史结束。民国时期,学前教育的地位进一步提升,学前教育课程建设和教师的专业化发展进一步受到重视。其中,中国共产党领导的苏区和边区学前教育事业形成了自己的特色,积累了学前教育为工农大众服务的宝贵经验。

随着中华人民共和国的成立,中国学前教育事业发生了根本性的变化,获得了前所未有的发展。确立了学前教育面向工农、解放妇女生产力、为社会主义革命和建设服务的方针,明确了对全体幼儿实施全面发展教育的任务。但由于受到"左"倾思想思潮影响,学前教育事业发展大起大落。"文革"时期,"左倾"路线甚嚣尘上,学前教育备受冲击。

改革开放以来,中国学前教育事业重新步入健康发展的轨道。根据教育"三个面向"的要求,学前教育不断向规范化和科学化迈进。先后颁布了《幼儿园工作规程》《幼儿园教育指导纲要(试行)》《3—6岁儿童学习与发展指南》等幼儿园管理和课程指导文件。出台了《幼儿园教师专业标准(试行)》,确定了幼儿园教师的专业属性。学前教育事业总体快速发展,幼儿入园率大幅提升,农村学前教育发展迅速,办园机制、体制和幼儿园管理走向良性轨道,政府和社会对于学前教育更加重视,学前教育发展展示出更加美好的前景。

复习与思考

1. 原始社会学前教育有什么特点?
2. 中国古代家庭学前教育的内容有哪些方面?评述其意义。
3. 中国古代社会学前教育机构有哪些?试分析其形成的社会基础。
4. 试述近现代中国学前教育制度的演进情况。
5. 简述"中华民国"时期的学前教育的总体发展状况。
6. 苏区和边区学前教育有什么特点?
7. 新中国成立初期,学前教育承担的双重任务是什么?发展学前教育事业采取了哪些措施?
8. "文革"给学前教育带来哪些消极影响?应吸取什么样的教训?
9. 新时期以来,中国学前教育事业有哪些方面的重大成就?

问题讨论

1. 分析中国古代儿童游戏的价值及其特点。
2. 试述陈鹤琴的幼稚园课程思想及对当前中国幼儿园课程改革的重要启示。
3. 在社会主义建设时期,学前教育经历了哪些曲折?
4. 试述《幼儿园教师专业标准(试行)》颁布的历史意义。

思维练习

1. 根据本章所学,做一个纵向的中国学前教育发展史的知识图表。

2. "观今宜鉴古、无古不成今。"作为一名未来的幼儿园教师,你在观察分析当今学前教育热点、难点问题时,如何用历史的眼光看待问题?你在认识、理解当今学前教育课程改革时,如何能梳理其历史发展的脉络?

3. 从中国学前教育发展的历史轨迹中,寻觅学前教育事业发展与所处时代的社会政治、经济、文化等的关系。

知海拾贝

幼有所育,办有质量的学前教育

记者访问全国著名学前教育研究专家、华中师范大学蔡迎旗教授。

记者:教育部第三期学前教育行动计划以普及为主题,普惠为主线,确定了到2020年全国学前三年毛入园率达到85%、普惠性幼儿园覆盖率达到80%左右的"双普"规划目标。为什么要发展普惠性幼儿园?让更多的幼儿园戴上"普惠帽"可能会出现什么问题?

蔡迎旗:我们通常认为,普惠性幼儿园是指面向大众、价平质优的幼儿园,它能满足普通老百姓希望自己的孩子"能够就近入园,入一个优质幼儿园,入一个便宜的幼儿园的愿望"。发展普惠性幼儿园是破解"入园难"的关键,也是办好人民满意的教育,推进教育公平,保障和改善民生的重大举措。从办园主体的性质来看,幼儿园至少包括两种类型:一是国家举办、集体或单位举办的幼儿园;二是社会力量和民间资本举办的幼儿园。前者多是公办性质的幼儿园,后者则多是民办性质的幼儿园。让更多的幼儿园戴上"普惠帽"可能会出现"民办幼儿园愁成本,公办幼儿园愁师资"的问题。发展普惠性幼儿园不能一刀切,要根据实际情况进行,既要鼓励公办幼儿园发挥保基本、引方向、平抑收费的主渠道作用,又要规范社会力量办园,遏制过度逐利行为,让办园行为符合教育的本质。当然,我们也要允许一些高收费的民办幼儿园的存在,引导和鼓励它们办特色园,满足人民群众对幼儿教育的特殊需求。除此之外,我国目前还存在一定的城乡差别,在农村地区,教育行政部门应引导和支持大村独立办园,小村联合办园,对偏远地区要进行巡回指导,实施流动性教学点式的学前教育,如送教下乡、送教入村、送教入门等,让更多的学前适龄儿童享受到有质量的学前教育,满足儿童身心健康发展的需求。

记者：随着国内二胎政策的实施，入园儿童将大幅度增加。这会给学前教育带来怎样的挑战？我们应如何迎接这个挑战，才能满足人民群众对学前教育的需求，更好地实现"幼有所育"的美好愿望？

蔡迎旗：随着我国二胎政策的实施，学前适龄儿童将会出现"井喷式"的增长。按照国家卫生健康委员会对今后的人口预测，2020年学前教育阶段的适龄儿童将增加431万人左右。这必然会给我国学前教育事业的发展带来巨大的挑战，要求学前教育不断进行供给侧改革，提高供给端的数量和质量，满足人民群众日益增长的对美好教育的需求。2018年11月7日，中共中央、国务院下发了《关于学前教育深化改革规范发展的若干意见》，提出了"完善学前教育公共服务体系，切实办好新时代学前教育，更好实现幼有所育"的目标，内容涵盖了优化布局与办园结构调整、扩宽途径与扩大资源供给、健全经费投入长效机制与加强幼儿园教师队伍建设等多个方面，对我国学前教育事业的未来发展进行了总体布局和顶层设计，为今后儿童能够享受到更加充裕、更加普惠、更加优质的学前教育提供了坚实的保障。要实现这一目标，政府还需要引入社会力量参与办园，实行公办幼儿园和民办幼儿园"两条腿走路"的方针。针对我国人口基数大，导致我国学前教育事业的规模庞大，政府仅仅依靠公办幼儿园的力量撑起学前教育事业既不现实，也不可能，所以应将公办幼儿园与民办幼儿园并举，共同促进学前教育事业的发展。

第四章　外国学前教育的产生与发展

微信扫一扫
观看微课
线上练习

本 章 导 学

人类进入阶级社会后,儿童公育转变为以家庭教育为主,流行父权制。特权阶层子弟的教育开始和劳动、社会生活脱节,教育的宗教色彩浓烈。在基督教至尊的中世纪,原罪论及预成论的儿童观流行,儿童成为被屠宰的"羔羊"。文艺复兴时期,提倡和谐发展。在近现代,英、美、日、俄等国学前教育发展具有一定的代表性。

学习目标:
1. 了解古代埃及、古代希伯来、古代印度学前教育的情况。
2. 把握斯巴达、雅典的学前教育模式及其成因。
3. 了解罗马学前教育的有关情况。
4. 了解近代公共学前教育机构产生的背景。
5. 了解幼儿园运动发展情况。
6. 把握近现代英国学前教育的发展脉络及特点。
7. 把握现代美国学前教育的发展脉络及对世界的影响。
8. 把握近现代日本学前教育的发展情况及特点。
9. 了解(苏联)俄罗斯学前教育的发展情况,把握其基本特征。

关键概念:
埃及宫廷教育;斯巴达军事学前教育;雅典和谐学前教育;福禄贝尔;蒙台梭利;开端计划

第一节　外国古代学前教育

教育是把人内心勾引出来的工具和方法。
——苏格拉底

人类由原始社会进入文明时代,是由古代东方率先开始的。进入阶级社会后,人类社会的社会结构、家庭结构、生产关系发生了巨大变化。与此相对应,学前教育在教育性质、教育内容、教育方法等方面与原始社会有了根本的不同。主要表现在学前教育具有阶级性、等级性；儿童由公育转变为以家庭教育为主；流行父权制，父亲在家庭里有绝对的权威；教育，尤其是特权阶层子弟的教育开始和劳动、社会生活脱节；教育的宗教色彩浓烈。

一、古代东方的学前教育

古代东方国家的学前教育，除中国外，尤其以古代埃及、古代希伯来和古代印度的学前教育为代表。

（一）古代埃及

古代埃及位于非洲北部的尼罗河流域，大约在公元前 3500 年进入奴隶社会，在公元前 3000 年左右建立奴隶制国家。因地处尼罗河流域，土地肥沃，凭借着优越的自然环境和强大王权的统治，使得其农业和畜牧业发达。在农业生产和实践中，积累了天文学和水利学的知识，创立了数学和几何学，开始了航海学和地理学的研究，并积累了医学知识。这些知识不仅是奴隶主阶级为维护其统治需要的，同时也是普通职业家庭子女所要掌握的。因此，古埃及相继建立了不同类型的学校。据文献记载，为了教育皇子、皇孙和贵族子弟，在公元前 2500 年左右，古埃及建立了宫廷学校。随着王权的加强，为培养官吏，在公元前 2000 年左右，古埃及建立了专门的职官学校。同时，建立寺庙学校用于培养僧侣，建立文士学校用于培养一般文秘人员。

在学校诞生以前，古埃及的教育都是由家庭负责，家庭是教育子女的重要场所。4 岁以前的幼儿，由母亲教养。4 岁以后，女孩跟母亲学做家务活或农活，男孩则子承父业，由父亲传授生产知识技能、宗教歌曲、初步的社交礼仪等各类知识，且是在生产生活的过程中进行。古埃及的僧侣、文士、建筑师等都是通过家庭教育的方式培养后代，书写和计算知识是这些家庭教授的内容。家庭在承担一般儿童生产生活技能教育的同时，注重培养儿童的良好社会行为，培养孩子的宗教信仰、伦理道德、融洽相处和服从社会的意识。

在古埃及的古王国时期，政治强盛，经济繁荣。法老（即皇帝）为教育皇子、皇孙和贵族子弟，使其具备一定的知识才能，以维护其统治地位，在宫廷中设立了学校。这是人类历史上有文字记载的最古老的学校。皇族子弟除了年幼时专有乳母、保姆等人精心喂养外，稍一懂事，就要进入宫廷学校。在这类学校里，聚集了古埃及的文人学者。他们传授给皇室子弟书写、计算、天文等基础知识，以及军事知识、司法知识、思想控制等统治经验。此外，儿童从小还要被灌输敬畏日神、忠诚国君的说教，还要模仿成人试行宫廷的习俗和礼仪，以便养成未来统治者所应具备的言行举止。学生完成学业后还要到政府部门去接受一段时间的业务锻炼，然后再被分配到各个政府部门担任官吏。这类宫廷学校的教育十分严格，经常对儿童进行惩戒和鞭打。

在中王国时期，政治的繁荣，国力的强盛以及经济的发展，使得古埃及需要大批的官吏，宫廷学校难以满足这种需求，于是政府开设职官学校，招收贵族和官员的子弟，让他们在现职官吏的教导下，既受一定的基础训练，又受充分的业务训练，从而造就所需要的职官。

虽然古埃及时期政治强盛、经济繁荣,但其学前教育仍处于萌芽阶段,尽管表现出对学前教育的关注,但教育内容简单、教育方法单一。

(二) 古代希伯来

古代希伯来位于现在的西亚地区,为现代犹太人祖先的居住地。古代希伯来人长期处于动荡不安的社会环境里,能维系他们灵魂的便是犹太教。故古代希伯来人重视教育,以宗教神学为教育核心,以增加民族凝聚力。其宗教教育无论从方法上或内容上,都对以后的基督教教育产生了极大的影响。

古希伯来人将孩子看作是上帝的恩赐。他们盼望生孩子,尤其渴望生儿子,因为儿子长大后,可以增加财富,扩大家族的规模,并能保持祖传遗产。

希伯来人以家庭教育为主,家庭是子女受教育的主要场所。家庭组织形式盛行父权为主的家长制。父亲既是家庭的祭司,又是子女的教师,一切言行举止必须听命于他。希伯来人的教育内容十分广泛,有民族传说、宗教信仰和祖先的训诫。对男孩传授职业技能,对女孩则教导如何成为一名贤妻良母。由于希伯来人视信神为天经地义,故教育仍以培养宗教信仰为重要目标。在此期间,儿童在家庭中享有较高的地位。教育上比较注重引导、启发儿童提问和观察事物,注重父子之间的亲密感情和说服感化。

公元前 538 年,希伯来人从巴比伦流放地回到故乡后,由于受巴比伦先进文化的影响和实际需要,在犹太会堂内设立了融幼儿学校与小学为一体的学校。儿童在这里读书、写字和理解一些简单的法律知识。在此阶段,教育旨在传授律法知识和宗教理论,在教学过程中,教师有时会采取引导或是儿童间互帮互学、相互竞赛的形式进行,但总体上仍注重死记硬背律法条文和《圣经》章句,只重字义,不求甚解。其教学方法主要是强调背诵、记忆;主张体罚;主张理论和实践相结合。

(三) 古代印度

古印度与古埃及、古巴比伦、中国并称为"四大文明古国"。但实际上有别于其他三个文明古国,古代印度只是一个地理概念,并不是一个统一的国家,是南亚次大陆地区许多建立在部落制基础上的小王国。从公元前 1000 年到公元前 600 年,古代印度逐渐形成了一套严格的等级制度,名曰种姓制度。它把从事不同分工的人群划分为 4 个等级(即种姓):第一等级是婆罗门,即僧侣;第二等级是刹帝利,即武士;第三等级是吠舍,即农民和从事手工商业的平民;第四等级是首陀罗,即被征服者或奴隶。前两种为高级种姓,且当时的教育事业完全掌握在婆罗门手中,能接受教育的也主要是高级种姓。

在婆罗门家庭里,儿童 3—5 岁时,经过剃度礼,开始在家庭里接受教育。儿童学习内容主要是婆罗门教的经典——《吠陀经》。吠陀意译为"明",即知识、启示,是印度最古老的文献材料,主要文体是赞美诗、祈祷文和咒语。婆罗门家庭里的父亲必须在家里细心指导子女记诵《吠陀经》。《吠陀经》的学习极其困难,为避免亵渎主或神灵之嫌,儿童在学习过程中禁止抄写笔录,不准提问,只能死记硬背,甚至烂熟于心。

除了父亲教授《吠陀经》外,母亲负责其身体养护和传授生活知识、行为规范和风俗习惯。

刹帝利、吠舍种姓子弟虽也有学习《吠陀经》任务,但学习的时间和数量远远低于婆罗门种姓的子弟,他们花费较多时间跟随父辈学习有关军事、农作、手工等方面的实际知识。至于首陀罗种姓的子弟,则毫无受教育的权利,奴隶主视他们为畜生,当作会说话的工具而已。

公元前6世纪—公元前5世纪,婆罗门教式微,难以维系社会制度。反婆罗门教思潮之一的佛教应运而生,并逐步取代婆罗门教,成为印度的国教。佛教反对婆罗门教的种姓观念,认为人的高低贵贱并不是由于人的出身,而是由于人的行为。出身卑贱的人一样能成为贤人,主张一种平等的观念。

佛教的学前教育一般在家庭里进行,主要是在信仰方面、公德意识的养成方面和良好行为习惯的培养方面,通过耳濡目染,逐步了解有关知识和内容。例如,父母要求儿童从小定期参加宗教仪式,吟诵简单经文,培养他们对佛祖的崇拜之情;教导儿童慈悲为怀,积德行善,普度众生;要求儿童打坐、早起、生活俭朴、乐于吃苦,为自己以后皈依佛法、领受"五戒",成为一名在家佛教徒做准备。

总之,古代印度的幼儿教育是与种姓制度和宗教神学密切相关的,其中婆罗门教的学前教育是以维系种姓压迫和培养婆罗门宗教意识为核心任务的,而佛教的学前教育主要以信奉佛祖、修行守规为基本特征。

二、古代西方的学前教育

(一) 古希腊

古希腊是西方文明的开端。

古希腊位于欧洲南部,地中海的东北部。公元前8世纪,古希腊进入奴隶社会。希波战争以后,希腊取得了最终胜利,其经济生活高度繁荣,产生了光辉灿烂的希腊文化。公元前338年,马其顿击败希腊联军,统治希腊,标志着古希腊历史结束,希腊化时代开始。古希腊文化包括哲学思想、历史、建筑、科学、文学、戏剧、雕塑等各个方面,对后世有深远的影响。这一文明遗产在古希腊灭亡后,被古罗马人破坏性地延续下去,从而成为整个西方文明的精神源泉。

古希腊在公元前7世纪以后,逐渐形成了两种有代表性的教育,一种是斯巴达的教育,另一种是雅典的教育。古希腊教育对近代欧美的教育产生了重大的影响。

1. 斯巴达教育

斯巴达是公元前8世纪左右建立的古希腊最大的奴隶制城邦国家之一,位于拉哥尼亚平原的南部。斯巴达人是多利安人的一支,本属外来民族,征服了当地居民之后,便实行残酷、严格的军事化管理。为数不多的斯巴达人要统治人数远远超过自己奴隶和自由民,不得不实行全民皆兵的军事化管理。这样的社会状况决定了斯巴达教育中重视体育及相应的性格训练而忽视文化教育的特色。

斯巴达的教育完全掌握在斯巴达人（即统治阶级）手中，他们将儿童视为国家所有，而不是父母可以生杀予夺的私有物品，并将对年轻一代的教育看成是国家的职责。7岁以前婴幼儿童暂时由父母抚养与教养，具体实施主要由母亲负责。她培养儿童从小不哭闹、听话顺从、不怕孤独和黑暗的习惯；儿童稍大些时，要求他们不计较食物的好坏，不挑剔衣服的颜色和款式。儿童从小通过艰难生活、身体训练的种种考验，以提高适应性，并经常被父母带到公共场所去观赏和聆听关于英雄事迹的演出和讲解，学习英雄们的献身精神。

7岁的男孩进入国家的训练所，从此他们就要经受心魄和筋骨的磨炼，以形成坚韧、勇猛、凶顽、残暴、机警和服从的品质。训练的主要形式是格斗。天刚发白，身着破烂长衬衣、骨瘦如柴的孩子们便开始在竞技场上搏斗。此外，任何一个儿童每年都必须经受一次严厉的鞭笞，只有那些咬紧牙关、面无惧色的人才能成为合格者。除了军事体育训练之外，音乐和舞蹈也是斯巴达人的教育方式。他们认为，音乐可以陶冶敬神尚武的情操，舞蹈可以训练和协调身体活动的节奏。男孩还要经常接受奴隶主的道德教育，文化知识不被重视。

斯巴达对女孩也采取同样的军事和体育训练方式。当男孩在军营里接受训练时，女孩就在家中和附近的村落接受专门的训练，如竞走、掷铁饼、投标枪、格斗等。对女孩来说，这样的训练还有两个重要意义，一是必要时承担保卫国家之责；二是经过训练，女孩往往身强体壮，这样的女子结婚后才能生育出健壮的孩子。因此，斯巴达的妇女作为国家的"保姆"，也具有坚毅的性格。

2. 雅典教育

雅典位于巴尔干半岛南端，公元前8世纪已是古希腊的一个强大城邦。虽然与斯巴达一样，也是奴隶制城邦国家，但由于地理环境、传统等不同，形成了自身的特点。伴随着工商业的发展，公元前6世纪末，通过经商发迹的新兴工商贵族战胜了保守的农业贵族，确立了奴隶制下的民主政体。雅典全体公民，包括奴隶主及有公民权的平民，都有参加公民大会的权力，决定国家一切重要事务。民主政治制度下的社会环境较为宽松，使得雅典的哲学、文学、艺术等得到了迅速的发展，雅典教育的目的不仅仅是培养军人，还包括多才多艺、能言善辩、善于处理工商事务的政治家和商人，简言之，即培养身心和谐发展的公民。教育的内容广泛多样，方法也较灵活。

在学前家庭教育中，雅典人比较重视玩具的作用，儿童们享有许多玩具，如娃娃、皮球、小马、小狼、铁环、陀螺、玩具车、拨浪鼓等。听摇篮曲、唱歌、听寓言、童话或神话故事都是重要的学前教育内容，其中《伊索寓言》在内的童话故事更是深受儿童喜爱，长盛不衰。礼貌行为习惯的培养等在雅典的幼儿教育中也占有一席之地。7岁以前，男女儿童在家庭中享受同样的教育。7岁后，女孩留在家中过着幽居的生活，男孩则先后（或同时）进入文法学校、弦琴学校、体操学校等各类学校学习，获得智、德、体、美和谐发展的教育。

（二）古罗马

古代罗马从公元前9世纪初在意大利半岛中部逐渐兴起，是欧洲第二个典型的奴隶制国家。在共和早期，罗马经济主要以农业为主，与邻邦的战争频繁。因此，这一时期教育的目标是培养农夫和军人。一般认为，罗马文化是希腊文化的继承，在学前教育上同样有所反映。儿童被抚养和教育的主要场所是家庭，父亲的地位至高无上。与斯巴达家庭一样，在罗马的家庭中，母亲承担抚育子女（7岁以前）的义务，即使最显赫的家庭里，母亲也以自己能待在家里尽抚养孩子的义务视为一种荣誉，不愿假手他人。在教育内容上，罗马家庭注重德行、礼貌和宗教色彩的知识，母亲教授儿童接受敬畏神明、孝敬父母、忠于国家、遵纪守法，有的儿童还会学习简单的希腊语，为7岁后进入学校学习做准备。在教授过程中，经常采取格言、歌谣、游戏的形式进行。

公元前30年，罗马进入帝国时期，并发展为称雄西方世界的军事大帝国。为了适应帝国统治的需要，教育沦为了忠实执行统治者意志的工具。在学前教育上，对不同阶级的儿童则分别灌输不同的思想意识，帝国皇帝专门开办教育皇子皇孙的宫廷学校，培养国王的接班人；贵族子弟就被养成维护统治的官吏；对平民的后代则不惜用严酷的方式将其训练成唯唯诺诺、循规蹈矩的顺民。

总之，古希腊、古罗马的学前教育都是在家庭中进行的，国家或家庭采取"优选法"保证幼儿的体质。轻视任何形式的体力劳动和劳动教育；教育已成为奴隶主阶级及其子女的一种享受和特权，从小就开始对儿童进行道德行为的熏陶、灌输剥削阶级的思想意识。总体上，古希腊、古罗马的学前教育还处在萌芽状态。

三、中世纪至文艺复兴时期的学前教育

公元476年，西罗马帝国灭亡，西欧城市进入了封建社会。公元5世纪末—14世纪文艺复兴之前的这段历史被称为中世纪。西欧中世纪是在罗马帝国的废墟之上，由文明程度很低的外来"蛮族"建立起来的。由于战争的破坏、占领者文化的落后及其对古希腊、古罗马文化遗产的排斥，西欧的文化大幅度下降，宗教和僧侣垄断了政治、经济和文化。同时，西欧的封建贵族和教会内部逐渐形成了一个严格的等级结构。在上述背景下，中世纪的西欧教育烙上了浓厚的宗教性和明显的等级性，学前教育也是如此。

（一）中世纪

中世纪，基督教会的宗教成为维护欧洲封建社会形态的精神支柱。教会在思想意识上大力提倡原罪说以及禁欲主义等。以性恶论及禁欲主义为依据，教会对崇尚和谐发展的雅典文化教育，持敌视态度。教会学校中，宗教居于所有学科之上，儿童从小就要盲信、盲从圣书和教师的权威，不允许有任何自主性和独立意识的流露。教会要求摧残肉体以使灵魂得救，声称"不可不管教孩童，你要用杖打他，就可以救他的灵魂，免下阴间"，应当从幼年起就抑制儿童嬉笑欢闹、游戏娱乐的愿望，并采取严厉

措施来制止这类表现。儿童活泼灿烂的童年被扼杀,戒尺、棍棒成了中世纪学校不可缺少的工具。对儿童的约束与惩戒成了中世纪学前教育的重要特征。在教育中体罚盛行,体育完全被取消。

由于中世纪自然科学的落后和成人的自我中心,人们不愿对儿童的特点给予更多关注等原因,人们沿袭了一种源自古代预成论的儿童观。儿童被看成小大人,一旦能行走和说话,就可以加入成人社会,玩同样的游戏,穿同样的服饰。按照预成论的观点,儿童与成人不应有重要区别,从幼儿开始,儿童的身体和个性已经成人化了。在这一观点的影响下,欧洲14世纪以前的绘画,总是不变地以成年人的身体比例和面部特点来画儿童肖像。显然,预成论否认儿童与成人在身心特点上的差异,也否认了儿童身心发展的节律性、阶段性。由于受预成论的影响,人们无论是在社会教育还是在家庭教育中,都忽视儿童的身心特点,忽视儿童的爱好与需要,对儿童的要求整齐划一,方法简单粗暴。

基督教会的学前教育是西欧中世纪儿童必须接受的早期教育。中世纪时期的教育,基督教会居独尊地位,不允许一般的世俗学校存在,教堂是唯一的知识源地,教士是掌握知识之人。因为一切知识都来自"神启",一切真理都来自《圣经》,所以教育的主要目的就是使受教育者虔信上帝、熟读《圣经》,以求做一个合格的基督徒。教育方法则简单、粗暴,以体罚为主。在基督教世界里,学前教育的主要措施,一是接受"洗礼";二是灌输宗教意识;三是参加圣事礼仪;四是度过宗教节日。

西欧封建贵族的学前教育一般分为两类:一是王室宫廷的早期教育;二是骑士的早期教育。宫廷学校是为皇室儿童和极少数机要大臣的子弟设置的。如8世纪后期的查理曼大帝时期,为了培育王室的后代,专门在王宫内开设了一所教育王室儿童(包括幼儿在内)的学校。宫廷学校的学习科目和当时的教会学校一样,只要学习"七艺",教育内容是作为未来统治者所必需的自然和社会的知识以及某些粗浅的哲理。

骑士是欧洲封建贵族阶层中最低的等级。骑士既需保卫和扩张封建庄园,还要进行竞技格斗,以示对教会和封建主无限忠诚。骑士教育是集封建思想意识的熏陶与军事体育训练于一体的一种特殊形式的家庭教育。骑士的学前期教育,都是在自己的家里完成的,父母扮演教师角色。母亲从儿童懂事起便开始灌输宗教神学的初步观念,随着儿童年龄的增长,父母还安排他们参加一些宗教仪式和节日活动,加深他们对宗教的情感。其次,在道德品质教育方面,父母以身作则对封建主忠心耿耿,教育孩子从小树立"忠君爱国"之心,以便成年后能坚定地效命于国王和上一级封建主;此外,还要儿童仿效雅士贵妇,懂得礼节,谈吐文雅,举止得体。最后,为了能够纵横厮杀、克敌制胜,骑士必须具有健壮的体魄,而从小的养护是关键所在。母亲十分注重儿童的合理饮食、适宜锻炼、作息制度和生活习惯等。骑士虽然有接受教育的机会和条件,但在骑士早期教育的阶段,由于轻视文化知识的学习,因此,许多骑士目不识丁,更有甚者在成人后,仍不会签自己的名字。

总之,西欧中世纪的学前教育,无论是宫廷学校还是骑士教育,都带有鲜明的宗教性和等级性,这正反映在基督教至尊的背景下,畏神禁欲的教育特色以及为封建统治阶级服务的性质。它导致对儿童的严苛,忽视儿童的身心特点,人们只按照儿童所处社会地位而实施不同的教育。

在中世纪基督教神学的严密禁锢下,古希腊、古罗马的文化被埋没了近千年。在14—16世纪欧洲大地上,掀起了一个以收集、整理、研究古希腊、古罗马文化的热潮,把欧洲的学术文化思想推向了一个繁荣的时代,这就是欧洲历史上著名的"文艺复兴"。

(二)"文艺复兴"时期

"文艺复兴"一是指古希腊、古罗马文化的复兴;二是指人类精神的觉醒,反抗中世纪的精神桎梏,追求人的个性圆满发展,其实质是新兴资产阶级在意识形态领域掀起的一场反封建、反教会的思想文化解放运动。

文艺复兴时期的人文主义对人的赞颂与中世纪对人的贬抑形成了鲜明的对比。人文主义核心是提倡人道,肯定人的价值、地位和尊严,要求教育以人为中心,重视人的因素,并要求通过多方面的教育,发展人身心的各种能力,使之成为身心协调发展的完人。新兴市民阶层所要培养的人已不再是僧侣和宗教人员、雄辩家,而主要是社会、政治、文化、商业方面的积极活动家乃至冒险家。因此要求人的全面发展,要求热爱儿童,相信儿童,把他们培育成为体魄健康、知识广博、多才多艺、富于进取精神、善于处理公私事务的人。为了达到这样的要求,人文主义教育家们认为,对教学内容应加以扩充。要求学校注重体育,以培养儿童和青年健康的身体;注重美育,以发展他们的审美能力;注重广泛的科学知识传授,以培养他们具有丰富的才能;注重德育,以培养服务于他们的地位、名誉、权力的品质,如勇敢、意志、克制、爱国心等。

人文主义教育注重观察,强调直观,提倡参观、访问;要求尊重、爱护儿童,反对体罚和侮辱儿童。他们宣传要热爱儿童,指出儿童个性和谐发展的必要性。他们提倡构建密切的师生关系,尊重儿童的自尊心,强烈反对对儿童实施体罚,反对抑制儿童才能的教学方法。他们要求父母、教师以身作则,重视儿童独立自主的精神,建议用儿童的荣誉心、竞争心替代体罚作为推动儿童学习的手段。这些新的方法逐步在实践中推广,后来夸美纽斯对此进行了总结,形成了系统的教学原则和方法。

文艺复兴时期随着各种世俗学校的开办,教育对象的范围也得到了扩大,在一些人文主义者创办的学校中,不仅有贵族子弟,也有贫民子女参加。主张教育改革的路德派教育的领导人路德甚至主张普及教育,提出了义务教育的主张。

文艺复兴的基本精神是"人文主义",提倡以人为中心,反对以神为中心;崇尚现实、崇拜人生,反对来世观念;主张个性解放、自由、幸福,尊重人的价值,反对压抑、禁欲主义;宣扬个人是生活的创造者和享受者。因此,人文主义教育家和思想家认为儿童是自然的人,应该得到成人的细心关怀和照顾;提倡儿童身心和谐发展,重视儿童个性的发展,把儿童看作是发展中的人,尊重儿童的人格,并极力反对摧残和压抑儿童身心的发展。在教育原则和教育方法方面,强调环境的陶冶作用,主张建立优美的校舍;强调尊重儿童的天性,顺应儿童身心发展的特征和个别差异;强调父母、教师应该注意自己的言行,为幼儿树立表率;主张教学运用直观教具,向大自然学习,从而启发儿童的兴趣和积极性;反对压抑个性,主张减少甚至取消体罚;提倡体育和游戏的重要意义。

第二节 外国近现代学前教育

> 人的教育在他出生的时候就开始了,在他不会说话和听别人说话以前,他就已经受到教育了。
>
> ——[法]卢梭

外国近现代学前教育,以其在世界学前教育发展史上的地位及对中国学前教育的影响为选择标准,主要介绍英国学前教育、美国学前教育、日本学前教育和俄国(苏联)学前教育发展历史。

一、英国学前教育

近代英国公共学前教育是机器大工业的产物,工业生产的迅速发展吸引资本家雇用大量廉价女工和童工,造成幼儿无人照顾、智力落后、道德堕落及死亡率上升等严重的社会问题。这种状况引起了慈善家、热心人士及教会人士的深思和探索,他们着手建立慈善幼儿学校,保护和教育贫苦幼儿。随着各方人士掀起的幼儿运动的影响,迫于工人阶级争取生存权和受教育权斗争的压力,也出于幼儿保育和教育对缓解社会矛盾、维护社会稳定等社会功能的认识,英国政府出台了一些与幼儿保育和教育相关的政策。1697年,政府颁布"国内平民救济法",提出设置"纺织学校"和"贫困儿童劳动学校"计划。"纺织学校"计划规定:对年收入不足40先令家庭中的6—14岁儿童实施免费义务教育,4—6岁儿童可以自由入学。"贫穷儿童劳动学校"计划规定:在每个教区设立"劳动学校",教区内所有受救济贫民3—14岁儿童必须进入该学校。计划提出对3—7岁幼儿实施有组织教育的要求,促进了学前教育的发展,但政策的主旨是保护幼儿生命和健康,缺乏战略意图。

罗伯特·欧文是19世纪英国空想社会主义思想家和教育家。1800年,欧文接任苏格兰新拉纳克一家大型纺织厂的经理,并开始在那里实施其社会改革及教育实验。他在推行一系列改善工人劳动和生活条件措施的同时,非常重视教育,又为工人及其子女创办了一系列教育设施。1816年,为1—6岁儿童创办了幼儿学校,并与儿童初等学校、工人夜校、工人夜间俱乐部等合并为"性格形成新学院"。欧文幼儿教育的理论基础是性格形成学说,即环境决定人的性格。他认为:"人可以经过教育而养成任何一种情感和习惯,或任何一种性格。"欧文创办英国第一所幼儿学校,开启了近代真正意义上的学前公共教育先河。他注重学校环境的影响,在学校周围建立游戏场,开设宽阔的娱乐房间,幼儿教室布置以动物为主的图画、地图和采集的自然界食物。幼儿学校开设舞蹈、音乐和军训课程,并以"对整个人类表现出宽宏仁爱精神"的原理为指导。"对于幼儿和年龄较小的儿童,除用明显的示意动作、实物或模型或图画施教外,还用亲昵的谈话循循诱导。"要求幼儿教师热爱儿童、对儿童有无限耐心、热情温顺,绝不能在言语和行动上对儿童威胁或辱骂。

怀尔德斯平是英国19世纪幼儿学校的积极创办者,他倡导的"幼儿学校运动"推动了幼儿学校在英国的普及,并促进了世界学前教育的开展。1820年,他在斯平托地区开办了幼儿学校并形成了独具特色的办学体系。

怀尔德斯平幼儿学校以贫民和工人的子女为主要招收对象,以保障幼儿的健康和安全为目的。学校智育目标是贫困儿童的"知识改善",为此学校开设与初等学校一样的国语、算术、自然、社会、音乐和宗教课程。在智育方法上,学校重视实物教学,并设计"阶梯教室""教学柱""教学架""调换架"等教具及设备辅助教学;自编"发展课文"等教材,以促进学生思考、讨论,学会比较和判断事物,从而获得独立求知的能力。怀尔德斯平把上述教学法总结为"开发教学方法",即激发好奇心,通过感觉教学,从已知到未知,让孩子们独立思考,把教学和娱乐结合起来。学校的德育目标是:预防贫困儿童道德堕落,消除虚伪、残酷和粗暴等不道德行为,培养爱怜之心、服从父母、正直、勤勉和节制等德行。在德育原则上主张"爱",方法上强调"赏"。此外,怀尔德斯平对教师提出很高要求,认为教师要有"受人欢迎的风采""生气勃勃的气质""很大的忍耐性、温顺、坚韧、冷静"和"关于人性的知识"。他还号召教师研究幼儿心理状态。

1833年,英国开始实施教育国库补助金政策,政府每年从国库中拨款2万英镑作为初等学校的建筑补助金。但直到1840年,幼儿学校才开始从这项政策中受益。同年8月,枢密院教育委员会视学官首次发出关于幼儿学校检查项目的训令,并提出包括学校设备、娱乐和身体联系、劳动、艺术模仿、学习音标、自然常识、阶梯教室教学和纪律等方面共34项补助项目。项目倾向于对读、写、算和阶梯教室教学等方面的检查,但补助金额十分有限。英国政府通过国库补助、对幼儿学校进行检查和对教员考试的方式,加强了对幼儿学校的监督和控制,开辟了国家管理学前教育制度的道路。

1851年,德国流亡政治家哈勒斯·伦克及夫人将福禄贝尔幼儿园引进到英国。从1854年开始,幼儿园招收英国儿童并改用英语教学,其目的是有意识地在英国人中推广福禄贝尔学前教育思想。同年,伦克夫人在伦敦教育博览会上发表关于福禄贝尔幼儿园的演讲并获得巨大反响。从此,英国幼儿学校开始受到福禄贝尔学前教育思想的渗透和影响。1861年,英国公布的《修订教育法》开始推行"计件付酬制度",即初等学校读、写、算学力测验优劣决定国库补助额的多少。该政策导致父母、教师和儿童对智力测验热衷不已,英国幼儿学校发展和福禄贝尔教育思想传播进入停滞状态。

1870年,英国国会颁布《初等教育法》,标志着国民教育制度正式形成。从5岁开始进行义务初等教育的制度由此确立,幼儿学校也被正式纳入初等教育系统。

1873年和1874年,"曼彻斯特福禄贝尔协会""伦敦福禄贝尔协会"相继成立,使幼儿园运动在英国获得了较快发展。除读、写、算等传统的学力考试科目外,增加实物、自然以及和日常生活有关的课业;采用幼儿园的恩物和作业,注重手和眼的正确训练。福禄贝尔幼儿园教育内容和方法相对系统、科学,以发展儿童智育、德育为主要目的,兼具保育和教育功能,迎合了中上层阶级对子女提供良好教育的需求。福禄贝尔幼儿园的引入,使英国学前教育呈现双轨并存局面:一轨是以工人阶级和贫困阶层子女为对象的幼儿学校;另一轨是以中上层阶级子女为对象的幼儿园。学前教育两种制度并存,满足了不同社会背景家庭子女的需要,但也反映了教育的不平等。此外,福禄贝尔幼儿园思想逐渐渗透到英国本土幼儿学校,使得幼儿学校逐渐增加了游戏时间,减少了读、写、算训练。

1913年,玛格丽特·麦克米伦及拉歇尔·麦克米伦姐妹创办了英国第一所保育学校。保育学校有两个目的:一是增进幼儿身体健康;二是培养幼儿健康精神。该校招生面向所有五岁以下儿童,特别是贫民和工人的幼儿,以为幼儿提供适宜的生长环境及增进幼儿健康为首要目的。其办学特点是:融合欧文、裴斯泰洛齐、福禄贝尔和蒙台梭利的教育方法,注重幼儿的手工教育、言语教育、感觉训练、家政活动训练及自由游戏;反对一切拘谨的形式主义教学;在郊外开设,注重采光、通风及环境的布置。

玛格丽特保育学校作为欧洲新教育运动的重要一员,其实践充分吸收了科学的学前教育观和儿童观,引起了公众和英国学校对学前教育的关注。1923年,在玛格丽特等人的努力下,英国"保育学校联盟"成立,致力于扩大和普及保育运动。保育学校作为一种新颖的幼儿保育机构,掀开了英国学前教育史的新篇章。

为适应国内政治和经济发展需要,进一步完善公共教育制度,并为儿童和青少年提供更多的教育和指导,时任教育委员会主席的费舍主持起草了一项议案。英国国会于1918年8月8日通过该议案,称为《1918年教育法》,通称《费舍教育法》。该项法令的目的是在英国建立完整的国家教育行政系统和初步确立一个包括幼儿教育、初等教育、中等教育和各职业教育在内的学制。法令要求将小学分为5—7岁(幼儿部)和7—11岁两个阶段,正式承认保育学校属于国民学校制度的一部分,并把保育学校的设立和援助委托给地方教育行政部门处理。规定除伙食费和医疗费外,保育学校实行免费入学,并决定对13所保育学校实行国库补助。但由于第一次世界大战后经济危机的影响,有关扶持保育学校的规定执行得并不尽如人意。

1933年,英国教育部咨询委员会主席哈多爵士主持发表了《关于幼儿学校以及保育学校报告》(又称《哈多报告》),成为推动学前教育理论和实践发展的重要文献。该报告建议成立以7岁以下幼儿为对象的独立小学校,取消以5岁以下的幼儿为对象的保育学校和以5岁以上幼儿为对象的少年学校;建议将保育学校作为"公共学校制度中理想的附属机构",增设保育学校、幼儿学校以及幼儿部附设的保育班,充分发挥保育学校对城市儿童发展的重要作用;积极主张教师的教育自由;认为幼儿课程应该由"包括体育、野外生活、休息以及幼儿游戏在内的自然性活动"和"包括绘画、舞蹈与唱歌、手工在内的表现训练"两个领域同时构成,并采用课题讲授、个人作业以及小组作业相结合的教育方式。

《哈多报告》立足于儿童中心主义,及欧文、裴斯泰洛齐、蒙台梭利、麦克米伦等教育家的学前教育理论之大成,被认为是英国学前教育史上具有划时代意义的文献。但由于受1929年经济危机余波影响,《哈多报告》被搁置。

1944年,英国议会通过了以当时教育委员会主席巴特勒命名的教育改革法令,即《巴特勒法案》。《巴特勒法案》规定初等教育分为三个阶段:2—5岁以内儿童进保育学校;5—7岁儿童进入幼儿学校;7—12岁儿童进初等学校。法案规定国家教育部门和地方教育当局负责管辖保育学校和保育班,并对其提供经费资助。自此,学前教育处于国家和地方双重管辖之下,但法案未能将保育学校和幼儿学校连贯起来形成制度,幼儿学校教育仍包含在初等教育中。

1967年,教育咨询委员会委员长普洛登女士发表了题为《关于向初等教育所有领域和中等教育过渡问题》的咨询报告,即《普洛登报告》。报告要求设立"教育优先地区",大力发展学前教育;学前教育以20人为一组划分为一个"保育集体",1—3个保育集体构成一个保育中心;保育所中3岁以上的儿童的教师教育由教育当局负责;在保育集体中,每60人配备一名有资格的教师,每10人配备1名保育助手等。

1972年12月,英国教育科学大臣撒切尔发表了《教育白皮书》,提出将"扩大学前教育"定为内阁将要实行的四项政策之一。计划提出以下要求:第一,政府、地方教育当局、教师、家长以及社会各界人士通力合作;第二,充分发挥幼儿游戏班的作用;第三,优先发展贫困地区保育设施政策;第四,确保有相当数量的教师队伍;第五,政府为计划实施提供必要的经费援助。

为使学前教育经费在中央、地方政府和家长之间得到合理担负,1995年英国教育和就业大臣谢泼德公布了7.3亿英镑的"幼儿凭证计划"。计划规定发给家长1 100英镑的凭证用以支付学前教育费用,使每个愿意进入学前教育机构的4岁儿童都能接受3个月的高质量学前教育。凭证计划给予家长较大的选择范围,有利于推动学前教育机构之间的竞争,从而提升幼儿教学质量。但凭证计划的有效性只限于4岁以上儿童,因此,4岁以下儿童教育并未得到保障。

英国学前教育机构种类繁多,目前已形成以地方公立为主、社会团体和私人为补充的多元发展格局。具体来说,英国学前教育机构主要类型包括以下几种:一是保育学校和保育班。保育学校是英国主要学前教育机构,招收2—5岁儿童,接受地方教育当局领导。保育班规模较小,附设于小学中。二是日托中心,由社会福利部门负责,招收社会救济部门送来的或劳动妇女的无人照顾的幼儿,主要提供全日制的保育服务。三是学前游戏小组。由卫生保健部门负责,在农村地区以及没有幼儿学校和幼儿班的地方开设。目的在于为儿童提供游戏伙伴、游戏时间和空间,为父母提供交流和学习机会。四是家庭保育。主妇可以招收3个5岁以下的儿童进行保育,但承担保育任务的家庭须符合健康和安全标准,并经由地方社会服务部批准注册。

二、美国学前教育

19世纪美国学前教育从欧洲大陆直接引进教育理论与方法,包括英国幼儿学校和德国福禄贝尔幼儿园的教育理论与方法,并将其直接应用于学前教育实践之中。

1824年,欧文在美国印第安纳州建立"新和谐村",从事创办共产主义公社的活动,其中包括设有幼儿学校的教育机构。在他的影响下,美国许多州都建立了幼儿学校。它与初等学校相衔接,强调幼儿的健康保护和户外活动。经费来源以收费为主,教育对象主要是上层家庭的儿童。尽管幼儿学校存在的时间不长,但是他在美国民众中传播了重视幼儿教育的思想,为后来的学前公共教育的兴起做了铺垫。

19世纪中期,美国资本主义经济飞速发展。到19世纪末,其工业生产值已经跃居世界首位。美国领土不断扩大,欧洲移民蜂拥而至。为同化各国移民,保证社会的统一安定,美国政府日益重视公共学前教育事业。

1855年,德国移民舒尔茨夫人在威斯康星州的维特镇开设了一所德育幼儿园,这是美国最早的幼儿园。舒尔茨夫人用福禄贝尔的教育方法,指导孩子们进行游戏、唱歌和作业,对当时的美国学前教育产生了很大影响。

1860年,美国妇女伊丽莎白·皮博迪在波士顿开设了美国第一所英语幼儿园,她因此被尊为美国幼儿园的真正奠基人。

工业革命后,随着美国贫富分化的加剧,慈善幼儿园应运而生。1870年,纽约市的卡勒吉·赛因德开设"慈善幼儿园",这是社会福利的慈善团体最早设立的幼儿园,目的是为贫困的低收入阶层的子女提供教育,一般免收学费。

同一时期,教会幼儿园出现在美国。最早建立教会幼儿园的是1877年美国俄亥俄州托利多的特雷尼提教会。1912年,全美已有教会幼儿园108所。教会幼儿园本着人道主义精神,将学前教育作为教区的一项事业,同时进行宗教教育和传教活动,幼儿教育成为积极促进社会改良和改善平民福利状况的手段,因此,很快为美国社会各界所接受,逐渐普及到全国各地。

各类幼儿园的出现和幼儿园数量的增加,促进了幼儿园协会的诞生。1870年,美国第一个幼儿园协会在密尔沃基成立。1897年,美国幼儿园协会总数已超过400个。

1873年哈里斯和布洛在圣路易斯市的德斯皮尔斯学校共同创办了美国第一所公立幼儿园,并附属于圣路易斯市的德斯皮尔斯学校。先河既开,于是作为公立学校制度一部分的幼儿园得到越来越多的认可。1901年,全美的公立学校已达到2 996所。

美国公立幼儿园运动使美国学前教育进入一个新的发展时期,幼儿园逐步发展成为公立教育系统的一部分,对福禄贝尔理论的学习和传播促进了美国幼儿园的本土化发展,为后来的进步主义幼儿园运动奠定了基础。

20世纪初,美国学前教育改革的呼声日渐高涨。进步主义教育运动的出现,使人们突破了传统的禁锢,学前教育思想在辩论交锋中取得全新突破。20世纪下半期,顺应民主化潮流,美国政府在普及学前教育的同时注重为低收入阶层的子女提供援助,推行"教育机会均等"运动,并采取了一系列措施。

当福禄贝尔思想在美国幼儿园中占绝对统治地位,恩物和作业成为所有幼儿园的主要教学手段,并逐步趋向形式主义时,美国进步主义幼儿园运动以心理学家霍尔的复演论、杜威的儿童教育理论为依据,对之进行了尖锐的批判,提倡要努力加强教育和社会生活的密切联系。

1910年,蒙台梭利教育方法连同她设计的教具一起进入美国。1912年和1915年,蒙台梭利本人先后两次访美,宣传她的学说,很快在美国引起强烈的反响。1913年美国蒙台梭利教育协会成立。但时隔不久,在国际幼儿园联盟第20次大会上,蒙台梭利教育方法遭到进步主义教育阵营的尖锐批判,指责其脱离幼儿生活实际和生活体验。此后,"蒙台梭利热"急剧降温。

1911年,英国麦克米伦姐妹创办保育学校以后,美国受其启发,于1915年开设了第一所保育学校,这是芝加哥大学教授夫人团体自发地以集体经营的形式开设的。1919年,美国第一所公立常设保育学校成立,1929年成立了"全国保育协会",保育学校迅速发展到全国各地。

除此以外,美国还有一种托儿所(日托所)幼教机构。它是为幼儿园年龄之前的幼儿(2—4岁)设置的,主要是作为母亲福利的辅助手段,为儿童提供身体方面的照顾,保育为主,教育因素很少。

第二次世界大战后,美国工业飞速发展,贫富差距越来越大。1964年,美国政府宣布"向贫困宣战",提出要使贫困儿童获得与富裕儿童同等的受教育的机会。1965年秋,美国开始在全国范围内实行"开端计划",这是为实现学生教育机会均等目标而实行的一项重要计划。具体计划是:由联邦政府拨款将贫困而缺乏文化条件的家庭中4—5岁的儿童免费收容到公立特设的学前班,进行为期数月至一年的保育,以消除他们与其他儿童入学前形成的差距,实现"教育机会均等"。不可否认的是,开端计划的实施大大促进了美国学前教育的发展。

20世纪50年代末,世界处于技术革新时期,加之受到苏联"人造卫星上天"的冲击,美国开始反省本国教育的失误,而结构主义理论倡导者布鲁纳的主张,对学前教育的智力开发和科学教育产生了深远的影响。在转向重视幼儿智力开发的新形势下,蒙台梭利教育在美国重新得到重视。1960年,美国"蒙台梭利协会"重新成立。进入20世纪80年代以后,蒙台梭利教育更加深入人心,并由学前教育领域逐渐向中小学、向公立学校扩展。1989年蒙台梭利教学法已被60个地区的110所要公立学校采用。

1963年,美国科学促进协会在科学工作者和教师共同协助下出版了适用于幼儿园和小学低年级的《科学教育新闻》,主张在学习科学的过程中,为使儿童获得一定的基础技能和能力,提供一些经验是十分必要的。广播电视节目"芝麻街"主要是面向学前儿童,通过每天一小时的幼儿节目,快速反复地教幼儿数数(1—10),识别字母(A—Z)和图形,深受广大幼儿喜欢。

1969年，美国设立了"儿童发展局"，进一步强化政府对学前教育的领导和统筹职责。许多州专门设立了学前教育协调员或顾问，负责各州学前教育事宜，包括学前教育规划、资金分配、对幼儿师资的管理、学前教育质量评估等。当地政府的卫生局和教育局等部门负责监督学前教育机构，对防火、卫生、教师资质等各项目都有明确的标准。

继1979年国会通过儿童保育法之后，1988年国会又通过了《中小学改善修正案》和《家庭援助法案》。后者规定：凡接受政府津贴的家庭由政府发给幼儿入托费。20世纪90年代，国会又通过《儿童早期教育法》《儿童保育和发展固定拨款法》和《先行计划法案》，有力地推动了学前教育的改革与发展。

1989年，美国构想了著名的《美国2000年教育目标法》，1994年获得国会通过，成为正式法律。这是美国学前教育标准化运动的重要标志。根据该法，美国学前教育标准应该包括内容标准和执行标准。内容标准必须指明学生应该学习而且能够掌握的内容是什么；执行标准是关于内容标准执行情况或完成程度的评估标准。为了最终核定学前教育国家标准，该法案还提出了十条评判标准。全国性学前教育标准的制定，指明了学前教育课程发展所必须遵循的共同标准和方向，有助于统一美国各州或各地方学前教育的水准。

三、日本学前教育

1868年，日本明治维新之后，明治政府广泛学习西方教育，提出"富国强民""殖产兴业"和"文明开化"三大政策，开启了日本近代教育史上第一次教育改革。

1872年8月，明治政府颁布了《学制令》，标志着日本近代学制的诞生。《学制令》中第22条规定，幼稚小学可招收六岁以下的男女儿童，实施入小学前的教育。1876年，东京女子师范学校附属幼儿园成立。这是日本模仿欧美国家创办的第一所公共学前教育机构。这所国立幼儿园直属文部省管辖，首批招收3—6岁的幼儿75人，按年龄分班，园舍为设备完善的西洋式建筑，监事（相当于园长）关信三精通英语，其翻译了《幼儿园记》。这本书成为日本当时关于幼儿园教育的重要著作。该园以"发掘学龄前儿童的天赋知觉，启迪其固有的心智，滋补其健全的体魄，使其通晓交际情谊，具备良好的言谈举止"为目的，教育观念和方法完全受德国教育家福禄贝尔的影响，成为后来日本各地幼儿园仿效的样板。1877年，该园制定了幼儿园规则，给日本各地的幼儿园以巨大的影响。

为了能以少量经费设置和经营幼儿园，促进幼儿园的普及，文部省于1880年发表了关于幼儿园的新思路，认为幼儿园的办园方向应该以接纳所有幼儿为本。1882年文部省宣布了指示："提倡无论城乡都有条件设置简易的幼儿园。"从而使简易幼儿园迅速发展。

1893年，日本第一个常设托儿所"新潟静修学校幼儿保育会"在新潟市开设。以劳苦大众的孩子为对象，旨在为不幸儿童提供良好的环境，施以教育，缓解社会矛盾。第一次世界大战以后，日本出现了公立托儿所。1920年内务部设置了社会局，将托儿所机构作为儿童保护工作之一，列为其行政工作的一个部分。至此，日本学前教育机构的二元制幼儿园和保育所初见端倪。

1941年太平洋战争爆发以后，整个日本进入战争状态，日本学前教育发展严重受挫。战后，日本在美国的直接干预下进行了一系列民主改革，这是继明治维新改革之后日本教育史上第二次教育改革。日本政府先后颁布一系列相关法令、大纲等，使日本幼儿园和保育所的发展都有了明确的规范。

1948年3月，日本文部省颁布了《保育大纲》。该大纲以美国的儿童中心主义和自由教育为指导思想，注重幼儿的本能需要和直接经验，实行综合教育，把广泛的生活内容作为儿童的教育内容，还列举了一天的标准保育内容作为战后学前教育的模式。

20世纪50年代，日本受国际大环境的影响，也开始注重英才教育和早期智力开发，在小学阶段建立了严格的考试制度，对幼儿园教育提出了新的要求。城市幼儿园开始加强知识教育和早期智力开发，在新形势下，文部省于1956年将《保育大纲》修改为《幼儿园教育大纲》。新大纲强调幼儿园教育和小学教育的一贯性，突出幼小衔接。修改后的幼儿园教育的课程内容设计和小学的分科教学十分接近。1964年，文部省再次修订并颁布《幼儿园教育大纲》，纠正了幼儿园教育小学化的偏差，重新要求根据幼儿的年龄身心特点进行全面发展教育，保持幼儿园教育的独特性，注意幼儿园教育和小学教育的区别，不主张进行读、写、算，重视游戏和各种活动的教育作用。

随着日本社会的家庭核心化、子女减少化趋势的出现，幼儿所处的环境发生了显著的变化。与此同时，家长对幼龄儿童的入园需求越发强烈，对幼儿园教育的期望更高了。这样的社会因素构成了日本幼儿园振兴计划的制定背景。

20世纪60年代以来，日本政府陆续推出了几项振兴幼儿园教育的重要计划。幼儿园振兴计划是指日本政府鉴于幼儿园教育的重要性和国民对幼儿园教育的强烈要求，为促进幼儿园教育的普及和充实而制定的幼儿园发展计划。在日本幼儿园三次振兴计划的推动下，日本学前儿童入园（所）率逐年提高。据统计，1990年，5岁儿童入园（所）率合计达94.6%，4岁儿童入园（所）率合计达89.9%。

1989年，日本根据20世纪60年代以来社会生活的变化和科技的发展，颁布了一个新的《幼儿园教育大纲》，提出幼儿园教育是通过环境来进行的，必须努力促进幼儿主体性活动，以游戏指导为中心，指导方法须适合幼儿的个体特点，将幼儿园的教学内容定为五大方面：健康、人际关系、环境、语言和表现。

1999年底，日本文部省决定对《幼儿园教育大纲》再次进行全面修订。此次改革倡导下列原则：一是培养儿童美好的心灵和丰富的社会性，以及对开放的国际化社会的适应性；二是培养儿童主动学习、主动思考的能力，推进体验的学习、解决问题的学习，重视培养儿童的好奇心、探究心、思维能力和表现能力；三是让儿童在宽松的教育中学习，打好基础，在有选择性的、个性化的教育中实现有特色的发展；四是设置综合学习课程，创造性地开展教育活动，创办特色教育和特色学校。

为迎接新世纪的挑战,2001年日本制定了《21世纪教育新生计划(彩虹计划)》,以"促进学校、家庭社区的复兴,学校变好,教育变样"为目标,强调要"自觉认识教育的起点源于家庭",重视家庭和社区的教育能力,提出了进一步推动和促进幼儿园和保育所的协作。

四、俄国(苏联)学前教育

18世纪下半期,俄国的封建农奴制开始解体,市民阶层对文化、教育的需求加大,西欧的资产阶级启蒙运动波及俄国。俄国女皇叶卡捷琳娜二世实行了一些开明政策,儿童慈善机构和教育机构从无到有地发展起来。

1763年,莫斯科开办了俄国第一所教养院和产科医院,教育家别茨考伊被任命为教养院的院长。教养院主要依靠以各种方法募集的慈善经费来维持工作。别茨考伊编著的《从初生到少年期的儿童教育论文选集》集中反映了他的教育主张。他企图通过教育改善社会,禁止体罚,重视德育和体育,主张依据儿童爱好来进行智育。别茨考伊将教养院的儿童分为2—7岁、7—11岁、11—14岁三个年龄阶段。2岁以前的儿童由保育员照管,2岁以后就转入"公共活动室",用适龄的游戏和劳动来教育这些儿童。

1837年,彼得堡一所名为"劳动妇女救济院"的慈善机构开办了一个"收容所",为外出谋生的母亲照顾孩子。1841年,彼得堡有6所孤儿院,共收容920名儿童。教养院和孤儿院事业一起,促进了社会弃婴和孤儿的收养问题的解决。

19世纪60年代,俄国出现了以废除农奴制为核心的社会改革运动。各阶层人士在要求沙皇政府改革政治和经济的同时,也主张改革文化教育。与此同时,福禄贝尔幼儿园运动波及俄国,这两种运动推动了俄国学前教育的发展。1860年,俄国设立了第一个幼儿园。1869年,在彼得堡发行了俄国最早的学前教育刊物《幼儿园》。1870年,在彼得堡、基辅等地成立了"福禄贝尔协会",开展了福禄贝尔的教育理论和幼儿园的运动。1871年,在彼得堡创立的福禄贝尔学院成为俄国最早的学前教育师资培训机构。1913年,俄国开始根据蒙台梭利体系创办幼儿园,1914年起,开始出版宣传蒙台梭利体系的书籍。

据1914年的统计,全俄学前教育设施总数为177所,儿童总数为4 550人,大部分是昂贵的私立教育机构。由于沙皇俄国对学前教育始终未给予足够的重视,俄国学前教育的发展落后于当时的西欧国家。

1917年,俄国爆发十月革命,沙俄政府崩溃,苏维埃社会主义共和国联盟成立,成为第一个无产阶级专政的社会主义国家,简称"苏联"。苏联非常重视公共学前教育,强调学前教育机构对学前儿童进行教育的优越性。儿童从年幼时期开始,就在集体中通过集体培养成为社会主义的新公民。苏联因此被称为在世界上首先开创了"儿童的时代"的国家。

苏维埃政权的建立,为彻底改造俄国教育与建立新的社会主义教育体制创造了条件。1917年,苏联公布了《统一劳动学校规程》和《统一劳动学校基本原则》,将学前教育的体系作为构成整个学校制度的要素之一。1919 年,第八次苏联共产党代表大会通过的党纲规定,为了改善社会的教育,解放妇女,应该建立托儿所—幼儿园等学前教育设施网。此后,苏联发展学前教育机构网的工作初见成效,在工会、工厂企业和各个机关内建立起一批幼儿园。

1926—1929 年,苏联进入社会主义工业化时期,企业向三班工作制度过渡,企业附设的学前教育设施增加了两班工作制和三班工作制,在工人住宅区的幼儿园,还设立了从早晨到傍晚托管孩子 12 小时的日班和寄宿制班,以适应社会工业化时期参加工作的母亲的需求。

1928 年,第一个五年计划开始实施,此后的十年间苏联的社会主义建设取得了飞跃发展,学前教育设施也得到爆炸性的增长。与 1928 年相比,1932 年城市的学前教育设施增长至原来的 5 倍,而农村的更是激增至 27 倍。为此,1938 年教育人民委员部制定了《幼儿园规程》和《幼儿园教养员工作指南》,统一了学前教育指导思想和工作方法。1944 年,教育人民委员会制定了《幼儿园规则》,对幼儿园的教育对象、幼儿园的性质和任务、幼儿园教育的内容和方法以及幼儿园的开设的问题一一做了规定。

第二次世界大战期间,苏联新设置了很多幼儿园,以适应学前教育的需要。1959 年 5 月 21 日,苏联公布了关于改革学前教育制度的决定——《关于进一步发展学前儿童设施及改善学前儿童的教育和保健工作的措施》。这个决定规定,创设统一的学前教育设施"托儿所—幼儿园",开始实行新的学前教育制度。新设的学前教育机构以满 2 岁为界限,未满 2 岁的婴儿由保育员负责,2 岁以上的幼儿由教养员负责。合并的"托儿所—幼儿园"的指导权和监督权统一于联邦共和国的教育部,卫生部则在儿童的保健方面负主要责任。1959 年以后,"托儿所—幼儿园"逐渐成为苏联学前教育机构中的主要类型。

1962 年,苏联公布了全新的综合统一的《幼儿园教育大纲》,将出生后 2 个月—6 岁的儿童按年龄段安排教学内容,将原来的婴幼儿(0—3 岁)和学前儿童(3—7 岁)互相分离的教育内容系统化、一元化了。

1970 年和 1978 年,苏联根据教育学和儿童心理学的最新研究成果,两次修订《幼儿园教育大纲》,以适应小学改革的情况,加强幼小衔接,强调智力开发。这个大纲可谓是世界上第一个综合的婴幼儿教育大纲,它对苏联托幼机构产生了深远的影响。

1989 年 6 月 16 日,苏联国家教育委员会批准和公布《学前教育构想》,开始了学前教育的第三次改革。这轮改革开始纠正偏重智力的发展趋势,强调儿童个性的全面发展,提出了新的"个性定向式教育策略"。当时苏联幼儿园教育实践中占主导地位的是教学—训导模式。而"个性定向式教育策略"强调教学的目的是促进儿童个性的形成,教师与儿童交往时应遵循"不平行、不在上,而在一起"的原则,以保证儿童的心理安全感,形成个性的萌芽。

1991 年末,苏联解体,俄罗斯迅速走上了私有化的道路。这种状况给俄罗斯的文化和教育事业带来了巨大的冲击。引入市场机制以后,教育机构出现了非国有化、教育民主化、人道化和非意识形态化等明显变化。学前教育的福利性质逐步向市场化发展。

1992年7月,俄罗斯出台了教育领域的根本大法《俄罗斯联邦教育法》。1996年,经过修改的《俄罗斯联邦教育法》生效。该法指出"教育的目的是造就独立的、自由的、有文化的、有道德的人"。

1994—1995年,俄罗斯联邦教育部学前教育司研制了学前教育标准草案,提出改革学前教育目标、教学模式和改善儿童发展环境的要求。

与此同时,俄罗斯联邦政府着力建构适应市场经济发展的新教育体制和办学机制。首先,改变了国家对教育机构实行统一管理的僵化模式,把权力层层下放,赋予地方更多的自主权。其次,充分考虑和尊重民族、地区文化、经济发展的差异。再次,让家长、社会团体和企业等参加幼儿园教育委员会的工作,与学前教育机构一起制定教育计划,选择教育内容,共同实施管理。

在新的教育体制和办学机制促进下,俄罗斯学前教育机构的设置越来越多样化,主要有四种形式:托儿所(招收0—3岁儿童)、幼儿园(招收4—6岁儿童)、托儿所—幼儿园联合体、家庭托儿所(祖母在家照看孩子)。大多数由政府组建,少数由企事业单位兴建。

学前教育机构中的教学不再以上课为基本形式,而是以教育人道化为宗旨,利用游戏及合作教育等发展儿童的积极性,促进儿童的个性充分发展。一日活动主要由游戏活动、教学活动、特殊活动、交往活动和自由活动五个方面构成,更加注重儿童体育,个性定向型相互作用的教育模式正在成为一种趋势。教师注意挖掘儿童自身的潜力和积极性,鼓励儿童创造性地对待自己所要完成的活动。同时,教师以故事、情节游戏、角色游戏和儿童的即兴表演的方法进行教学,努力创造儿童情绪得以充分满足的环境,从而克服僵化的"填鸭式"教学。

学习小结

人类由原始社会进入文明时代,是由古代东方率先开始的。古印度、古埃及古希伯来与原始社会比较,社会结构、家庭结构、生产关系发生了巨大变化。与此相对应,学前教育在教育性质、教育内容、教育方法等方面都有了根本的不同。古代西方的学前教育以古希腊为代表。其中,形成了斯巴达及雅典两种不同的教育模式,前者注重军体及相应的性格训练,后者注重和谐发展教育。

在西欧的中世纪,原罪论盛行,对于学前教育,则表现为对学前儿童身心特点的无知和对他们的严苛。到了文艺复兴时期,在人文主义精神指引下,教育以人为中心,淡化宗教神学,开始研究、探讨儿童的身心特征。

英国是西方最早出现社会学前机构的国家,其幼儿学校对于推动欧美乃至世界的学前教育运动起到了不可替代的作用。1870年,英国颁布了《初等教育法》,要求保障 5 岁儿童接受义务教育;20 世纪下半期以来,英国学前教育得到了较快发展,学前教育科学化进程不断加强,政府对于学前教育进一步重视,学前教育法制化特征明显,学前教育师资专业化程度大大提高。

近现代史上,美、苏(俄)、日的学前教育在世界学前教育发展史中扮演着重要的角色。美国在引进英、德幼儿学校和幼儿园的基础上,通过创办公立幼儿园和进步主义学前教育实验,逐渐形成了自己的特色,并对欧亚多个国家产生影响。20 世纪下半期以来,美国学前教育无论在公平制度的设计上,还是在课程开发上均处于世界领跑者的地位。社会主义国家苏联建立的学前教育机构网所发挥的双重作用为发展社会经济,解放妇女做出了很大的贡献,其学前教育模式对于其他社会主义国家产生了深远的影响。日本在第二次世界大战后,由政府主导掀起的多轮学前教育振兴计划成为政府责任发展学前教育的示范。

复习与思考

1. 简述古代埃及的学前教育。
2. 分析古代印度婆罗门教与佛教学前教育的不同之处。
3. 试析古代斯巴达及雅典学前教育的主要特点和成因。
4. 试述古代罗马学前教育的主要特点。
5. 西欧中世纪主流的儿童观是什么?分析其成因。
6. 简述近现代英国学前教育的发展情况。
7. 试述 20 世纪美国学前教育的发展状况以及对世界产生的影响。
8. 评析苏联学前教育的特点。
9. 试述日本 20 世纪 60 年代开始的四次学前教育振兴计划的内容与意义。

思维练习

1. 根据本章所学,自选一个国家,做一个纵向的学前教育发展史的知识图表。
2. 分析学前教育发达国家的成因,提出进一步加快我国学前教育事业发展的建议。
3. 梳理世界学前教育思想及理论发展的脉络,以历史的眼光,审视今天主流的幼儿教育理念。

知海拾贝

丹麦幼儿教育的核心价值

丹麦议会通过了一项新的国家"日托关爱法案",确定的三个目标领域分别是"为有孩子的家庭增加灵活性和自由选择""为所有儿童提供更好的学习和福利以及连贯的儿童生活""通过专业性和清晰的领导获得高质量"。新法案重新明确和强化了幼儿教育的这些基本理念:

一、玩是关键(Play is key)

"游戏是儿童的天职"是幼儿教育的名言;在丹麦的所有幼儿园,这也是一个基本现实,"玩中学"(Learning by play)的概念深入人心。

丹麦幼儿园最显著的特点,就是大量的户外活动,无论刮风下雨、冰雪严寒,儿童每天必须在户外活动2小时以上,下雨则穿着特制的雨衣。他们的一句名言是"没有不好的天气,只有不对的衣服"。

在游戏和户外活动中,儿童不但可以强健身体,提高身体活动的能力,而且要学习自我照顾、合群、交流、克服挫折、解决冲突等。

丹麦幼儿园对游戏的态度,与我们所说的"寓教于乐"有所不同,"寓教于乐"的出发点是教育,而用玩乐作为包装。而"玩中学"重视的是孩子真正的玩,学习只是自然的后果。

然而,近年来由于科技革命和PISA测试带来的"教育恐慌",社会上对儿童以玩为主的教育方法产生质疑,担心会降低教育质量和竞争力。新法案重申和确定这一价值,意义重大。这也是基于科学研究的结果。这意味着要清楚地认识幼儿教育的短期和长期效益,应当追求的不是赢在起点,而是赢得未来。

二、关注孩子的权利和影响

在孩子看来他们自己是有独特价值的,这是对个体和个性化的关注。由于儿童生而不同,因此不应追求整齐划一和标准化,孩子有权不高兴,有权选择不参与活动,有个人的兴趣爱好,老师需看的只是看到TA、陪伴TA。

因而,丹麦幼儿园最常用的概念是接纳、包容,相对而言,这是我们不常用的。

一位丹麦教授介绍他发现的两国幼儿教育的异同,虽然难免以偏概全,但还是很生动的:

(1)丹麦老师关注每个儿童的说法,中国老师则倾向于关注表达最好、做得最好的孩子。

(2)丹麦的儿童教育是过程导向,关注每一个孩子的参与和情绪,结果并不重要;中国则是结果导向,要求圆满地完成教学任务。

(3)丹麦的幼儿园孩子与老师相互尊重,合作完成活动,中国老师则是教导和

维系孩子的纪律。

（4）丹麦的老师认为孩子天生不同,每个人应该做自己;中国的老师认为每个孩子都应该做到最好。

三、整体的幼儿教育观

加强儿童早期教育的重要理念,既包括培养"完整的儿童",而且强调"所有孩子必须是社区的一部分",从而将幼儿教育置于家庭、环境和社区的整体发展之中。这意味着儿童应当通过多种形式,包括在日常生活中学习和发展。

这种关爱不仅仅是提供财政支持,而是致力于创建一种"健康生活"。从怀孕开始就关怀、跟踪父母的状况,在孩子出生的头五个月要进行四次、五个方面的支持和指导,从而正确地开启一个儿童的人生,培养未来良好的公民。

在丹麦最常见的,就是孩子在幼儿园、公园、绿地等公共场所"疯玩",攀爬、登高、旋转、巨大的秋千等,足令中国的家长和老师心惊。

此外,是父亲的作用。儿童的户外活动很多是由父亲陪伴的。丹麦的夫妻享有两人累计为一年的育婴假,于是许多父亲可以带着孩子四处溜达,酿成一种社会性的"暖男"文化。

（杨东平:中国教育三十人论坛）

第五章 学前教育与社会发展

微信扫一扫
观看微课
线上练习

学前教育与社会的关系是学前教育学基本问题之一。学前教育是人类社会基本实践活动,它与各种社会因素存在着复杂、多边的相互交织关系。具体而言,学前教育与社会经济发展、政治制度、传统文化,乃至教育、科学技术、社区、家庭等,都有着密切的关系。

学习目标:

1. 认识学前教育与经济的相互影响关系。
2. 认识学前教育与政治的相互影响关系。
3. 认识学前教育与文化的相互影响关系。
4. 分析当今我国学前教育事业发展与政治、经济、文化的关系。

关键概念:

学前教育与经济;学前教育与政治;学前教育与文化

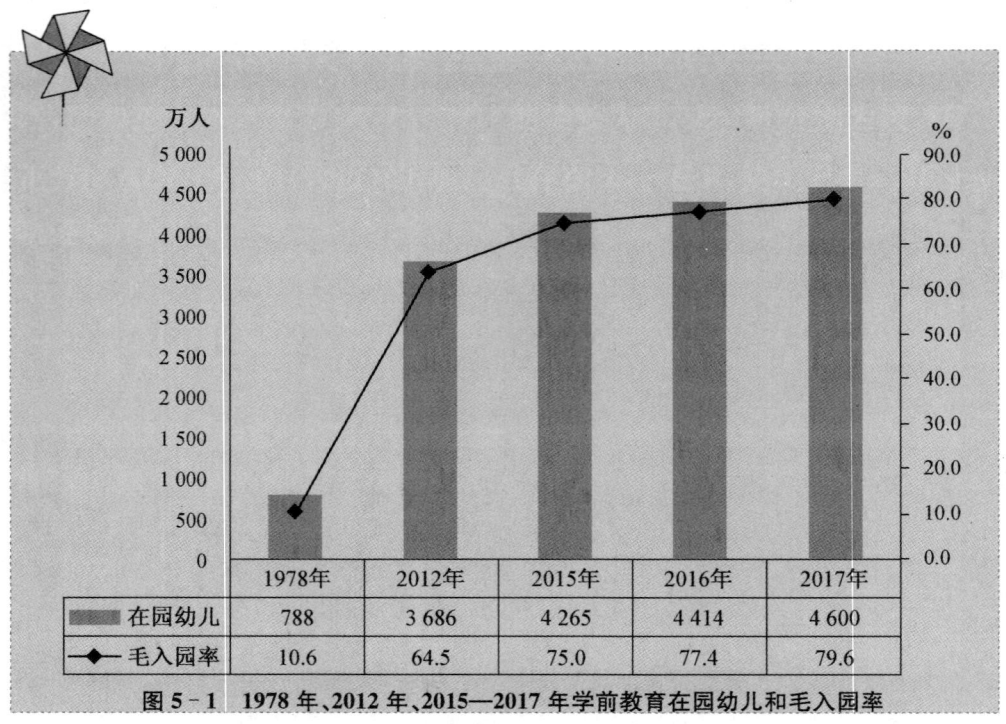

图5-1 1978年、2012年、2015—2017年学前教育在园幼儿和毛入园率

2017年,中国共有幼儿园25.50万所,比上年增加1.51万所,增长6.31%。学前教育入园儿童1 937.95万人,比上年增加15.87万人,增长0.83%;在园儿童4 600.14万人,比上年增加186.28万人,增长4.22%。幼儿园教职工419.29万人,比上年增加37.50万人,增长9.82%;专任教师243.21万人,比上年增加20.01万人,增长8.96%。学前教育毛入园率达到79.6%,比上年提高2.2个百分点。

(教育部)

第一节 学前教育与经济的关系

根据世界银行的研究报告,投资儿童早期发展和教育可能是提高中国下一代人生活水平的最具成本效益的方式。
——黄爽、霍力岩:《学前教育学理论与实践》

学前教育是一种社会实践活动,是社会系统的组成部分。学前教育是在特定的社会环境中产生和运作的,它的发展要受经济、政治、文化等社会其他子系统的影响和制约。

经济是人类社会的物质基础,是构建人类社会并维系人类社会运行的必要条件。在这里,经济主要是指一个国家国民经济的总称或社会生产关系的总和,是生产力和生产关系的统一体。学前教育与经济的关系,主要表现在以下两个方面。

一、经济对学前教育的影响

(一)学前教育机构的产生和发展受经济发展的影响

1. 经济发展促进社会学前教育机构的产生

原始社会生产力低下,儿童很早就要参加成人的活动,他们在劳动和日常生活中接受教育,因而不需要专门的学前教育机构。随着社会的发展,劳动日益复杂化,幼小的儿童无法直接参加劳动,必须先接受一定的培训。在奴隶社会和封建社会,社会生产方式主要是小农经济和小手工业经济,以畜力操作和手工操作为主,年轻一代不需要特殊的技术上的准备就可以参加社会劳动。所以,没有社会化学前教育发展的经济动因,学前教育一直处于家庭学前教育的状态。

15世纪英国的圈地运动使得大批农民聚集于城市,这些贫民子女的保育问题被提上日程,出现了一些贫民儿童保护和养育设施,这是近代欧洲学前教育设施的胚胎和根源。18世纪60年代,第一次工业革命的到来,一方面使得生产力提高,社会物质财富增加,为专门的社会学前教育机构的产生提供了物质基础。另一方面,工厂的发展使得女工数量急剧增加,儿童无人照料,学前教育机构应运而生。英、法、德、美等国相继建立了儿童学校、保育学校、母育学校等学前教育机构。

2. 学前教育机构的发展受经济发展制约

学前教育机构的设置和发展,需要一定的人力、物力和财力,这与经济发展的水平直接相关。另外,经济发展水平影响社会对学前教育的需要。一般而言,经济水平较高的国家和地区,儿童入园率较高。20世纪上半期,我国经济发展缓慢,幼儿园建立比较晚,先是在沿海经济发达地区建立,发展也较慢。新中国成立后,随着经济的不断发展,学前教育才有了较大的发展,幼儿园数量、儿童入园率和幼儿教师数量有了较大提高。

新中国成立以来正反两方面的经验教训,说明学前教育的发展,尤其是学前教育机构的设置必须与经济发展水平相适应。比如,1958年,全国幼儿园由1957年的16 400余所激增至695 000余所,增长了42倍,而工农业生产总产值1958年比1957年只增长了18.2%。幼儿园的发展缺乏相应的经济基础。1961年后,许多幼儿园停办,幼儿园数量又恢复到1957年的水平。

另外,从我国各地区学前教育的现状来看,经济发展与学前教育的发展成正比关系。目前,上海基本普及学前三年教育,2015年的儿童入园率达到百分之百,大专及以上学历的幼儿园教师达到95%以上。市民对学前教育提出更高的要求。0—6岁一体化的教育成为上海市学前教育发展的新目标。

(二) 学前教育的任务、内容、形式、手段等受社会经济发展水平的影响

不同形态的社会,经济发展水平不同,对未来劳动者的素质要求也不同。这便导致学前教育的任务、内容、形式、手段也不尽相同。

经济的发展能够创造更多的物质财富,为丰富教育内容、更新教育手段提供条件。自1840年福禄贝尔创办幼儿园、制定幼儿园教育内容、设计"恩物"以来,在经济发展的影响下,学前教育的内容和手段有了很大的变革。在教育内容方面,扩大了认识社会环境和自然环境的内容和要求;注重儿童想象力、创造力的培养;进行了儿童学习音乐、绘画、阅读和外语的实验。在教育手段方面,寓教育于一日生活中,丰富了儿童的游戏种类和内容;运用了录音、幻灯、多媒体教学系统等现代化手段。

综上所述,学前教育的发展以经济发展为物质基础,受经济发展水平的制约。但同时,学前教育对经济发展也有一定的直接或间接的影响。

二、学前教育对经济的影响

学前教育对经济发展的积极影响主要是以培养合格人才来实现的。从小培养幼儿健康的身体、动手动脑的能力、广泛的兴趣、活泼开朗的性格、良好的品德和习惯,能为他一生的发展奠定良好的基础。20世纪60年代以来,心理学、脑科学、教育学和社会学等方面的众多研究,揭示了学前教育在人一生发展中的重要作用以及经济价值和社会效益。

美国追踪长达 30 余年的"高瞻-佩里计划"(The High/Scope Perry Preschool Study)研究表明:接受过早期教育的儿童与未接受过早期教育的儿童相比,前者的学业完成率高、就业率高、成婚率高,而犯罪率低。在学前教育上每投资 1 美元,可获得 17.07 美元的回报,其中 4.17 美元是对个体成长的回报,12.9 美元是对社会公共事业的回报。大量关于教育投入和回报的研究证实,学前教育是投资获益最多的教育阶段,能够产生巨大的社会经济效益。在学前教育上的投入,可以为国家日后节省庞大的社会教育费和社会福利费的开支。从对一国经济的整体贡献来看,如果增加学前教育投资,使学龄前儿童入学率提高一个千分点,就可以使人均 GDP 提高 0.36—0.58 个百分点。

另外,学前教育可以直接减轻家庭养育子女的负担,使家长全心全意投入工作,既增加家庭收入,也推动社会经济发展;高质量的学前教育可减少后续阶段的教育投入,间接获得经济效益。尤其是在实行计划生育国策的我国,每一个儿童都连接着一个或几个家庭,学前教育的质量成为家长关注的核心。众多事实表明,孩子能否健康成长和发展已成为决定家庭生活是否和谐幸福、影响家庭生活质量的一个关键性因素。在家长普遍重视孩子发展和早期教育的今天,学前教育质量更成为家长能否放心工作、安心学习的重要条件。

第二节　学前教育与政治的关系

建构免费和世俗的各级公共教育是国家的责任。
——法国《宪法》(1946 年版)

政治主要指国家性质,各阶级和阶层在政治生活中的地位,国家管理的原则和组织形态等,它包括政治观念和权力机构。这些构成要素都会对学前教育及其发展产生不同程度的影响和制约。

一、政治对学前教育的影响

(一)政治对学前教育性质和目的的制约

学前教育为社会培养人,对哪个阶级和阶层的子女进行教育,进行什么样的教育,要把他们培养成什么样的人,这些攸关学前教育的领导权、政策法规、学前教育制度等一系列的问题,主要是由政治来决定的。无论在何种社会形态,只要有阶层、阶级存在,就有掌握政权的阶级和被领导的阶级,掌握政权的一方在教育上也居于统治、主导的地位。社会形态不同,学前教育的性质也不同。

历史表明,学前教育改革发展的每一步都与当时当地的社会历史环境,尤其与政治背景息息相关。学前教育既要为社会政治服务,也不可避免地受到政治的制约和影响。政治对学前教育的性质、目的的影响,具体表现在以下几个方面。

第一,掌握政权者利用其拥有的立法权,通过颁布有关学前教育法律、法规政策和规章制度,决定学前教育的性质,实现其学前教育的目的。

第二,掌握政权者利用其拥有的组织和人事权力主导学前教育公职人员的选拔、任用以及他们的行为导向。

第三,统治者通过经济杠杆控制学前教育的发展方向,对办学权力进行严格控制。

(二)政治影响学前教育的发展

1. 政府对学前教育的重视与领导,是学前教育发展的先决条件

纵观各国学前教育的发展,我们可以看到,一个国家学前教育的发展状况与政府权力机关和职能部门的重视与否息息相关。法国的学前教育一直处于世界领先地位,究其原因,很重要的一点是政府历来重视学前教育,实行免费教育,并制定了一系列行之有效的规章制度。新中国成立后,特别是近些年,党和政府更加重视学前教育的发展,相继颁布了《国家中长期教育改革和发展规划纲要(2010—2020)》和《国务院关于当前发展学前教育的若干意见》,提出一系列加快教育发展的建议和措施。

2. 政治影响学前教育的财政

一方面,政治决定教育经费份额的多少;另一方面,政治决定教育经费的筹措。

学前教育的稳健发展是与政府在经济上的投入成正比的。西方发达国家家庭承担学前教育费用占学前教育费用的20%—40%,政府承担了大部分的学前教育经费。我国部分地区在经济发展的同时,保证了学前教育的相应发展,甚至是更快的发展。

为了确保学前教育经费,国务院《关于当前发展学前教育的若干意见》(国发〔2010〕41号)明确提出:各级政府要将学前教育经费列入财政预算;新增教育经费向学前教育倾斜;财政性学前教育经费要在同级财政性教育经费中占合理比例。

二、学前教育对政治的影响

教育虽然受社会政治发展的制约和影响,但它也对政治具有一定的影响。

学前教育和其他教育一样,对社会政治的影响主要是通过为社会培养一定人才来实现,表现在:

首先,学前教育通过影响学前儿童的思想观念而影响政治。学前教育机构向儿童传授体现统治阶级意志的政治观念和思想意识,使新生一代认同、服从现有的政治关系格局,维系和巩固原有的政治制度。

其次,学前教育通过为公民的培养奠定基础而影响政治。一方面,学前教育通过对幼儿社会领域的教育,使他们初步了解作为一个公民应有的基本行为规则,为今后成为合格的公民奠定基础。另一方面,学前教育也为未来政治人才的成长提供了充足的锻炼场所,为政治人才的成长打下了基础。

具体到我国的学前教育,其对政治的影响表现在:

第一,学前教育机构从国家利益和民族前途出发,对幼儿实施爱国主义、集体主义教育,用先进的思想和进步的意识形态影响幼儿。

第二,引导幼儿体验社会状态和所处的生活环境,奠定其树立正确的人生观和世界观的基础,为培养未来社会主义接班人奠基。

第三,学前教育为贫困和落后地区的幼儿提供公平的学前教育机会,有利于社会的稳定与和谐。

第三节 学前教育与文化的关系

"文化"是一个使用十分广泛因而定义比较宽泛的概念。通常说来,广义的文化是指人类所创造的物质财富和精神财富的总和;狭义的文化则专指人类创造的精神财富,即社会的思想、道德、科技、教育、艺术、文学、宗教、传统习俗等。

——黄人颂主编:《学前教育学》

学前教育总是在一定的文化环境中展开的,文化对学前教育的发展有很大影响;反过来,学前教育也会给文化的发展带来一定的影响。

一、文化对学前教育的影响

(一)文化对学前教育目标的影响

学前教育的目标既受制于社会政治经济的影响,又受到文化的影响。一定的文化传统,具有自己独特的伦理道德、风俗习惯、精神品格等,对该文化之下学前教育的目标的定位会产生直接影响。在我国漫长的封建社会,受到儒家文化的影响,教育的目标被定位于"明人伦",即"父子有亲,君臣有义,夫妇有别,长幼有序,朋友有信",其目的在于维护上下尊卑的社会秩序和道德观念。因此,对学龄前儿童的教育,其目标不是定位于儿童体、智、德、美的全面发展,而是界定在伦理道德教育的范畴之内。

(二)文化对学前教育内容的影响

教育的内容来自对文化的选择。在中国历史上,长期成为儿童读物的"三、百、千"等蒙学作品,所反映的主要是儒家的文化思想、伦理道德。另外,受"万般皆下品,唯有读书高"思想的影响,中国的成人习惯于把儿童看成光宗耀祖、光耀门庭的工具。在这种传统文化的影响下,教育历来重视道德教育、重视知识的传授,而忽视儿童自身对外部世界的主动探究。幼儿园的分科教学在我国曾经大行其道,便是很好的证明。随着西方先进的教育思想的传入和传播，人们逐渐认识到原来的课程设置、教育内容的不合时宜。

（三）文化对学前教育方法、手段的影响

文化影响学前教育的方法和手段。在西方中世纪的宗教文化中，儿童是生而有罪的，肉体是罪恶的渊源。只有实行严格的禁欲，对肉体进行惩罚和摧残才能摆脱罪恶。因此，戒尺、棍棒是那时教育儿童所必需的。文艺复兴和启蒙运动对人性和人权的呼唤，在教育界掀起了一股发现儿童、尊重儿童、理解儿童的思潮，儿童的存在价值及其不同于成人的独特的身心发展特点和规律得到认可和尊重，学前教育的方法、手段也发生了翻天覆地的变化。近现代教育家们都主张学前教育要顺应儿童的发展，教育方法由原来直接传递的"填鸭式"逐渐向启发引导式转变，儿童不再是被动地接受知识，"做中学"的方法在学前教育领域逐步普及开来。

二、学前教育对文化的影响

文化影响学前教育的发展，反过来，学前教育也会给文化的发展带来一定影响。主要表现为：

首先，影响文化的保存、传递、传播。学前教育有选择地继承文化遗产，保存现有文化模式，并借助课程形式，向受教育者提供适应社会生活的知识、技能、行为规范和价值观。现代学前教育还通过引导幼儿对多元文化的体验与了解，直接促进不同社会或地区文化的传播。

其次，影响文化的创造、更新。学前教育实践的发展，不断促进为幼儿开发的课程、教材、玩具、图书等用品的更新、变化，这本身就是文化的创新。而学前教育中的科研以及对受教育者个性和创造力的培养，都直接或间接地促进文化创新。

学习小结

经济与教育的关系是社会诸因素中尤为重要的因素，经济决定教育，教育反作用于经济。随着社会的进步发展，教育的发展愈加离不开经济的发展，而经济的发展亦离不开教育的发展和改进。学前教育同样如此。

学前教育与社会的政治关系密切。它受到政治的制约和影响，又从培养人的方面为政治服务。

现代社会里，各级各类教育都受到文化的影响，反过来也影响着文化的传承和发展，学前教育也不例外。

复习与思考

1. 简述经济对学前教育发展的制约作用。
2. 深刻认识学前教育的经济价值。

3. 简述政治对学前教育发展的制约作用。
4. 初步认识学前教育的政治价值。
5. 简述文化对学前教育的影响。
6. 初步认识学前教育对文化的影响。

1. 试从经济的角度,说服一个不愿意送孩子入园的家长。
2. 结合当前我国学前教育政策,理解政治与学前教育的关系。
3. 列举一些实例,说明文化与学前教育的关系。

1. 根据本章所学,理解学前教育与社会的政治、经济、文化的辩证关系。
2. 搜集布朗芬·布伦纳生态系统理论,理解儿童成长的微系统、内部系统、外部系统、宏观系统,能从下图中,理解儿童成长发展与环境的关系,从而进一步理解学前教育与社会发展的关系。

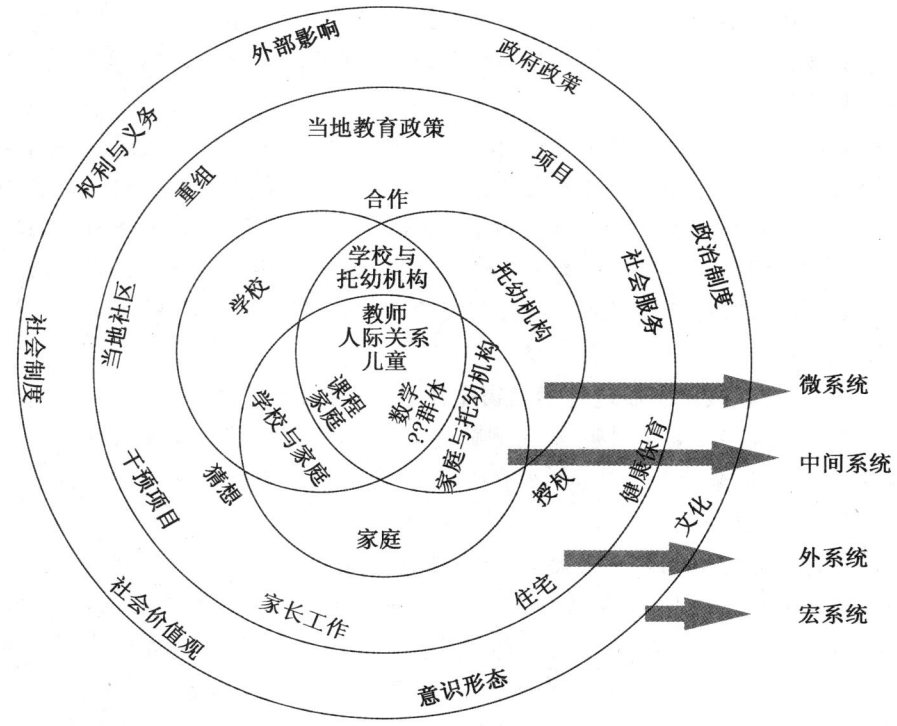

知海拾贝

幼儿教育状况频发背后的"真问题"是什么？

幼儿教育近年繁荣辉煌的同时，也出现了一系列不和谐状况，亦即与社会发展趋势不相适应的问题，试做如下分析：

问题一：幼儿教育大干快上如同工业建设的大跃进，强调标准化、规范化、一刀切

幼儿教育近年大干快上，如同工业建设的大跃进，强调标准化、规范化、一刀切，而且以城市中心导向，背离了一直以来实事求是、因地制宜的发展思路和"动员和依靠社会力量，多渠道多形式发展幼儿教育"幼儿教育事业发展方针。自2010年至今，三个学前教育三年发展规划的出台，并没有基于认真的调查研究，新规划出台也没能很好地总结之前工作的利弊得失，而是大干快上的发展思路。"上有所好下必甚焉"，各地加快上数字、扩规模。

教育是慢功夫，幼儿教育发展有着其特有的规律，要和社会发展趋势相适应，绝不能采取急功近利方式，指望立竿见影、药到病除，否则有可能引发预想不到的一系列问题。

问题二：幼教发展采取行政指令的方式，自上而下、单兵突进

幼教发展近年采取行政指令的方式，自上而下地大力推进，而未能够坚持社会事业发展的群众路线，数年间幼儿教育加速度，在创造辉煌政绩的同时，必然带来多重危机和问题。

社会转型中政府的职能定位没有能够向服务者、扶持者、综合协调者，以营造有益教育发展政策环境的方向转变和努力，而是较之前更强化了全能政府包办幼教的角色。幼儿教育是一项综合性事业，需要全社会关注，需要各个相关部门的广泛参与，建立联动机制（包括教育、民政、计生、妇联与社区等与儿童事业相关的各个职能部门），整合行政资源实行跨部门管理是一条必由之路，教育部门需要主动协调，而不宜单兵突进，各自为政。

问题三：幼儿教育发展过度崇尚物质技术，成为面子工程

幼儿教育近年的发展过度崇尚物质技术，不知从何时起，幼教竟然成了行政管理者的面子，而最需要关注的"人不见了"！大干快上的政绩观，必然"萝卜快了不洗泥"，常态化园所管理缺失。

近年新兴办的幼儿园日益豪华，民办园也以物质条件为唯一标准，制造了"最豪华的幼儿园在中国"。两年前我曾去了延庆一所新建的乡镇中心园，该园建造及装修斥资一千多万。市内某幼儿园甚至厕所吊了顶！所谓品牌幼儿园更奢华得无以复加，导致资源过度耗费和制造垃圾，完全不符合生态效应和可持续发展，更重要的是误导了社会公众，一轮轮的装修吸引眼球，以为好教育是用钱堆出来的,有好的高标准园舍就万事大吉。当年陶行知先生批评的中国幼儿教育的花钱病、外国病、贵族病,至今可说是有过之无不及。

问题四:幼儿教育窄化为幼儿园教育,关门办园,实施封闭教育

幼儿教育不等于幼儿园教育。但近年来,观念明显倒退,幼儿教育窄化为幼儿园教育,将二者混为一谈,同时关门办园,实施封闭教育。

充斥官方话语及主流媒体中所谓"示范园""优质园""优质教育资源""优质教育扩大辐射范围""学区房"等大行其道,以及似是而非的提法如"优质教育资源欠缺",完全违背常识,误导舆论与公众。

试验表明,幼儿教育更应以依托社区、就近便利的非正规方式发展,社会中大量因需而生的山寨园就是非正规教育,"小的是美好的"。非正规教育属于大教育范畴的概念,强调就地取材、能者为师,教育资源无处不在。

问题五:幼儿园定位偏差,政策本身仍需讨论

以上问题的出现与幼教事业发展方针及幼儿教育定位出现偏差,公益性、福利性缺失等观念误区密切相关。更有甚者,2016年新修订且正在全国贯彻实施的《幼儿园工作规程》中,幼儿教育福利性提法不见了,"保教幼儿"和"服务家长"的幼儿园双重任务的定位被取消。新规程的修订与出台前后没有能够广泛征求意见,引发充分讨论。"保教性"和"福利性"是学前教育的双重属性,而应以"福利性"为首,因为其更具根本性、基础性的功能。再有,幼儿园作为公共福利性机构,设施条件的配置与经费预算都应是最基本和最必要的,而不是高规格的。

以上分析可见,功利性政绩观及观念误区恐怕是幼儿教育发展中问题的根源。幼教工作者、办园者、专家和相关职能部门都应抱有对孩子、对幼儿教育起码的敬畏,不可以为所欲为。当下,迫切需要返璞归真、回归本源,需要认真梳理幼儿教育的历史,包括新中国成立以来幼教发展的历程和经验,重新思考什么是幼儿教育?幼儿园是干什么的?幼儿教师角色如何?与此同时,幼教行政也面临体制改革,需要调整职能定位以适应社会发展趋势。

幼儿教育是慢功夫,走得太快有可能丢失了本分和灵魂,更制造了一系列问题,功亏一篑,得不偿失。

幼儿教育发展需要天时、地利与人和。教育并非处于真空之中,幼儿教育更是涉及社会方方面面,务必摆脱"就教育谈教育"的窠臼,澄清其定位,回归群众路线,才能够实现正常而健康的发展!

(张燕:"学前教育的供给侧改革"专题研讨会上的发言)

第六章　学前教育与儿童发展

微信扫一扫
观看微课
线上练习

本章导学

学前教育是一种以人为对象的社会实践活动，它的教育对象是学龄前儿童。学前儿童身心发展的规律是教育的依据。所以，我们不仅要研究学前教育与社会的关系，还必须研究学前教育与儿童发展的关系。

学习目标：
1. 了解影响儿童发展的多种因素。
2. 认识学前教育对儿童发展的作用。
3. 认识儿童身心发展规律对学前教育的影响。

关键概念：
儿童发展；影响因素；身心发展规律

发现儿童，尊重儿童

关于教育家科扎克，我是后知后觉，因为这本《如何爱孩子》，才知道他在波兰是与肖邦、居里夫人齐名的教育家、作家、社会活动家，他的著述和思想，成为联合国《儿童权利公约》的思想基础。1978年，为纪念他的百年诞辰，联合国宣布当年为"国际儿童年"。2012年是科扎克逝世七十周年，波兰特别将该年定为"科扎克年"。

没有孩子，只有人

科扎克的重要贡献，是发现了童年的需求和权利。"发现儿童"是现代教育史上最响亮的口号，一个全新的起点。在上个世纪之交，蒙台梭利等教育家发现儿童的重心是认识儿童特点，把儿童当作儿童来对待。科扎克的发现则是"没有孩子，只有人"，也就是说儿童不仅是儿童，孩子和成人都是人类，强调理解、尊重和解放儿童。因此，如何爱孩子，怎么爱，什么时候爱，多少爱，为何而爱就会成为问题。

当面对一个具有无限可能的婴儿时，几乎每个母亲都会充满雄心勃勃的希望，施行的却是传统的惯习甚至陋习。爱成为一种施舍、一种强迫、一种交易甚至一场赌局。在科扎克看来，当你说"我的孩子"时，你已经错了；当你说"他应该要……我想要他……"的时候，你又错了。因为这孩子并不是你的，当他出生之后，"世界已经把孩子带走"。

科扎克相信"孩子并不是一块遗传所准备好的土地,等待我们播种、种出我们想要的东西。早在他出生之前,他的人格就已经成形,父母的工作只是在他成长的过程中支持他、帮助他"。"孩子不是彩票,不会天生就注定会赢来一张硕士证书或是剧院前厅的胸像。在每个孩子体内都有独一无二的火花,它可以点燃快乐与真实的营火。也许在十个世纪之后,它会引发天才的火灾,超越自己的民族,带给全人类崭新太阳的光芒。"

没有自我的孩子,没有健全的人生

科扎克书中所描写的爱的迷误,是我们司空见惯的。"我的孩子是我的所有物,我的奴隶,我房间里的小狗。我在他耳朵之间瘙痒,抚摸他的背,用缎带装饰他,带他去散步,我训练他,这样他就可以又聪明又整齐,而当他来烦我的时候:'去玩。去念书。去睡觉。'""当她以'为了孩子好'之名,实际上却是把她的野心、喜好和坏习惯强加到孩子身上,她让当母亲这件事变得堕落。"这不是某个人的过失,而是整个现代的教育方式都在"一步步按部就班地催眠、压制、用强硬的手段毁灭孩子内心的自由和意志",很乖,很听话,很好,很方便;却没有想到,这样没有个人意志、没有自我的孩子,是不会有健全的人生的。

在儿童的养育和教育上,科扎克有许多正见,也有不少"异见"。他反对对儿童的语言和肢体暴力,相信最熟悉孩子需要的人是孩子自己,赋予孩子们尊重自己意见和财产的权利,倡导平等对待儿童与成年人。他相信"孩子像成人一样有理解和推理的能力,只不过他们没有类似的经验而已"。因此,孩子应当和孩子在一起,而不应该关在家中。孩子会在自己的活动和实践中积累经验。"孩子想吃多少,就应该吃多少,不多也不少。"他说,强迫孩子在他们不想睡觉的时候睡觉,是一项犯罪行为。他身体力行地信任儿童,解放儿童。他在为犹太儿童创办的孤儿院任职三十年,孤儿院里设有"议会""法院""报社""公证处"等机构,鼓励孩子们自己管理自己。

没有童年的孩子,是没有未来的

一个没有童年的孩子,是不会有未来的。这就是科扎克的价值所在。他的伟大之处并不在于写了24本书和1 400余篇文章,他写的《马特国王一世》和《孤岛上的马特国王》深受儿童欢迎,被翻译成20多种文字;他毕生在儿童世界不遗余力地观察体悟,为儿童及其权利向成人社会请愿。他鼓励说:"老师啊,去当孩子世界的法布尔吧!"他认为"伟大的法国昆虫学家法布尔最令人称道的事迹是:他做出了对昆虫的重大观察,但是没有杀死一只昆虫……"他本人正是儿童世界的法布尔,却被人类的败类所杀害。

1942年8月5日,科扎克带领约200名儿童和数十名教师从华沙的犹太人聚集区前往车站,被押往德国纳粹的死亡集中营。孩子们紧紧靠在一起,拿着他们最喜欢的玩具和图书,举着马特国王一世的旗帜,走在最前面的男孩子们还拉着小提琴。

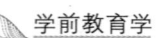

> 这一画面已经在历史定格。他的大爱所点燃的儿童心中独一无二的火花，正在"超越自己的民族，带给全人类崭新太阳的光芒"。
>
> （杨东平：《如何爱孩子》序言）

第一节 儿童发展概述

> 或是受之于自然，或是受之于人，或是受之于事物。我们的才能和器官的内在发展，是自然的教育；别人教我们如何利用这种教育，是人为的教育；我们对影响我们的事务获得良好的经验是事物的教育。
>
> ——[法]卢梭

学前教育要以促进学前儿童身心全面、和谐发展为目的，但学前教育要发挥这一作用，必须以理解并尊重学前儿童身心发展的特点为前提。学前教育和学前儿童发展之间的这一基本关系，是学前教育工作者必须厘清的基本问题之一。

儿童发展是多方面的，包括健康、认知、社会性和人格等。儿童的身心发展具有一定的规律性，不同程度地受到遗传、环境和教育的影响，其中学前教育对儿童发展起着特殊的作用。

一、儿童发展的含义和特征

（一）儿童发展的含义

儿童发展是指在儿童生长过程中，生理和心理方面有规律地进行的量变与质变的过程。

生理的发展包括身体形态、结构和功能两方面的生长、发育和成熟。一方面，整个身体和各个器官在体积和重量上发生变化，如身高与体重的增长、骨骼与肌肉的生长、牙齿的生长等。另一方面，还包括细胞、组织、器官和系统细胞的分化和功能的成熟。心理的发展包括心理过程各种机能，如感知觉、记忆、注意、思维、想象、情感、意志的发展及个性心理特征的形成。儿童的生理发展和心理发展是同时进行的，两者相互联系、相互影响、相互制约、共同发展。正常的生理发展是心理正常发展的生物基础和前提，而正常的心理发展也会进一步促进生理的发展。相反，无论哪一个方面发展的欠缺都会影响到另一个方面的发展。

（二）儿童发展的特征

1. 顺序性

儿童发展的顺序性是指儿童的生理和心理发展，都表现出一种相对稳定的次序、序列。例如,就身体整体结构的发展而言,头颅最先发育,而后是躯干,最后才是四肢。在骨骼与肌肉的协调发展中,首先得到发展的是大骨骼和大肌肉群,而后才是小骨骼和小肌肉群的发展。所以,在学前儿童行动能力的发展中,翻身、坐、站、走、跑在先,然后才可能有写字、绘画等精细动作的出现。

2. 不平衡性

儿童发展的不平衡性是指儿童身心各个方面呈现出不匀速、不均衡的发展状态,表现为:(1)儿童身心发展的速度不是匀速,在不同的年龄阶段,其发展的速度和水平是有明显差异的。比如,新生儿(出生第一年)和青春期(13—16岁)是儿童身心发展的两个高速发展期。(2)儿童发展过程中身体和心理发展并不完全的协调统一。就整体而言,生理成熟是先于心理成熟的。但就某个具体方面而言,也有可能出现心理能力不受生理成熟条件控制的情况。例如,3—5岁幼儿的语言掌握能力和记忆能力往往优于成年人的水平。(3)儿童身体各系统的发展也存在着不均衡现象。比如,在各个系统的发育中,神经系统的发育在胎儿期和出生后一直是领先的。

3. 阶段性

儿童发展的阶段性又称儿童发展的年龄特征,是指在儿童身心发展的连续性过程中,不同年龄阶段会表现出某些稳定的、共同的典型特点,这些特点在表现方式、发展速度与发展的结构方面,与其他阶段相比,都具有相当不同的特征。在学前期,儿童的发展一般存在以下四个阶段,依次是新生儿期(0—1个月)、乳儿期(1个月—1岁)、婴儿期(1—3岁)、幼儿期(3—6岁)。比如,婴儿期这个阶段主要在于身体的生长发育,其思维发展处于直观行动阶段;幼儿期则是智力发展和个性形成的启蒙时期,思维的明显特点是从直观行动思维向具体形象思维过渡。

4. 个别差异性

儿童发展的个别差异性指的是儿童发展在具有整体共同特征的前提下,个体发展的表现形式、内容和水平等方面存在独特之处,这种表现于个体发展方面的差异性,来源于个体遗传素质和生活环境的差别。例如,同样年龄的儿童在身高方面有明显的高矮之分;同样年龄的儿童也会有各自神经过程灵活性的差别,在学习中表现为注意力的持久性、知觉的广度方面的差异等。

二、影响儿童发展的因素

历史上,教育学家们对影响儿童发展的因素有不同的看法。其中,较为著名的有高尔顿的"遗传决定论"、格塞尔的"成熟势力说"、洛克的"白板说"、华生的"教育万能论"、安娜斯塔西的"相互作用论"以及皮亚杰的建构理论。他们都从某个角度来看待影响学前儿童发展的因素。儿童的发展是多种因素相互作用的结果,片面强调和夸大某一方面而否定贬低其他方面,都不能科学地解释儿童的身心发展。

(一) 遗传

遗传是一种生物现象,指由基因的传递,使后代获得亲代的特征。主要是指那些与生俱来的解剖生理特征,如机体的构造、形态、器官和神经系统的特征等。遗传在儿童的发展中具有重要作用。

(1) 遗传因素为儿童的身心发展提供了物质条件,是儿童发展的生物基础和物质前提。如一个生来就是全色盲的孩子,无法辨别颜色,更无法成为画家。

(2) 遗传素质的成熟程度影响着儿童身心的发展程度,儿童的身心发展水平以遗传素质特点和成熟程度为基础。比如,儿童的绘画能力发展水平以手的精细动作发展水平、手眼协调能力的发展为基础。

(3) 遗传素质的差异是构成儿童身心发展差异的重要原因。儿童的智力、个性、兴趣等具有个体差异性,这在很大程度上受遗传的影响。

总之,遗传在儿童发展中起到一定的作用,但它本身并不能造成发展,它只提供发展的可能性,而不能预定或决定儿童的身心发展。

(二) 环境和教育

环境是指个体赖以生存和发展的外在条件,包括胎儿先天的母体环境和个体出生后的家庭、社会环境。教育作为有目的地影响人的社会活动,是一种特殊的社会环境。环境和教育给儿童发展的影响表现在以下几个方面。

1. 母体环境对胎儿的影响

20世纪50年代以来,科学研究表明,母亲的健康、营养、情绪、疾病、药物等对胎儿的发育有着至关重要和深远的影响。

2. 环境和教育对学前儿童的影响

心理学的研究表明,丰富的刺激有利于新生儿的生长发育。美国的一项针对体重不足3—4磅新生儿的实验表明,在丰富的环境刺激下,这些新生儿在1岁时体重接近正常水平,而没有被提供环境刺激的一组新生儿1岁时体重较轻。

国外研究者对教育在学前儿童智力发展中的作用进行了很多研究,结果表明,教育对儿童智力的启蒙和发展有重大作用。美国心理学家布鲁姆早在1964年就提出早期经验与智力发展的科学假设:儿童4岁时智力发展已经完成了50%,8岁时达到了80%,剩下的20%在17岁以前获得;在智力发展较为迅速的时期,环境对智力发展的影响最大,儿童入学后学业成败很大程度上取决于早期经验。

生物学的研究表明,早期经验能改变脑的结构。过去,人们一直认为大脑的组织和结构是不可改变的。近几十年对动物实验和对人的研究表明,早期经验不但能改变动物和人的行为,还能改变大脑的组织和结构。

3. 个体的主观能动性

主观能动性又称自觉能动性、意识的能动性,是指个体在认识世界和改造世界中有目的、有计划、积极主动的有意识的活动能力。儿童发展除了受遗传、环境和教育的制约以外,还受个体主观能动性的影响。心理是大脑对外界事物能动的反映,儿童有自己独特的心理结构和特点,他们不是消极被动地接受外部环境的刺激,而是积极主动的学习者。正如瑞士心理学家皮亚杰所说,儿童心理的发展是儿童主动发展的过程;意大利教育学家蒙台梭利也强调,儿童具有吸收性心智,能够积极地从外部世界获取各种影响和文化模式,并有一定选择地进行吸收,成为他心理的一部分。心理学的研究也证明了这一点,即便是婴儿也有自己的视觉偏爱。

第二节　学前教育对儿童发展的影响

　　给我 12 个健康的、体型匀称的婴儿,让我在自己特殊的环境里培养他们成长,我保证随便挑选哪一个婴儿,都可以把他们培养成我所选择的任何一类专家……

——[美]华生

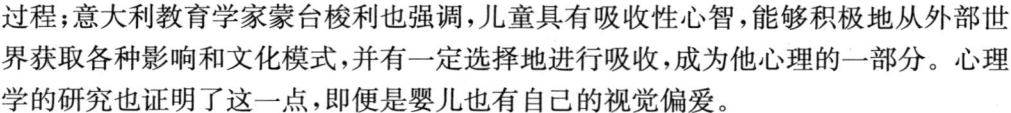

学前儿童的生存和发展离不开遗传和环境。但是与遗传、环境相比,教育在儿童的身心发展中具有独特的作用。学前教育通过保育和教育,影响和制约着学前儿童的身心发展。

一、学前教育影响学前儿童的身体发展

母体环境对胎儿的发展起着重要的作用,适当的教育和训练能保证胎儿的正常发育。

胎儿出生后身体的正常生长和发育也离不开文化因素,尤其是教育的参与。学前儿童生长发育迅速,可塑性强;各器官尚未发育成熟,柔嫩娇弱,易受伤害;身体形态结构没有定型。健康教育就担负着保健和身体锻炼的责任。合理的饮食、充足的睡眠和适当的体育运动能促进儿童正常的生长发育。

二、学前教育影响学前儿童的心理发展

学前儿童的心理发展包括心理过程各种机能及个性心理特征,适宜的学前教育能够促进幼儿心理各方面的发展。

学前期是儿童语言发展和运用的关键期,科学适时的教育能够促进儿童语言的发展。一方面,学前期儿童的发音和听觉器官还没有发育完善,培养和引导幼儿养成良好的卫生习惯,能对幼儿声带、耳膜起到保护作用。另一方面,儿童的语言是在运用过程中发展起来的。发展幼儿语言的关键是为他们创设一个使他们想说、敢说、喜欢说、有机会说并能得到积极应答的环境。研究表明,那些父母是聋哑人而自己听力正常的儿童,如果他们每个星期和正常的成年人交流 5—10 个小时,他们的语言能力便和正常语言环境下成长的孩子差不多。

适当的科学教育能促进幼儿智力发展,培养科学探究兴趣。首先,满足儿童的好奇心和探究热情,培养儿童初步的科学精神和态度。其次,使儿童在探究的过程中获

得解决问题的方法和策略,增进智力。最后,帮助儿童获得有关周围事物及其关系的经验。研究表明,儿童能够运用的知识90%是通过亲身实践得来的。另外,从世界著名科学家的成长过程来看,儿童时期接触科学对他们后来取得伟大的科学成就具有重要的作用。

早期音乐教育能促进幼儿音乐感知能力和音乐素质的发展。对成年专业音乐家的调查表明,音乐教育开始的时间越早,听觉能力发展得就越好。2—4岁开始接受音乐教育的人中,92%可能是获得绝对音高感;4—6岁时开始接受音乐教育的人中,这个比例便下降到68.4%;7—9岁组是41.9%;14岁组只有6.5%。适当的音乐教育还能激发儿童的音乐记忆能力。我国的研究发现,进入幼儿园不到半年的小班幼儿能表现出较强的音乐记忆能力。接受研究的77名音乐实验班的幼儿对所听到的6首律动曲都能迅速地再认,对相关的韵律动作也能基本正确地再现。

早期美术教育对幼儿心理发展具有重要影响。首先,能够满足儿童审美情感的需要;其次,能发挥儿童视觉感知的潜能,形成儿童敏锐的审美能力;最后,儿童在创造的过程中,身心都能得到彻底的放松和自由,有助于审美想象力和创造力的发展。

儿童个体从自然人到社会人绝非天然,学前教育在其转变过程中承担着最重要的使命。就儿童的道德发展来看,两三岁是儿童道德的萌芽阶段。此时,对儿童的良好行为给予肯定和赞扬,有利于幼儿将此行为转化为自己的良好习惯。心理学的研究表明,经常训斥、威胁或者做出讽刺性的评论,不利于儿童道德理解的发展。儿童道德观念的培养,可以通过物质环境、潜在精神环境的影响,也可以在一日生活中养成,还可以通过专门的教育教学活动和游戏来引导。良好的教育能够帮助儿童明辨是非,使他们懂得真、善、美,向往美好的事物。

第三节 学前教育受儿童发展的制约

> 要按照你的学生的年龄去对待他。首先,要把他放在他应放的地位,而且要好好地把他保持在那个地位,使他不再有越出那个地位的企图。
> ——[法]卢梭

学前教育能影响学前儿童的发展,但是,学前教育要发挥这种作用,必须理解并遵循学前儿童的发展规律,违背学前儿童身心发展特点的学前教育是不能起到正面的促进作用的,这是学前教育与学前儿童相互关系的另一种体现。

一、学前教育要以学前儿童为主体

学前儿童是学前教育的对象。在教育过程中,幼儿教师有目的、有计划、有组织地对幼儿施加影响,促进学前儿童的全面健康发展。幼儿教师的作用对学前儿童来说是外部影响,学前儿童要通过自身的活动来接受这些影响。因此,幼儿教师必须要以学前儿童为主体,以学前儿童为中心。

首先,幼儿教师要尊重学前儿童。一方面,要尊重他们的人格和权利,了解他们的兴趣和需要,听取他们的想法,使他们充分感受到自己是活动的主人。另一方面,幼儿在智力结构、发展速度、个性特征等方面各不相同,教师要平等地对待他们,关注个别差异,促进每个幼儿富有个性地发展。

其次,把学前儿童看成教育的主体,并不是放任幼儿自由地发展。幼儿教师要明确《纲要》中对幼儿教育的目标和要求,真正成为幼儿学习活动的支持者、引导者、合作者,有目的、有计划、科学地对学前儿童施加影响,促进每个学前儿童全面健康和谐发展。

二、学前教育要符合学前儿童的年龄特征和发展规律

不同年龄阶段的儿童具有不同的年龄特征,教育要符合儿童的年龄特征。

幼儿在出生后第一年中,身高和体重增长最快,身体各器官的结构和功能也处在不断发育完善的过程中。因此,在教养过程中,成人要精心呵护,合理喂养;还要为他们提供能够促进其认知能力发展的环境,尤其是玩具的提供。

1—2岁的儿童,活动能力增强,活动范围扩大,能够自主活动。这一时期成人要允许并鼓励儿童进行游戏和户外活动,注重各种动作的练习以及认识事物能力的培养,同时,重视他们活动积极性的培养和良好习惯的养成。

3—4岁的儿童身心都开始较快发展和充实起来,个性也逐步开始发展。这时的教育要注意以下几个方面:利用多种方式,如游戏、日常生活和多种操作活动来锻炼儿童的观察力、记忆力、想象力、注意力和思维能力,促进他们认知能力的发展;要创设条件,鼓励儿童与不同年龄阶段的孩子交往,并教育他们学习与他人交往相处的方法;充分利用一日生活的各个环节,帮助他们学习做力所能及的事,培养其良好的生活自理能力和习惯。

4—5岁儿童的心理出现较大的变化和发展,心理活动表现出新的特征,心理发展出现了质变。教育要注重培养儿童细致观察周围生活与扩大视野、增长见识、发展多种认识事物的能力。成人不应过分注重儿童表现与创造的成果,而应注重儿童在表现和创作过程中显现出来的认真态度、专注程度、坚持性特点,激发他们创造欲望,增强他们的自信。

5—6岁儿童的心理有新的发展。这一时期儿童虽然仍以具体形象思维为主,但抽象逻辑思维已经开始产生。这个时期教育的重点要放在生活自理能力、合作交往能力、语言能力、思维能力、判断能力、运动能力等方面的培养上。

学前教育在遵循儿童身心发展的顺序性和阶段性的同时,要注意儿童身心发展还具有一定的可变性。儿童身心发展的稳定性和可变性的关系是共性和个性的关系,教育既要以儿童身心发展的年龄特征为依据,又要考虑到个别差异性,因材施教。

学习小结

学前教育与儿童发展是一个复杂的、相互作用、相互制约的过程。

学前教育在儿童发展中具有重要的作用。不论是对胎儿,还是对婴儿,或是对幼儿,只要实施适宜于他们教育和训练,他们就能得到较好的成长和发展。

学前教育要符合儿童身心发展的规律,做到儿童化,不能"小学化"或"成人化"。教师在选择教育内容时,应从儿童的生活经验入手,把一些浅显的知识技能传递给儿童;教师在运用教育方法时,要尽量注意直观、生动,以激发儿童的兴趣。

复习与思考

1. 说明影响儿童发展的基本因素的作用及其相互关系。
2. 论述学前教育在婴幼儿身心发展中的作用。
3. 学前教育工作为什么必须考虑班级儿童的实际和个别儿童的特点?试以实例说明。
4. 结合自己的成长历程,谈谈学前教育在自身发展中的作用。

根据《孟母三迁》故事,讨论以下问题:
(1) 该故事能说明什么教育观点?
(2) 该故事可能产生哪些积极和消极的影响?
(3) 谈谈要促进儿童认知能力的发展需要怎样做?

1. 根据本章所学,理解学前教育与儿童发展的辩证关系。
2. 结合教育见习中的观察,评述某教师的儿童观和教育观。

玩耍和游戏是学习的核心资源

Saida Lynneth Solis,是哈佛大学人类发展和教育博士,哈佛大学教育研究院零点计划(Project Zero)的研究主管。她尤其着重于研究幼儿通过儿童实体物品玩耍探索科学现象、在跨文化环境中成长的儿童独特的游戏体验。

孩子们在学校学习不仅是传递知识的过程,还能促进人与人之间的交流,交流他们已知的知识和经验。

孩子们在玩耍的时候相当专注、放松和并且乐于接受挑战,他们会去尝试不同的、有意思的可能性,积极探索他们所处的环境和自然社会。研究表明,孩子们在玩耍中进行的探索,在未来可能就会付诸实践。

我们为什么会选择玩中学教学法呢?原因就是他们随着年龄的增长,可能会涉及更多复杂的"游戏",比如说电脑编程,弹奏乐器等,都可以成为"游戏"。

进行诸如此类有意义的玩耍,可以有效促进认知、社交、情感和身体的发展。在整个玩耍过程当中,还可以帮助他们去发展自己的技能,建立信心学到更多的知识,这些都得到了科学的证明。

更关键的是,在玩耍中学习可以帮助孩子们培养创造力,比如说我们可以让他们自己发现问题,找到方法,解决问题,他们会充分观察身边的人、材料还有社会环境,从而形成系统性的理解和观察,最后融汇成自己的见解。

与此同时,孩子们还可以在玩耍的时候与其他人建立联系。使他们的人际交往能力进一步提高。在进入学校后,学生们在通过儿时玩耍所收获到的各种各样的技能,可以帮助他们很好地融入学校的学习环境以及社会环境当中。当然学校的学习也可以帮助孩子们去建立一种尊重秩序、尊重规则的自制力,更好地控制自己的情绪、行为,帮助他们培养团队思维能力,这些都是孩子们应对不确定的未来所需要的能力。

但是我们又希望孩子们是可以安全的,可以传承文化;游戏当中,孩子们占主导地位,在学校,日程却是由成年人安排的。

2015年的时候,零点计划、乐高基金会和芬兰的比隆国际学校作为三个合作伙伴共同建立了玩中学教学法(Pedagogy of Play),旨在研究如何在游戏和学校中找到一个平衡点,将游戏和学习融合在一起,进一步讨论如何在游戏和学校之间找到一个平衡点,解决双方之间的悖论。

我们需要进一步提升一个认识,也就是说我们到底关注哪些问题,我们关注游戏如何培养批判性思维能力,还有就是基于学校的游戏化学习是什么样子,以及如何在学校培养和维持游戏化学习文化。

首先我们需要一整个学校的系统,学校要给教师使用玩中学教学法的机会,我们需要去玩,我们就能够把目的,学习的目的跟玩的目的联结起来;接着我们还需要成为学习的"拥有者",让学习者自主学习。同时让学生与学校之间建立联系,让学生与整个世界建立联系,这些都是很重要的。

在教师自己的课堂当中,教师们可以做哪些尝试呢?不论你是教师或者是学校的校长、教学督导,或者是课程设计者,都可以尝试不同的想法,让学生去玩耍,然后观察可以把什么新的想法带入到课堂当中。

通过玩中学教学法,通过游戏,我们会具备终身学习的能力,让我们自发地、主动地解决难题,并且把自己与现实世界联结起来,从而为社会做出自己的贡献,谢谢大家。

(Saida Lynneth Solis:2018"终身学习·积极教育"大会上的演讲)

第二编 学前教育要素

如果我们能在儿童身上发现人的素质,那么,我们也能在儿童身上发现种族未来的幸福。

——[意大利]蒙台梭利

第七章 学前儿童

微信扫一扫
观看微课
线上练习

本章导学

儿童观是幼儿教师实施幼儿教育的思想基础,直接决定着幼儿教育活动的质量,可以帮助学生正确看待儿童,树立正确的儿童观。理解、掌握0—6岁儿童的心理特征及教育要领,是做好幼教工作的基本保证。

学习目标:

1. 能够描述儿童观的演变。
2. 能够解释科学儿童观的内涵。
3. 能够描述0—6岁儿童的心理特征。
4. 能够讨论分析不同年龄阶段幼儿心理发展的水平。
5. 能够分析0—6岁儿童的教育要点。

关键概念:

儿童观;心理特征;教育要领

穿小西服的小女孩是一个什么样的孩子?

某乡镇的幼儿园里,一群孩子站在幼儿园搭建的一座低矮的小山上,从大概60—80厘米高的木架子上往下跳。有些幼儿教师认为,这样太危险了,一点也不安全。"孩子相互推挤,摔下来怎么办?""一个孩子跳在垫子上,还没站起来,另一个孩子跳下来砸到怎么办?""孩子跳不到垫子上怎么办?"故事在部分老师的担心中向前发展着。老师们之前的担心、害怕,在孩子们不断的"拆招"中变得有些尴尬,孩子们完全按照自己的节奏妥妥地处理着各种问题,紧张而有序。

这时,一个穿小西服的小女孩引起了大家的注意。在大家纷纷跳下来的时候,她一直在犹豫,其间小伙伴不停地鼓励她,甚至帮她出主意……小女孩最后选择了离开。

孩子们从木架子上往下跳,部分老师认为很危险、不安全,充满了担忧和害怕,但事实证明,孩子对自身的能力与是否能完成跳下去的行为之间能进行很好的判断和选择。

你认为穿小西服的小女孩是个什么样的孩子? 一般来说,很多人都会用"胆小、懦弱、不敢尝试、害怕困难"来形容,这已经迫不及待地给小女孩贴上了标签。

小女孩最终选择离开,也让那些认为通过鼓励和帮助,小女孩就能跳下去的人感到些许失望和不能接受。因为无论大家承认与否,我们在做出判断的时候都是以经验中隐藏的某种"标尺"为准,也就是说我们在潜意识里认为"敢于跳下去的就是勇敢的孩子,不敢跳下去的就是胆小的孩子;跳等于勇敢,不跳等于不勇敢",这样评价孩子对吗?幼儿个体之间存在巨大的差异,完全无视过程而寄希望于对结果"一刀切"式的评价,是不科学的儿童观的体现。

让我们从一种全新的视角来理解小女孩。

1. 她是胆小、懦弱的孩子吗?如果她胆小、懦弱,为什么选择站在木架子上面,这恰恰说明,她愿意尝试,不愿轻易放弃。

2. 她跳不下来是能力不足吗?如果她能力不足,跳下来可能会造成运动伤害,这是大家不愿意看到的。她选择不跳下来,不正是在自己的能力和要完成的行为之间做出了正确的评估,并坚定地执行,孩子不是很棒吗?

3. 如果孩子跳不下来,是不是说明教师很无能?小女孩经历了犹豫后,觉得自己现有的能力不足以完成跳下去的行为,并做出离开决定。由此推理,当有一天她觉得自己的能力足以完成跳下去的行为时,可能就会选择跳下去的决定。那么,作为幼儿教师,能不能不要一味地否定孩子的现在,替孩子规划"美好"的未来,而是理解、认可、接受孩子当下的状况,给她成长的时间和空间。我们要顺应儿童自身"内在自然"的展开,用儿童的视角来看待儿童的发展,让科学的儿童观指导幼教实践工作。

第一节 儿童观的演变与建构

教育是一个互动的过程,老师爱孩子,孩子爱老师。
——朱家雄、张亚军:《给幼儿教师的建议》

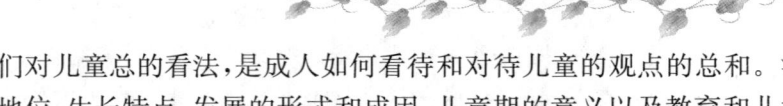

儿童观是人们对儿童总的看法,是成人如何看待和对待儿童的观点的总和。涉及儿童的权利与地位、生长特点、发展的形式和成因、儿童期的意义以及教育和儿童发展之间的关系等问题。儿童观实质上是一种关于人的观念问题。个体认识水平受历史发展的影响和制约,不同的历史时期有不同的儿童观。

一、儿童观的演变

儿童观虽然是人们的主观认识,但一定社会的儿童观,总要受到社会政治、经济、文化等因素的制约和影响。儿童观的内涵随着社会的发展而不断变革和更新。儿童观的演变大体可分以下几个阶段。

（一）古代的儿童观

原始社会，生产力水平极端低下，人们急切地希望儿童成为劳动者。儿童经过简单的训练后，便同成人一样进行生产劳动。因此，人们没有把儿童当作儿童看待，而仅仅当作氏族部落的未来成员。随着社会生产力的发展，进入文明社会后，教育从生产劳动中分离出来，人们开始重视儿童和儿童教育，但此时对儿童的看法依然是不科学的。在我国古代，儿童被看成国家和家庭的财产，所谓"父让子亡，子不得不亡"。儿童是未来的兵源和劳动者，是家族繁衍的工具，是父母的隶属物。

可以说，在古代，儿童的价值和权利并没有受到认可和重视，他们只是缩小了的成人。确切地说，那时候并没有明确的儿童概念。整个社会并没有从意识形态上把儿童和成人区分开来，没有明确认识到儿童期是生命发展过程中的一个特殊时期，需要特殊的精神生活。

（二）近代的儿童观

文艺复兴时期，人类意识普遍觉醒，人的价值、尊严、地位、智慧得到肯定。随着人性逐渐被发现，同样具有灵性的儿童也同时被发现。教育思想家伊拉斯谟认为，要研究孩子的自然能力和才智，不要想象他们的兴趣和成人一样，不要指望他们有小大人一样的举止。

17世纪，随着启蒙思想的兴起，英国出现了一种新的儿童观和教育观，认为儿童生来就是没有原罪的纯真无瑕的存在。卢梭否定儿童期仅仅是为将来的成人生活做准备这一观念，认为儿童具有不同于成人的精神生活，儿童是有他特有的看法、想法和感情的，儿童具有独立存在的价值。他提出，大自然希望儿童在成人以前就要像儿童的样子，人们应当尊重儿童，尊重儿童期。如果我们打乱了这个次序，就会造成一些早熟的果实。它们长得既不丰满，也不甜美，而且很快就会腐烂。我们将造就一些老态龙钟的儿童和年纪轻轻的博士。他的这种儿童观反映了自由资本主义时期儿童在自由、民主、平等、博爱的社会思潮中所处的地位，反映了人性解放的现实。卢梭的这一观点在儿童观演变史以及儿童教育史上具有重大意义，所以，人们常常把"儿童的发现"与卢梭联系在一起。

我国近代史上，国人在批评封建文化和封建礼教的同时，也极力把儿童从落后的旧文化中拯救出来，文学界形成了以儿童为本的观念。鲁迅、郭沫若、郑振铎等人便旗帜鲜明地揭露了封建文化对儿童的毒害，提倡儿童文学必须以儿童为本，以儿童为中心，遵循儿童的心理特征，服务于儿童。在教育领域，陶行知、陈鹤琴主张儿童有着不同于成人的独特的生理和心理特征，成人要了解、尊重、解放儿童，重视儿童早期发展和教育的重要性。

（二）现代的儿童观

继卢梭之后，教育领域出现"教育心理学化"运动，主张教育应以心理学规律作为依据，这也包括对儿童心理的认识。

19世纪末，尊重儿童的呼声日益高涨。如杜威、蒙台梭利，他们都强调尊重儿童,坚信儿童的发展潜能,主张教育应当在不违背儿童自然本性的前提下进行。同时,出现了空前的儿童研究盛况,出现了皮亚杰等著名的儿童心理学家,他们以科学方法研究儿童心理,揭示儿童心理发展的规律,创立了各具特色的儿童心理发展理论,为科学认识儿童丰富的心理世界做出了贡献。

20世纪对儿童的理解和尊重,反映在儿童地位和权利的确认及其法律保障的逐渐完善等方面。20世纪初,国际联盟通过的《日内瓦儿童权利宣言》,首次向全世界提出了保障儿童权利问题。1989年联合国大会通过了《儿童权利公约》,首次把国际社会保护儿童权利的思想转变成各国政府的诺言,对儿童的成长和发展负责,开始成为政府的职责和行为范畴,具有划时代的意义。1990年,世界儿童问题首脑会议通过了《儿童生存、保护和发展世界宣言》,并做了落实儿童权利的行动规划。

二、科学儿童观的内涵

科学的儿童观是指那些符合儿童本质的认识观点,由于认识总是发展的,因此,科学儿童观有一定的相对性。在当代,科学儿童观的内涵包括以下内容:

(一)儿童是人

儿童作为人,具有和成人一样的人格和尊严、一样丰富的精神世界、一样的差异性。儿童稚嫩、不成熟,这恰恰代表着人类发展的轨迹以及学习和发展的可能性。

(二)儿童是发展中的人

儿童不同于成人,正处在发展之中。一方面,儿童的身心是稚嫩的,各方面尚不完善,需要科学的、合理的照顾和保护。另一方面,儿童有巨大的发展潜能、被塑造和自我塑造的潜力,有自己独特的认识方式和成长特点。他们需要时间和空间去成熟与发展。

(三)儿童是权利的主体

儿童与成人彼此平等,具有相同的价值,法律赋予了儿童基本的权利。《儿童权利宣言》中肯定儿童和成人一样,应当得到人的尊重,享有生存、生活和学习的权利,成人和社会应当保障儿童的这些权利。《儿童权利公约》为保护儿童和保障其权利订立了一套全面的国际法律准则,其基本精神,即四个基本原则:

第一,儿童最佳利益原则。任何事情凡是涉及儿童,必须以儿童利益为重。

第二,尊重儿童尊严的原则。尊重儿童的人格和尊严,保障儿童生存和发展质量。

第三,尊重儿童的观点和意见的原则。

第四,无歧视原则。

(四)儿童期有自身的价值

儿童期不只是为成人期做准备,它自身还有不可替代的价值。儿童最终要长大成人,而成人是经过儿童的努力创造出来的。"儿童是成人之父",催促儿童尽快成熟、缩短儿童期是对儿童期自身价值的否定。

对科学儿童观的内涵,可以从三个方面进行理解。在认识儿童方面,要全面认识儿童,充分认识到儿童是独立的、有尊严的、具有精神生活需求的人,是具有独特发展规律的、存在个体发展差异的、不断发展中的个体;在教育儿童方面,要尊重儿童的受教育权和人格尊严,遵循儿童的天性和内在需求,关注儿童的精神世界和成长过程的幸福感,正确对待儿童的年龄特征和个体差异,平等对待每个儿童,正确理解教育与发展的辩证关系;在对待儿童期方面,要认识到儿童期是个体成长和发展的独立阶段,有其独立存在的价值和特有的成长规律,不能看作只是成人期的准备阶段,更不能把儿童当作"小大人"进行成人化塑造。

第二节 婴幼儿的心理特征与教育要领

我们在出生的时候所没有的东西,我们在长大的时候所需要的东西,全都要由教育赐予我们。

——卢梭

婴幼儿指0—3岁的儿童,包括0—1岁乳儿期和1—3岁婴幼儿期两个阶段。

一、乳儿期的心理特征与教育要领

胎儿出生后到满一周岁的一年中,一直在以顽强的生命力适应着从母体内到母体外生活环境的巨大变化。一般来讲,出生前的胎内环境是非常舒适和安全的,但出生后儿童生活环境就骤然巨变。新生儿面对变化万千的外在世界,必须学会依靠自己的身体独立进行维持生命的活动,还要适应多变的、多刺激的环境。这都需要新生儿付出很大的努力。就这样,在与外界环境的相互斗争、相互适应的过程中,儿童生存下来,并且获得了最终的发展。

(一)乳儿期的心理特征

在这一年里,儿童以最快的速度发育成长,从完全无力支配身体,不会翻身到独立站立并开始会走;从只有感觉活动到能听懂一些语言,会用动作、表情和声音表达自己的意愿,乐意参加社会活动;逐渐显示了在身体发育、精神和气质上的各不相同的个性。具体来说,包括生理发展和心理发展两个方面。

生理发展方面,在第一年里,儿童身高和体重增长最快,身高可增长20—25厘米,体重在一岁时则达到出生时的3倍。同时,身体各器官的构造和机能,也处在不断发育成熟的过程中;连接中枢神经和全身的植物性神经发育基本完成,神经纤维髓鞘化,正在迅速进行。

心理发展方面,婴儿一生下来就有了嗅觉、味觉和触觉,这是因为婴儿在妊娠末期就已经发展并完善了其嗅觉、味觉、触觉器官和能力,并具备了初步的嗅觉、味觉、触觉经验。另外,最新研究证实,胎儿在妊娠末期就已基本完善了其听觉和视觉器官,具备了初步的听觉和视觉。

儿童最早认识的是母亲(或其他直接抚育儿童的人)。最初和母亲的交往是在母亲哺乳时通过眼睛对看进行的。儿童对母亲的表情、动作和语言会做出积极愉快的微笑,发出相应的声音以及手足的活泼动作。这是最初人际交往的开始,是人类特有的交往需要的最早表现。半岁以后的婴儿就会表现出对亲人的依恋不舍和对陌生人的拒绝,这是乳儿社会认知能力发展的必然表现。这表明乳儿已能区别熟人和生人,对社会事物有初步的记忆力和辨别力,同时也是乳儿社会情感的最早表现之一。

婴儿半岁以后常常发出各种声音,但其实这不是儿童呼叫人,只是一些连续的音节,时而出现,时而消失。渐渐地,婴儿经过一定的训练,可按成人的语言指导,做出一些动作。这表明儿童开始听懂一些语词的简单含义。渐渐地,儿童也会自己发出一些声音表示意愿,并同时做手部的动作,让人帮助。1岁时,有的儿童会说少量的单词,有的能听懂一些话,但不会说,这些均属正常的语言发展。

(二) 乳儿期的教育要领

1. 给儿童以身体和精神上的满足

首先要给儿童提供身体上和精神上的满足感。充足而愉快的哺乳对儿童来说是十分重要和必须的。母亲要精神集中、心情平静、情绪愉快地给儿童哺乳。既要让儿童吃足、不催促,又要在哺乳过程中对婴儿伴以表情、动作、语言的沟通和交流,以强化母子情谊。

2. 发展儿童的基本动作

一岁以内的儿童全身动作发展变化很大,每个月都在明显地长进。应按儿童动作发展的顺序,为之创设相应的练习条件。需要提醒的是:要对儿童进行早期的爬行练习,爬行对放松全身,协调全身动作,增进儿童活动的主动性,以及扩大对环境的接触都是很有益处的,应尽量设法创造条件让婴儿在床上爬、地上爬。从4—5个月开始直到周岁后儿童都有爬的需要,早练爬行较好。但不要过早地让儿童被动地练坐,这将影响脊椎骨自然弯曲度的形成。最好多让儿童练习爬行,儿童可从爬的姿势转身为坐姿。

3. 提供适当、适量的玩具

发展视觉的玩具。如供悬挂用的彩纸、灯笼、彩衣、挂历、气球、吹塑玩具等。这些玩具都能够用于练习视觉集中和视线随物体移动,引起愉快的情绪。

发展听觉的玩具。如各种哗铃棒、手摇铃、拨浪鼓、橡胶或软塑的捏响或摇响的玩具、八音盒、能拉响的悬挂玩具等。可以培养儿童听力的集中和分辨,引起愉快的情绪。

发展手的动作的玩具。如摇铃、环状玩具、软硬塑料玩具、套叠玩具、小容器、积木、积塑、敲打玩具等。它们可以用来练习手的抓握,手眼协调以及够物准确性等能力。

发展站立和行走的玩具。如学步车、小围栏、小推车、球类、滚筒等。

娱乐玩具。如各种惯性玩具、骑的玩具、小熊打鼓、小鸡吃米、小猴爬竿等。这些玩具形象新奇诱人,有的还伴有声音或音乐,容易引起儿童的兴趣,增进愉快情绪。

家庭自制玩具。如家中的塑料瓶、盒、纸盒,不用的纸都是儿童手中的玩具。

图片与图书。

4. 音乐教育

出生后就可以开始让儿童听音乐了,这样有助于儿童听力、乐感的培养和心灵的陶冶。要选择安静、悦耳、短小、动听的乐曲,或反复地听熟一首乐曲,不要过多地更换。

5. 儿歌

说小诗歌给儿童听。有韵律的诗歌为儿童所喜欢,能引起他们听的兴趣。

二、婴幼儿期的心理特征与教育要领

(一)婴幼儿期的心理特征

动作发展方面,1—2岁儿童手眼协调和双手协调能力已有较好的发展,可以自己玩积木、积塑。对这种活动,儿童喜欢重复地做,而且独自玩的时间可在半小时以上。

认知发展方面,1岁半以前,儿童还不能很好地说话,但能理解成人的一些语言;1.5—2岁儿童,明显地开始说话了,也突然就会说话了。2岁以后,儿童已能用语言表达自己的需要、愿望和见闻。

社会性发展方面,1岁后儿童已有多种情感的表现,如喜欢、生气、伤心、害怕、得意、害羞等。这些情感的发泄对象是以母亲为主的周围成人。儿童的情绪表露是短暂的,只需成人及时掌握并和儿童一起去体验,便可起到安定儿童情绪、丰富儿童情感世界的效果。1岁后的儿童和母亲有亲密的交往关系,对母亲表现出依赖、听从、提要求、求帮助、寻求保护等关系。婴幼儿喜欢和小朋友在同一个环境中玩,喜欢和比自己年龄大的儿童玩;和小朋友玩时会经常发生抢别人手中的东西,抓、咬、推小朋友的现象。这些现象在这个年龄是不可避免的事情,不应看得过重或过虑,应尽量创造条件减少类似的现象发生。

(二)婴幼儿期的教育要领

1岁后儿童已经进入从环境中学习的阶段。儿童喜欢自由,不喜欢约束。游戏正是一种自由的、愉快的和具体的活动,儿童在这种活动中享受快乐,获得发展。这一年龄段的适合他们玩的游戏有:

促进其身心全面发展的游戏;练习运动的游戏;认识物品的游戏;练习创造的游戏;练习概念的语言游戏;认数游戏。

总之,凡事要教会儿童的知识概念,要儿童练习的能力和大小肌肉的动作,都可编入游戏,用游戏的方式组织儿童活动,实现教育的各种目的。儿童便可在轻松的、愉快的、感兴趣的玩乐中成长与发展，这是最理想的婴儿教育。

在保证儿童身体健康的情况下，父母还要带儿童到户外去活动，在自然环境中观察、玩耍，这都有助于增进身体的适应力和抵抗力。父母亲和儿童还要一起阅读图书和讲故事。这不仅可引起儿童对书的注意和阅读的兴趣，而且有助于密切关系，增进感情。

第三节　3—4岁儿童的心理特征与教育要领

即便是普通的孩子，只要教育得法，也会成为不平凡的人。

——爱尔维修

儿童到3岁可以说完成了人生第一个发展时期。常言说："三岁之魂，百岁之才。"正是说到3岁左右的儿童基本有了一定的发展基础。儿童发展到3岁，身心两个方面都进一步地成熟与充实起来，是走向具有个性的人生的起点。

一、3—4岁儿童的心理特征

（一）强烈的好奇心

3岁儿童对新鲜的物体情景和新的问题有浓厚的兴趣，能以认真的态度对待成人教他做的事，并且还有试着做的愿望。这一特点是3岁儿童接受教育的最好条件。

（二）同伴关系的发展

3岁儿童的社会性交往关系已不限于母亲和亲人之间，而是扩展到和同伴的关系上。他们很愿意和小朋友在一起。因此，儿童需要进幼儿园过集体生活。在幼儿园里，他们扩大生活圈子，结交伙伴，学习交往与相处，增长认识，发展能力。

（三）由行为和动作引起思维活动

大量观察研究发现，3岁以后的儿童总是先做后想，或者边做边想，而不能想好后再做。说明儿童是由动作引起思维活动，也说明了思维活动与动作活动不能分离。

（四）行为受情绪支配

3岁儿童的心理活动受情绪支配的作用很大，还不能用理智支配行动。行为受情绪支配，更多是无意性的。比如，儿童感兴趣的事情或活动就会激发其积极情绪，有了情绪就有了活动的积极性。

（五）喜爱模仿

在3岁以前，儿童已出现模仿性活动，但限于能力，模仿的活动还不多。3岁以后，模仿性的活动非常突出，他们模仿的多是一些具体的外部的活动或动作。例如，在家里,他们喜欢模仿大人的活动或动作,拿起手机假装打电话,用成人的口吻接电话。不可低估儿童的模仿性,他们正是通过模仿来学习的。

二、3—4岁儿童的教育要领

(一) 在游戏中发展儿童的认识能力

可将儿童认识的事物编成游戏,在儿童玩的过程中,让儿童自然地认识。例如,将旧画册上儿童熟悉的物体,如电视机、钟表、小车、动物、房子等剪下来,并各剪成两半,和儿童玩拼图游戏,拼成了让儿童说出名称。

(二) 发展儿童的人际交往能力

在安全的前提下,要让儿童和更多的人接触,在接触中练习交往,其中,应有成人,也有年龄不同的儿童。让儿童认识和各种人的关系,懂得用不同的称呼叫人,知道在各种环境和场合中和人怎样交往。在家庭中,应创造一些条件让儿童有机会和伙伴一起玩,如找一两个小朋友到家里玩,或让孩子到邻居家玩,发展儿童的独立交往能力。儿童只有在直接接触中,才能体验到自己和别人的关系,在接触活动中不断适应彼此关心,并学会怎样一起玩。

(三) 培养儿童生活自理能力和良好的习惯

3岁的儿童身体和手的基本动作已经比较自如了,能够掌握各种大的动作和一些精细的动作,所以生活自理能力的练习要在此时抓紧培养。培养儿童生活自理能力的意义还不限于能力的形成,而在于自幼养成独立和不依赖于成人的性格。在培养生活能力时,注意良好习惯的养成,譬如,吃饭时不玩玩具、不看书、不讲故事的好习惯。

(四) 正确对待儿童的"反抗行为"

3岁儿童可以按大人提出的要求去行动了,但又不是大人说什么他就去做什么,而常常是他们自己总想寻找机会来表现自己的身心能力。所以,一有机会便要采取独立的行动,儿童不知道什么是危险,什么叫不行。当成人意识到危险采取限制措施不让幼儿独立行动时,儿童就会表现出情绪烦躁不安和反抗。对待"反抗行为",成人要努力做到理解和满足:理解儿童独立行动的要求,尽量多地创造一些条件满足儿童做多种活动的要求。儿童的活动要求得到了适当的或充分的满足,自然地,"反抗行为"就会较少发生。

第四节 4—5岁儿童的心理特征与教育要领

> 幼儿有没有获得幸福,是衡量幼儿教育成效的最根本的标准。
> ——虞永平

4岁儿童心理出现了较大的变化与发展,与3岁儿童比,可以说,有了一个质的飞跃。4岁儿童的一切潜在的能力开始生气勃勃地发展着,表现出不惧怕、好交往、富有独立精神和自信心、能安静又能吵闹等新的心理特征。

一、4—5岁儿童的心理特征

(一) 活泼好动

4岁多的儿童明显比3岁多的儿童更加活泼好动,因为他们身体长得更结实了,动作能力更强了。儿童对周围生活也更熟悉了,也积累了一定的经验,因而主意也多了起来,所以更爱活动,活动起来很灵活,也能坚持较长时间的活动。他们爱说、爱问、爱跑、爱动手、爱玩,对成人的要求往往不那么顺从听话。

4岁左右是游戏活动的黄金时期,这时的儿童不但爱玩,而且会玩。他们可以自己玩,也可以和几个朋友一块玩,在游戏中会出主意,会出花样,玩得很有兴致。儿童从玩中得到很大的长进。不要轻视儿童的活泼、好动、好玩,天才往往出自强烈的兴趣和顽强的入迷。

(二) 具体形象思维

4—5岁儿童主要依靠头脑中已有的印象(心理学称为表象)进行思维活动,思维具有明显的具体形象性特点,属于典型的具体形象思维。

4—5岁儿童的头脑中已经积累了许多生活印象,如常用物体的印象、认识的各种人的印象、常见的各种自然现象、周围环境和曾去过的地方的印象。所以,每当唤起这些印象时,才可以进行积极的思维活动。离开这些印象或本体与事物,就难以进行抽象思维活动。

儿童对语言的理解也是和已有的印象相联系的。例如,给4岁多的幼儿讲"水浒",孩子听后却理解成"水壶"。因为这个词发音和水壶相近,儿童已有水壶的个体印象,而对水浒却一无所知,所以就无法理解。针对这个特点,对4岁儿童的教育就是要引导儿童认识多种事物。

(三) 有意性行为开始发展

3岁儿童的行为多受情绪支配,4岁儿童则可以听得进成人向他提出的要求,听懂一些道理。他们可以接受成人给的一些任务。比如,在幼儿园里可以开始当值日生了,在家里也可以教给儿童一些固定的事情,如让儿童饭前摆碗筷。

有意性的增强还表现在4—5岁儿童游戏时已经可以先想一想玩什么,拿什么玩,也更愿意和小朋友一同做游戏,有着简单的角色分配,也可以发展游戏的情节。例如,玩食堂游戏请妈妈去吃饭,为托儿所送饭等。玩的时间也相对更长,有时连续几天只玩一种游戏。在游戏中也能抑制自己的行为。比如玩竞赛游戏时,虽取胜心切,但仍能坚持游戏规则。

有意性开始发展,还表现在注意、记忆、想象的有意性都有了发展。如4岁儿童已不完全凭兴趣才去注意了。妈妈向儿童交代一些事时,儿童会有意地听和记,儿童可以按一定的要求进行想象。

4岁儿童的坚持性也变得成熟了。有实验证明,4岁儿童的坚持性上比3岁和5岁的儿童都要好一些,4岁儿童可以坚持做完一件别人委托的或是自己选定的事。

总而言之,4—5岁儿童的主要心理特征是:身体结实、初步成熟、喜爱活动、酷爱游戏、意识增长。

二、4—5岁儿童的教育要领

(一)引导儿童观察生活

要注意引导儿童观察周围的生活,以增长知识和认识能力。在儿童生活进入第4年后,他们的有意性开始发展了,所以应扩大他们的生活视野,引导幼儿有意识地观察周围的各种生活现象,在观察活动中可以不断地增长见识,同时发展儿童的注意、记忆、思维、想象、语言等认知能力。可以从观察家庭周围的邻居、店铺、街道、马路等开始。还可以利用节假日,带儿童到公园和大自然中、到博物馆中、到有纪念意义的地方去,从更广阔的角度观察感受生活,以大量的生动的具体形象,丰富儿童的头脑印象,这样便能适应4岁儿童活泼好动和思维具体形象性的心理发展特点。

(二)培养儿童的同情心

同情心是人类共存共生的情感基础。4岁儿童已受到一些人生观念的教育,如对同伴要相互帮助、互相谦让;不打人,不欺负人;敬老爱幼,同情残疾人,尽力去帮助他们;保护对人有益的动植物,不任意摧残它们;疼爱父母和照料自己长大的人,等等。

同情心的培养首先在于成人的榜样感染,父母应具有同情心,对人同情并付诸行动,并用儿童理解的语言适当地讲解一些为什么要那样照顾奶奶,为什么下了班还要去一个阿姨家里帮她做事,儿童既理解又有榜样,从而在父母的感召下,渐渐培养了同情心。

(三)发展儿童的表现力和创造力

4岁儿童活泼好动,有一定独立能力,富于想象,这些都是发展表现力和创造力的基础。表现力和创造力是儿童才能发展的标志。儿童通过手、口、动作、表情进行表现和创造。儿童的创造不是自身能力的创新,是独立思考的结果。这种能力的可贵之处不在于目前,而在于将来。未来的发展创造正是从这里崛起的。

在家庭中怎样为孩子提供表现和创造的兴趣和机会呢?要有一个可供儿童独自做活动的环境,鼓励儿童用语言和表情的表现活动。例如,伴着音乐儿童自编自舞的活动;儿童自由地画、贴、剪、做玩具等活动。对此,我们不要太看重儿童表现与创造的成果,而是要看重儿童表现和创造的努力过程,如用心程度、认真态度、坚持精神等特点。要做到经过每一次的表现和创造活动,儿童都能增长信心,激发再创造的愿望。

(四)开展游戏活动,促进儿童的全面发展

游戏是幼儿最喜爱的活动,是幼儿生活的主要内容。游戏对幼儿的身体、认知、创造力、情绪情感、社会性等方面的发展有重要的积极意义。要鼓励幼儿在游戏中学习,在游戏中成长。

总之,我们认为,4岁儿童的教育要点是:满足活动要求,扩展儿童眼界,充分游戏、发展能力、培养情感。

第五节　5—6岁儿童的心理特征与教育要领

我们在出生的时候所没有的东西,我们在长大的时候所需要的东西,全部要由教育赐予我们。

——[法]卢梭

5—6岁儿童处于学前晚期,心理发展继续着4岁年龄的心理特征,但又有着一些新的特点。

一、5—6岁儿童的心理特征

(一)好学、好问

5岁儿童的好奇好问不满足于表面性的现象,他们已能注意到一些较深的或是相关联的现象,喜欢追根问底。这表明他们思维更活跃,有着很强烈的求知欲、好学心。如问,蜡烛点燃后为什么到烧光也没有渣呢?虾皮就是虾的皮吗?吃它有什么用呢?5岁儿童的好问,有的情况是真正不知而求答,也有时是喜欢用自己已经知道的知识去问别人而提出问题。

5岁儿童好学好问还表现为自发的观察、动手尝试、拆卸、探究等活动越发多了起来。比如,有儿童长久地观察金鱼怎样吃东西、怎样排便、怎样睡觉。

(二)抽象思维发展

5岁儿童的思维仍以具体形象思维为主,但抽象逻辑思维已经明显发生了,即这

时儿童已经能进行一些更加概括的思维和逻辑抽象的思维活动了。比如,对物体的分类可以从多角度进行,他们既可以像 4 岁那样按自己的生活经验做分类,也可以按物体的使用功能或范围来分类。这是儿童进入学习活动的重要前提。

(三) 会话性讲述能力明显进步

5 岁以后儿童应该基本可以用清楚连续的语言表达自己的愿望或是和他人用语言交谈交往了。他们能把一件事说清楚、说明白。语言的连续性既有逻辑思维发展做基础,又要有足够数量和种类的词汇的掌握。5 岁儿童词汇量已明显增多,掌握了大量的名词、动词、形容词等。如果这时尚有发音不准确现象,就要进行纠正发音的练习了。口头言语能力是学前期要完成的发展任务,是入学学习书面语言的基础。

(四) 有意行为增多

5 岁儿童可以有意地控制和调节自己的活动。比如在画画时,5 岁孩子不像以前那样拿起笔就画,而是静静地先想想,在头脑中先有个构图设计,然后再动笔一部分一部分画出来,这也是有意识、有策略行为的表现。有意行为增多对儿童入学后学习和独立生活都是必要的准备。

(五) 个性初步形成

5 岁以后儿童开始出现相对稳定的兴趣,如爱玩积木、爱玩足球、爱画画、爱跳舞……

5 岁以后儿童的荣誉感、自卑感、羞愧感、嫉妒心、好强心等都比以前更加显露,不同儿童也有所不同,这就是自我意识发展的倾向。

5 岁儿童的性格特征已有明显差异,开始表现出顺从的、冲动的、懦弱的、好表现的、攻击的、内向的、外向的以及依赖的等各种不同的性格特征。

能力方面,无论是运动、操作、智力,还是一般能力、特殊能力等,由于先天的遗传和后天的环境教育等因素综合作用,儿童发展到 5 岁时能力差别已经明显,这种能力方面的不同特征就构成了儿童的个性差别的一个显著标志。

二、5—6 岁儿童的教育要领

5—6 岁儿童即将进入小学,教育更加重要而且更具有实效性了。这个时期的儿童教育的好与坏对入学后的发展影响极大,任何对儿童的放任自流都会使我们前功尽弃、功亏一篑。下面介绍一些适宜的教育要求及方法。

(一) 采用游戏的方法发展儿童诸方面能力

从儿童日常生活中选择游戏的题材,考虑到儿童的发展及兴趣,成人可编成一些游戏,在愉快的游戏中儿童的各种能力都可以自然地发展。

(二) 利用生活中的机会,让儿童懂得更多的事理

在日常生活中利用各种机会,自然地告诫儿童一些事理,包括各种生活经验、物品的性能、事物的因果联系、道德行为准则等。

要紧密地结合儿童日常生活中经常的或偶然间遇到的事情向儿童简单明了地讲述其间的一些道理,使儿童从中长知识、长经验,学习做人的道理。那种天天生活着,却对生活中的教育机会视而不见、充耳不闻、忙忙碌碌而不涉及教育的家长,最后就只会责怪自己的孩子光知道玩。所以说,日常多费一份教育之心,日久可见真情,这样做不但会使他们掌握一定的是非标准和生活经验,还能启发儿童主动探索事物的道理。当成人没有讲给他们听时,有些懂事的孩子就会主动询问,要求成人解释。对他们的问题要十分重视,要认真回答,可以直接回答,也可以和儿童共同探讨以得出答案。每解决一个问题,儿童便多获得一个道理,所以我们应重视成人的教育引导和圆满解答。儿童的求知求索就可以渐渐地使其成为一个明白事理、喜欢探求事理的孩子,这也是继续接受教育的好基础。

(三)提供条件让儿童做感兴趣的有益活动

5—6岁儿童已有某些兴趣倾向,同时独立性也有较大发展。在家庭中可以根据儿童的兴趣让他们去做些活动,如喂上几条虫,养只小乌龟,养蚕、养猫、画画、下棋、捏泥、看书、编织、拼装游戏等,尽量满足儿童的兴趣。只要这活动有益,应尽量提供条件满足;也有的活动虽属儿童感兴趣的,但对儿童是无益有害的,就不应提供条件,使儿童的这一兴趣逐渐淡化。

看电视是5岁儿童最喜爱的事儿。但看电视增加了儿童独处和不活动的时间,无益于身心健康,因而抑制了儿童的主动性、好奇心、想象力、思维逻辑、注意力的发展。有专家主张,在孩子上三年级学会好好阅读之前,尽量不让他们看电视。建议父母不应让孩子一星期看电视超过5个小时。这就是说,看电视这一对成人有益的活动,对于学前儿童虽也有兴趣,但应作为有控制的活动。

(四)减少担心,让儿童多做些运动

5岁儿童全身运动能力有所加强,并能进行跑、跳、速跑、攀登、单脚站立、单脚跳跃、踢球、跳绳、跳着走等运动;能用小刀削铅笔、使用剪刀、画画、玩积木、投球、使用筷子、用针等,这些都同大脑发展有密切关系,手指运动也成为有效的刺激,能促进脑的发展。

家长不应过度担心儿童的能力及安全,对儿童应更加放手些,让他们多做些运动全身和运动手指的活动。

(五)做好幼小衔接

6岁儿童即将进入小学,家长也自然更重视这一年中为儿童入小学做准备。入学前准备是指儿童身心健康发展的全面准备,不是指读、写、算的提早训练的准备。这时要继续关心认识能力的发展,而不仅仅是知识的增多;关心儿童良好品德行为与性格的形成,培养儿童学习和求知的兴趣,使其有上学的愿望和心理准备。

总之,我们认为,对5—6岁儿童进行的教育要点应该是:优化学前儿童教育的方法;培养学前儿童的道德认知和审美能力;创设良好的学习环境,开展有益的活动;做好幼小衔接工作,培养良好的学习素质。

第七章　学前儿童

学习小结

儿童观作为一种指向儿童的观念,是从事幼教工作的前提和做好幼教工作的保证。科学的儿童观,一般认为最重要的是尊重、发展儿童的独立自主性,并承认其发展的可能性,使之拥有独立的人格,成为能动的主体去认识和变革自然和社会,同时也获得自我认识和自我教育能力的发展。儿童观不正确,对儿童的教育就必然会出现种种问题。

比如,幼儿园中出现的虐童事件,从理论上来说,都与科学儿童观的缺失紧密相关。对于一个想要从事幼教工作的学习者来说,科学理解儿童的内涵,树立正确的儿童观至关重要。

想要做好幼儿教育教学工作,还必须知道每个阶段幼儿的心理发展特征,懂得一定的教育指导方法。能理解为什么孩子总是喜欢问"为什么",为什么孩子喜欢玩游戏,孩子的思维和学习方式有什么关系。我们在这里对0—6岁儿童的心理发展特征和教育要领进行了梳理,对我们了解孩子、懂得孩子、指导孩子很有帮助。

通过对本章内容的学习,我们可以清楚地知道,教师对儿童学习与发展起着重要作用,在幼儿园的教育活动中,教师要在了解儿童发展水平的基础上,始终尊重儿童,以民主、平等、充满爱心的态度,对每个儿童认真地进行教育和指导。关于儿童观的内涵,在之后的学习过程中也将一直贯穿其中,所以,这部分内容非常重要,是幼儿园教师资格考试的必考内容,也是学习者必须掌握的基本理念。

复习与思考

1. 列举一个生活中体现儿童观的案例。
2. 用自己的话描述儿童观的内涵。
3. 描述一个婴幼儿教育小游戏。
4. 结合生活经验,谈谈游戏对婴幼儿发展的价值。
5. 描述一个生活中儿童模仿学习的现象。
6. 简单分析如何对待儿童的"反抗行为"。
7. 描述1~2个有关儿童具体形象思维的事件。
8. 简单描述4岁儿童的心理特征。
9. 简述儿童思维发展的一般趋势。
10. 简单描述幼小衔接的主要内容。

问题讨论

1. 你认为科学儿童观和不科学儿童观的区别是什么?

2. 在幼儿园实践中,你认为科学儿童观是否得到了贯彻和体现?
3. 关于0—6岁儿童的教育要领,你有新的不同的观点吗?
4. 对于0—6岁儿童的教育,父母和教师应达成哪些共识?

思维练习

1. 根据本章所学内容,做一个关于0—6岁儿童心理特征与教育要领的知识结构图。
2. 作为一名幼儿教师,你该如何践行科学儿童观?

知海拾贝

幸福是美好童年不可缺少的

幸福是人类的根本追求,人类的一切奋斗都指向最终的幸福。幸福是主体的一种积极的心理感受,这种感受是同人生的内在生命力量联系在一起的。一切与人的身心健康成长相关的积极感受才是幸福。因此,幸福不是一种外在的恩赐,幸福也不等同于物欲享受。儿童在生命成长的过程中,除了机体在生长发育外,他的精神也在成长。儿童来到人世,就开始建构自己的精神世界,进入如蒙台梭利所说的"精神胚胎"期。这个时期,不同于他的"生理胚胎"期,也不同于日后的成人生活阶段。蒙台梭利认为,"生活最重要的时期并非大学时代,而是人生之初,即从出生到6岁这一阶段。这是因为,这一时期正是人的潜能,其最伟大的工具,本身开始形成之时。不仅仅是智能,人的所有心理能力亦然①。"在精神胚胎期,儿童开始心理建构的工作。这种工作,是儿童生命本能的自然展开。儿童在成长过程中也许的确不能缺少成人的协助,但儿童主要的和根本的是依靠自己的力量使自己长大成人。"儿童并非毫无能力,并非须事事依赖成人,好似一只等待成人灌注的器皿。正是儿童'创造'了人,没有一个人不是从曾经经历过的儿童时代的创造而长大成人的。""是儿童自己从周围世界中吸取材料,是儿童用这些材料造就未来的人②。"儿童生命成长过程中表现出来的这种创造能力是其心理世界不断发展和完善的原动力。对于儿童来说,不受任何阻碍地投入到自己的创造活动之中,就是最大的幸福。正因为如此,我们必须把儿童在其内在的巨大潜能指引下的创造、建构活动,看作是对整个人类的建构和完善,是人类迈向真正自由和幸福必须经历的过程。在这个过程中,儿童"创造了人类智能的所有要素,以及人

---

① 蒙台梭利. 吸收性心智[M]. 中国台湾:桂冠图书公司,1994:21.
② 蒙台梭利. 吸收性心智[M]. 中国台湾:桂冠图书公司,1994:14.

类所幸具有一切"。对儿童而言,这个过程本身就是一个十分幸福的过程,只有当儿童的精神建构活动不断受到成人的无理阻挡的时候是例外。

总之,儿童的幸福是与儿童的精神世界的成长联系在一起的。一切有利于儿童精神世界成长的活动,一切与儿童的身心发展需要一致的活动都有可能给儿童带来幸福。一切违抗儿童成长内在力量的、外在加强的活动对儿童来说均无幸福可言,甚至是不幸的。必须指出的是,幸福是一种真正的愉快,它可能外露,也可能内藏。所谓真正的愉快是指这种感受是发自儿童内心的,是与其成长的方向一致的。幸福的感受能引发儿童不断地创造、探究和成长。愉快不一定都是幸福,不当的物欲、无理的要求、侵犯他人的快感等均与幸福无关。

幸福是幼儿教育的应有之义。通过以上的讨论,我们可以清楚地看到,儿童的幸福与成人的作为紧密联系在一起,从一定意义上说,是成人的干预使儿童没有充分感受到真正的幸福。同时,我们也可以认定,成人的努力——朝着儿童生命潜能成长的方向的努力能使儿童更好地拥有幸福。我认为,幸福是科学的幼儿教育的应有之义。这是因为:一方面,教育作为人类社会的一项智慧性的文明事业,它是人类幸福的有机构成部分,即"幸福需要教育"。[①] 因此,教育是人类包括儿童幸福生活所必不可少的。教育是在人类幸福的光辉映照下的伟大工程,而幼儿教育是这一工程的核心和起始,幼儿正是由于接受了教育,才促进了身体、认知、情感等方面的发展,使他能更好地感受并创造幸福。另一方面,教育应包容幸福。当然,全面包容幸福的教育一定是依循现代心理科学、教育科学而实施的教育,是确实有助于儿童生命潜能发展的教育,即科学的教育。科学的儿童教育,其出发点和归宿是儿童的幸福;科学的儿童教育,其内容和过程应该能够激起儿童的幸福感受,让儿童感到满足和兴奋。使儿童教育充满幸福的关键在于"在儿童教育中运用隐藏在儿童内心深处的那些力量","不仅可能,而且必须这样做"。[②] 苏联教育家赞可夫说过:"了解儿童,了解他们的爱好和才能,了解他们的精神世界,了解他们的欢乐和忧愁,恐怕没有比这一点更重要的事了[③]。"只有这样,儿童教育才可能与儿童的兴趣与需要联系起来,与儿童的发展联系起来,最终与儿童的幸福联系起来。

为此,我们热切地呼吁,儿童教育工作者切实地关注儿童的幸福吧,儿童今天的幸福,就是人类未来的幸福。

---

① 檀传宝.幸福教育论[J].华东师范大学学报,1999(1):34.
② 华东师大、杭州大学编译.现代西方资产阶级教育思想流派论著选[M].北京:人民教育出版社,1980:100.
③ 赞可夫.和教师的谈话[M].北京:教育科学出版社,1980:30.

第八章　幼儿园教师

微信扫一扫
观看微课
线上练习

本 章 导 学

本章是关于幼儿园教师含义、地位、资格、类型、角色、职业品质和专业成长等内容的基本概括，主要是帮助学生形成对幼儿园教师的基本认识，树立正确的教师观，为从事幼教事业奠定良好的职业素养和重要基础。

学习目标：

1. 能够描述成为幼儿园教师必须具备的认证条件。
2. 能够解释幼儿园教师的角色。
3. 能够解释幼儿园教师职业道德的内容。
4. 能够描述幼儿园教师专业能力的构成。
5. 能够讨论分析幼儿园教师专业成长的途径。

关键概念：

幼儿园教师；职业品质；专业成长

做一名美丽的幼儿教师

契诃夫说过："人的一切应该是美丽的：面貌、衣裳、心灵、思想。"幼儿教师的一切也应该是美丽的。如何做一名美丽的幼儿教师，是教师的形象塑造问题。教师的形象是一种巨大的教育力量，教师的一言一行、一颦一笑，无不具有教育性；在与幼儿接触的过程中，对其产生潜移默化、耳濡目染的影响。幼儿也通过与教师的接触，从细节中学到很多东西，正所谓"桃李不言，下自成蹊"。

幼儿教师的形象应该是美的。美好的形象是内在美和外在美的和谐统一，内在美是外在美的本质和灵魂，外在美是内在美的外在表现。幼儿教师的外在美包括仪表美、语言美和行为美等。

幼儿教师的仪表要美。据调查，家长、园长、社会群体心目中理想的幼儿教师的形象是这样的：外表端庄、自然、亲切，服饰整洁、稳重、美观，声音温柔、清脆，态度耐心、和蔼。另外，幼儿教师的面部表情要自然而真诚、丰富而适度，微笑要发自内心。

幼儿教师的语言要美。幼儿教师应十分重视自己的语言美。第一，语言要简洁、规范、温和、悦耳、生动、形象、富有感染力，语调要亲切、自然，语速要舒缓、柔和。第二，谈吐要文雅，使用文明用语。"请""谢谢""对不起"要常挂在嘴边。第三,依据面临对象的特殊性,幼儿教师的语言要有童真、童趣。

幼儿教师的行为要美。"其身正,不令而行;其身不正,虽令不从。"幼儿教师要时刻注意为人师表,以身作则,注重自身姿态、动作、修饰、打扮要合乎美的标准。因为在幼儿心中,幼儿教师既是母亲,又是导师。

幼儿教师美好的形象决不仅仅限于美丽的外貌,更主要的是内在的气质和精神。心灵的东西才是幼儿教师外在形象的源头,内在美就是我们通常所说的心灵美,它是一种源自人内心世界的美,是一定的思想道德、情操及文化素养的最好体现。心灵美是一种道德之美、品质之美,是真、善、美的和谐统一。

城市有繁华、热闹之美,乡村有淳朴、宁静之美,旭日有朝气蓬勃之美,落霞有灿烂、渲染之美,大海有波涛汹涌之美,小溪有涓涓流水之美。每种事物都有自己的美丽之处,幼儿教师,何不让自己活得更美!

第一节 幼儿园教师概述

爱护子女,这是母鸡都会做的事。然而,会教育子女,这就是一件伟大的国家事业了。

——高尔基

幼儿园教师是指在学前教育机构中履行教育教学职责,受社会委托对学前儿童身心全面和谐发展施行特定影响的专业保育和教育工作者。

幼儿园教师职业产生于19世纪中叶。在这之前,学前儿童是在家庭中接受教育,家长是家庭学前教育的老师。到了19世纪,随着专门化的社会学前教育机构的建立和发展,才有了专门从事学前教育的教师和保教人员。福禄贝尔于1840年创办幼儿园以后,开始了幼儿园教师的培训工作。随着世界各国托幼社会机构的建立和发展,幼儿园教师逐渐成为一支专门的教师队伍。不同国家、不同历史时期,幼儿园教师有不同的称谓。自1903年湖北幼稚园创办开始,我国有了第一批幼儿园教师,当时被称为"保姆",主要是由节妇训练而成。20世纪50年代,我国幼儿园教师开始被称为"教养员""保育员",但社会上习惯称为"阿姨"。80年代,幼儿园教育者开始被称为"幼儿园教师"。到1995年《教师资格条例》颁布后,"幼儿园教师"这个名称才被开始广泛、正式地使用。

一、幼儿园教师的地位

幼儿园教师的地位是教师在社会生活中实现的经济利益、政治待遇和社会声望。它不仅是社会经济发展水平的标志,也与社会制度、文化背景和教育功能的实现程度密切相关。

首先,幼儿园教师在相关政策法规中有明确规定,获得了很高的政治待遇。在《中华人民共和国教育法》和《中华人民共和国教师法》(以下简称《教师法》)等法规中,对包括幼儿园教师在内的教师的职责、权利有明确规定,幼儿园教师的政治、经济地位有了法律保障。

其次,幼儿园教师的经济待遇在逐步改善。根据《教师法》的规定,我国幼儿园教师有按时获得工资报酬,享受国家规定的福利待遇以及寒暑假期带薪休假的权利。但长期以来,由于学前教育得不到应有的重视,我国幼儿园教师的经济待遇相对较低。近年来,特别是 2010 年《国家中长期教育改革和发展规划纲要(2010—2020年)》《国务院关于当前发展学前教育的若干意见》相继颁布以来,要求"依法落实幼儿园教师地位和待遇"成为政策目标,我国幼儿园教师的经济地位将会逐步提高。

最后,幼儿园教师的社会声望逐步提升。过去,社会习惯称幼儿园教师为"阿姨"。但随着幼儿园教师的政治和经济地位的提高以及专业化水平的提升,我国幼儿园教师得到了社会的尊重,其社会声望也在日渐改善,并得到稳步提升。

二、幼儿园教师的资格

幼儿园教师资格是指要成为一名幼儿园教师所应具备的条件。随着教师专业化的发展,各国对幼儿园教师的准入有了明确的资格条件要求。1993 年,我国颁布《教师资格条例》,并于 1994 年 1 月 1 日实施,2000 年颁布《〈教师资格条例〉实施办法》。各地又制定了实施幼儿园教师资格认定的具体细则,使幼儿园教师具有了法律规定的资格及认定程序。2011 年,教育部颁布《中小学和幼儿园教师资格考试标准(试行)》和《中小学和幼儿园教师资格考试大纲(试行)》。规范了幼儿园教师资格考试的内容、程序。目前,我国幼儿园教师资格的认证条件一般包括以下五个方面。

第一,思想品德条件。遵守宪法和法律,维护党的基本路线;热爱幼儿教育事业,爱护幼儿,具有良好的思想品德,为人师表,忠于职守。

第二,学历条件。具备幼儿师范学校(含职业学校幼儿教育专业)毕业及其以上学历或经教育行政部门考核合格,非师范专业毕业的申请者要参加幼儿园资格课程考试,达到合格标准。

第三,普通话条件。必须提供国家语言文字工作委员会颁布的《普通话水平测试等级标准》二级乙等(中文、学前教育专业为二级甲等)以上的证书。

第四,具有开展保教工作的能力,能够设计、组织、实施幼儿园的保教工作。

第五,身心健康。

认定合格者,均可取得幼儿园教师的资格。1996 年,我国幼儿园教师开始实施聘任制,对有幼儿园教师资格的人员进行聘任,择优录用。而根据《中小学和幼儿园教师资格考试大纲》的规定,要取得幼儿园教师资格证,首先需参加国家统一举行的考试,只有《保教知识与能力》和《综合素质》考试合格,并通过面试,才能申请幼儿园教师资格证。

第二节 幼儿园教师的类型及角色

让教育成为师生互动的教育,就是追求师生共同发展。

——叶 澜

一、幼儿园教师的类型

幼儿园教师有不同类型,比如大班教师、中班教师、小班教师,主班教师、辅班教师、保育员等。从幼儿园教师个人专业发展阶段来看,幼儿园教师一般可分为四类。

(一)新手型幼儿园教师

新手型幼儿园教师主要是指走上工作岗位1～3年的教师或是处于见习阶段的新教师。新手型幼儿园教师的主要特点是教学经验不足,在教育教学理念和方法上需要继续学习提高,如在教学计划上烦琐而机械,调节、控制、评价和反馈课堂教学的能力欠缺,常规性的课后反思习惯也没有形成。新手型教师需要通过培训学习、集体学习、师徒结对、观摩听课、分散自学、岗位实践等多种形式来提升自己。

(二)成熟型幼儿园教师

成熟型幼儿园教师是指教龄在3～5年或以上的青年教师。这种类型的教师已经顺利地度过新手型的阶段,具有了一定的教学经验,对幼儿园保教内容、特点比较熟悉,基本掌握了各种活动组织和实施的规律和特点。能初步运用心理学、教育学的基础理论来指导保教实践。成熟型幼儿园教师需要通过基础培训、问题研究、课题研究、技能训练、骨干引领等不同培训和自学形式来不断提高自己。

(三)骨干型幼儿园教师

骨干型幼儿园教师是指教龄在6～12年的青年教师。这种类型的教师有丰富的教学和管理经验,形成了自己初步的教育教学特色,对幼儿身心发展特点比较熟悉,并能按照这些规律和特点开展各种活动,有较强的教研、科研能力。骨干型幼儿园教师需要选择富有教育教学经验的高级教师担任导师,在理论学习、教育科研、专业发展等方面进一步提升自己。

(四)专家型幼儿园教师

专家型幼儿园教师是指已获得各类"名师""学科带头人"等称号的教师。这种类型的教师已形成了自己独特的教学风格和教育理念,在园本教研活动中能起到示范作用,在解决教学领域内的问题时富有创造力和洞察力,在专业研究方面有一定的成果,在一定区域内的学前教育界有一定的知名度。专家型幼儿园教师需要通过教研

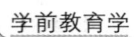

活动、专业理论研究、向更高层次的专家学习等形式,把专业理论与保教实践有机地结合起来,不断改善保教效果,提高保教质量。

二、幼儿园教师的角色

幼儿园教师的角色是指幼儿园教师在学前教育过程中所扮演的社会身份,反映出自身的儿童观、教育观。幼儿园教师具有教育者、合作者和研究者三种基本角色。

(一) 作为教育者的幼儿园教师

在幼儿园教师众多的社会性角色中,作为引导幼儿健康成长的教育者的角色无疑是最重要的。《纲要》要求:幼儿园教师应成为幼儿学习的支持者、合作者、引导者。在履行这一角色时,要与学前儿童建立良好的师幼关系。

1. 幼儿园教师是幼儿发展的指导者

在教育过程中,幼儿园教师对学前儿童的发展起着指导作用。学前儿童的发展特点决定了幼儿园教师需要扮演指导者的角色,他们不仅需要对学前儿童生理、生活上给予照料,而且要关注、呵护、指导学前儿童情绪情感、个性品质、行为习惯等心理的发展。幼儿园教师的指导者角色具体表现为:

第一,引导。对幼儿遇到的障碍和困惑,教师应引导他们找到最佳的解决方法。

第二,指导。指导幼儿养成初步的生活技能,形成良好的生活习惯、卫生习惯。

第三,诱导。创设丰富的教学情境,激发幼儿的动机、兴趣,充分调动其积极性。

第四,教导。教给幼儿粗浅的知识、技能和行为规范。

当然,幼儿园教师指导作用的发挥必须和幼儿的主动性相结合,才能产生应有的效果。这是因为学前儿童的发展是在其自身内部进行的,是主动的,是有自己的意愿和需要,并按其现实的基础、水平和速度主动地发展,不是被动地接受外界影响。因此,在教育过程中,幼儿园教师应尊重学前儿童的意愿和现有的发展水平,通过创设环境,采用适当的教育方法,充分调动其主动性、积极性,并在此基础上实现教师的指导作用。

2. 幼儿园教师是幼儿活动的参与者和伙伴

学前儿童发展的主体性要求幼儿园教师在扮演教育者的角色时,充分尊重并发挥他们的主动性,与他们平等互动,成为学前儿童活动的参与者和伙伴。这要求幼儿园教师从三方面入手:

第一,将学前儿童视为主动发展的平等主体。学前儿童的发展是主动积极的,成人不是学前儿童各种活动的指挥者,而是参与者。

第二,参与学前儿童的活动。尽量减少对学前儿童的过度控制与命令,学会倾听儿童,学习和他们一起探索、讨论。

第三,成为学前儿童的伙伴。在参与活动中,和学前儿童建立伙伴关系,以便更好地履行教育者的角色。

3. 幼儿园教师是幼儿的榜样和示范者

幼儿园教师是幼儿成长的榜样和示范者。榜样和示范者对学前儿童的作用是潜移默化的,这要求:

第一,幼儿园教师要注意自己的言行,给学前儿童做好模仿的榜样。

第二,幼儿园教师要多从正面示范,展示给学前儿童正确的操作方法、行为技巧、言语方式等,以减少负面言行的消极影响。

(二)作为合作者的幼儿园教师

1. 其他教师工作的合作伙伴

幼儿园教师的专业活动和专业成长离不开与其他教师、幼儿园管理人员、保育人员、后勤人员以及家长的合作交流,幼儿园教师在合作交流时,应该注意以下问题:

第一,尊重其他教职工。幼儿园每位教职工都有自己不可替代的职责和作用,只有充分尊重其他教师、管理者、保育员等员工的工作,才能有良好的合作关系。

第二,善于发现并学习其他教师、职工的优点。肯定其他教师的优点是建立良好合作关系的基础,也是幼儿园教师个人专业成长的有效方法。

第三,掌握合作、交往的方法。合作就是一种交往,人际交往有一些特殊的方法,具备一定的人际交往的知识与方法,有助于和幼儿园其他教职工建立合作伙伴关系。

2. 家园合作的联系者

家园合作是当代幼儿园工作的重要内容,幼儿园教师要成为家园合作的联系者。这要求:

第一,与家长保持平等的关系。幼儿园教师要视家长为朋友,尊重家长的意见,虚心听取家长的建议,乐意与家长交谈,和家长建立融洽的合作关系。

第二,是家园合作的指导者。幼儿园教师以其专业化的知识和判断,支持和帮助家长更新教育理念,改善教育行为,提高教育能力,共同促进幼儿全面、健康地发展。

第三,是家园合作条件的创设者。幼儿园教师在家园合作的过程中,为家长创设沟通和合作的条件,确保家园合作的成功开展。

(三)作为研究者的幼儿园教师

在幼儿园的保教工作中,幼儿园教师常常要使用观察、记录、统计、归纳、推理等方法对其保教实践进行分析、反思,以得出概括性的结论,提升专业水平。从这个角度来说,幼儿园教师也是一位研究者。当然,幼儿园教师的研究更多体现在对自身的保教实践活动进行科学、理性的反思上面,是一种教研活动。这要求:

第一,幼儿园教师应具备研究意识。那种认为"自己只要能上好课,搞教研是专家们的事"的观点是不正确的。

第二,紧贴保教实践,积极开展教研活动。幼儿园教师的研究应主要围绕保教工作展开,以改进保教方法,推动保教质量提升为主要目的。

第三,加强专业理论和研究方法的学习,掌握开展研究的基本方法。

第三节　幼儿园教师的职业品质

> 如果不能爱孩子,我不懂得还能谈什么规则、方法和技能。
>
> ——裴斯泰洛齐

我国《幼儿园工作规程》规定,幼儿园教师应当"热爱幼儿教育事业,爱护幼儿,努力学习专业知识和技能,提高文化和专业水平,品德良好,为人师表,忠于职责,身体健康"。这是国家对幼儿园教师素质的要求。

一、幼儿园教师的职业道德

教师职业道德是指教师在从事教育劳动过程中,形成的比较稳定的道德观念、行为规范和道德品质的总和,它是调节教师与他人、教师与集体及社会相互关系的行为准则。学前教育对象的特殊性,对幼儿园教师的职业道德提出了特殊的要求。每一位幼儿园教师都必须做到热爱学前教育事业,关爱幼儿,尊重幼儿,为人师表,教书育人,担当起幼儿健康成长的启蒙者和促进者的职责。幼儿园教师必备的职业道德主要有以下方面。

(一) 热爱学前教育事业

学前教育是我国教育事业的基础部分,在人才培养、社会和经济发展等方面有着重要的、基础性的作用。幼儿园教师只有对学前教育工作有正确而深刻的认识,才会热爱学前教育事业。只有热爱学前教育,才会献身学前教育事业。实践经验表明,幼儿园教师在学前教育工作中做出成绩,动力主要来自对学前教育事业的热爱。他们勤勤恳恳、不辞劳苦、不怕麻烦、不计时间、不计报酬,克服种种困难,日复一日,辛勤工作,为提高教育质量和教育改革做出成绩。幼儿园教师只有保持一颗事业心,才能对幼儿充满爱心,对工作有高度的责任感,对平凡的学前教育事业有无怨无悔的奉献精神。

(二) 爱护和尊重幼儿

爱护幼儿,是幼儿园教师职业道德的灵魂,是幼儿园教师教育观、儿童观的集中体现。学前儿童是在与环境相互作用,特别是在与成人的交往中获得发展的。儿童进入幼儿园后,一天中大部分的时间和老师待在一起,他们希望从老师身上得到像父母一般的爱,他们期待着老师亲近他们、关爱他们,他们渴望老师帮助他们、爱护他们,他们希望老师成为他们可依恋、可信赖的人。幼儿园教师对学前儿童的爱护和关怀,对学前儿童身心健康发展至关重要。

幼儿园教师爱护幼儿也是做好学前教育工作的首要条件。教育培养儿童是长期的、复杂的、细致的工作,只有真诚地爱护幼儿,才能了解和亲近幼儿,才能采取适宜的教育内容和方法,很好地调动幼儿的积极性;幼儿才会信赖老师,愿意听老师的引导,这样才能取得良好的教育效果。但幼儿园教师热爱幼儿,不是出于个人情绪的偏爱,不是个人的好恶,而是理智的爱,在爱的同时还必须严格要求幼儿,促进他们在身体、智力、情感、社会和道德等方面的全面发展。

幼儿园教师不仅要爱护幼儿,还必须尊重幼儿。尊重幼儿的原则是,不论幼儿的文化背景、家庭状况、民族语言、性别如何,不论是正常幼儿还是存在身心健康障碍的幼儿,都应当在不受任何歧视或忽视的情况下,享用他们的一切权利。在教育中,教师应尊重幼儿,尊重作为一个独立的社会成员的人格和尊严,不能歧视、侮辱、体罚或者变相体罚任何一个幼儿,不能伤害幼儿的自尊心,尊重幼儿的意见发表权、参与权,让每一个幼儿积极地、快乐地生活在幼儿园里。

(三)团结同事,尊重家长

幼儿园教师的工作是在集体中进行的,需要与其他人合作,共同协调地对学前儿童实施教育。幼儿园一个班级的工作往往需要 2~3 位保教人员共同完成,全园的各项保教活动有赖于全体教师的协同合作和尽职尽责,没有任何一位幼儿园教师可以单独完成保教的全部任务。因此,这就要求幼儿园教师团结协作,共同完成保教任务。

幼儿园教师的工作还需要与家长密切配合,因此,幼儿园教师应尊重班上每个幼儿的家长,理解他们对子女的关心、珍爱和期望,善于听取他们的意见,与他们建立平等的诚挚的友谊,帮助他们了解学前教育的要求与内容,帮助他们解决教育过程中的困难,取得家长的信任与支持,在此基础上对家庭教育进行指导。

二、幼儿园教师的知识结构

从知识的角度讲,幼儿园教师应具有较宽广的文化基础知识、扎实的学前儿童发展与教育理论知识以及保教实践性知识。

(一)宽广的文化基础知识

学前教育是启蒙教育,学前儿童对周围世界的认识是从无知到有知的逐渐发展过程,他们对外界的一切充满了强烈的好奇心和求知欲,对所有新鲜的事物都要问一个为什么,这些问题涉及的领域非常广泛。针对学前儿童的这些问题,需要幼儿园教师用深入浅出、儿童可接受的表达方式,正确地给予解答,使他们对周围世界有一个初步认识,激发学前儿童探索世界的欲望。幼儿园教师应具备的文化基础知识范围较为广泛,主要可分为三类:

第一,人文、社会领域的知识,如文学、历史、哲学、经济、法律等方面的知识。

第二,自然科学领域的知识,如数学、物理、化学、天文、地理、动植物等方面的知识。

第三,艺术领域的知识,如音乐、舞蹈、绘画等领域的知识。

当然,幼儿园教师不可能成为每一知识领域的专家,但必须具备每一领域基本的、入门的知识准备,并且至少在一个领域有比较精深的知识储备。

(二)扎实的学前儿童发展与教育理论知识

学前儿童发展与教育理论知识是幼儿园教师开展保教活动必备的专业知识。教师不能仅仅懂得"教什么""怎样教",还要懂得怎样才能"教得好"。这就需要幼儿园教师在了解、熟悉学前儿童生理和心理的年龄特征和生长发育的规律的基础上,根据学前教育的规律、原则,科学、适宜地保育教育学前儿童,促进他们健康发展。

学前儿童发展与教育理论类的专业知识是多方面的,其中学前儿童保育、学前儿童心理、学前教育理论等是专业知识结构的主要部分。通过这些知识,幼儿园教师可以了解和掌握学前儿童在不同年龄阶段生理、心理发展的特点和规律,并根据一定的教育原则和要求,采用恰当、适宜的教学内容、教学方法和活动形式对幼儿进行保育和教育。同时,幼儿园教师还要学习学前教育史、幼儿园课程、教育活动设计与指导、幼儿园管理、家庭教育、幼儿园游戏等方面的理论知识,以指导自己的保教实践。

(三)保教实践性知识

现代的学前教育理论强调儿童是活动的主体,经验的获得和技能的掌握是通过儿童主动参与各种活动、通过儿童亲身体验来实现的。因此,幼儿园各种活动的开展,以及问题的呈现和解决都具有明显的情景性。面对各种不同的情景,如何回应儿童的问题并取得良好的活动效果,这是和幼儿园教师的实践性知识密切相关的。幼儿园教师的实践性知识是教师多年来在设计、组织、实施幼儿园各种活动中所积累的知识,主要来源于教师个人的教学经历、生活阅历和人生经验的积累等方面。因此,幼儿园教师必须参加大量的教育教学活动和各种各样的社会实践,以增加自己的实践性知识。

三、幼儿园教师的专业能力

具备了良好的职业道德和知识结构,并不意味着已经成为一名合格的幼儿园教师。因为幼儿园教师还必须具备专业能力。幼儿园教师的专业能力是教师在保教活动中形成并表现出来的,直接和间接影响保教活动的成效和质量的能力。幼儿园教师的专业能力是幼儿园教师素质的重要组成部分,是影响幼儿园教育活动的重要因素。对学前儿童的发展、学前教育事业的发展都起着关键作用。

南京师范大学的虞永平教授认为,幼儿园教师在具备艺术素养的基础上,应具有6个方面的专业能力。

第一,观察能力。有些教师认为:"天天在看,还有什么好看的?看到的就这些事,那有什么用?班上孩子那么多,我怎么观察得过来?我对孩子是很熟悉的,观察不观察还有什么不同吗?"我们的师范教育体系长期以来忽视幼儿园教师观察能力的培养,而长期使用购买的课程导致教师忽视观察,大量的时间付出也让一些教师选择无视观察。实际上,观察是幼儿园教师的基本功,也是适宜性教育的基础,是教师指导的前提,更是早教培训机构课程设计的依据。观察能力需要培养,更需要实践锻炼。观察需要教师有耐心、细心和恒心。因此,是否坚持观察是衡量教师专业水平的重要尺度。

第二,作品分析能力。作品分析是了解幼儿发展的主要途径。教师要形成用多样化的手段和方法收集幼儿多形式作品的习惯。幼儿的绘画、话语、表演动作、手工作品等都是重要的作品,教师应学习分析作品的方法,能够根据作品判断幼儿的发展和需要,并采取进一步的教育策略。教师要养成作品归档的习惯,要充分利用作品,进行纵向的分析和比较,在分析中更好地理解幼儿的成长特点和规律。要努力提升分析作品的素养,学习作品分析的方法,切实通过作品分析更好地关注幼儿的发展和变化。

第三,谈话能力。谈话是教师与幼儿交流的方式,也是通过语言及相关的信息了解幼儿、引导幼儿的重要途径。谈话需要看清情境及问题,谈话重在了解、启发而不是说教和训诫。教师每天都应有与幼儿谈话的时间,可以是集体谈话,也可以是个别谈话。谈话是教师与幼儿的心灵沟通,有效谈话的境界是愉快和有效。谈话是幼儿向教师展现自己认识和见解的过程,谈话是展示幼儿内心的兴趣和倾向的过程。

第四,课程设计能力。课程设计意味着课程不只是买来的教材,还应该是教师根据幼儿的需要进行的完善性设计,甚至是教师自己根据幼儿实际的需要进行的创造性设计。幼儿园课程设计的重点不是自己准备教什么,而是准备让幼儿做什么和想什么。设计者必须有目标意识,这也是专业幼教工作者区别于其他人员的核心标志。课程设计的不只是教案,而是整个教育环境、活动材料和教育策略。要重视课程设计,努力把课程设计当作课程改革和发展的重要支持力量。

第五,活动组织能力。活动组织能力是幼儿教师最重要的能力。活动组织能力的核心是将幼儿引导到他们需要的、感兴趣的和有可能获得新经验的活动中去,让幼儿积极地投入运动、探究、交往及表达等活动中去。活动组织能力不等同于讲解能力,而是一种综合的能力。

第六,评价能力。评价就是对现实做出有事实支撑的判断。评价是课程设计和实施的重要延续,是进一步的课程设计和实施的前提。评价应该成为幼儿园教师的重要工作。教师是评价的主体。评价不是依靠测验,而是依靠对幼儿行为的日常观察,对幼儿作品的分析,对幼儿某些发展项目进行适度的测量。

第四节　幼儿园教师的专业成长

幼儿教师本身必须在自己的工作岗位上努力促进真正的文化教育事业,进行终身自我教育。这对教师来说,是一种义不容辞的神圣职责。

——第斯多惠

幼儿园教师专业成长又称幼儿园教师专业化,是指幼儿园教师在保教工作中,经由参与各种学习活动及反省思考的过程,在专业知识、能力及态度等方面达到符合幼儿园教师专业标准的过程及结果。美国学前教育家丽莲·凯兹将专业化幼儿园教师形象地比喻为,能抓住孩子丢来的球,并且把它丢回去,让孩子想继续跟他玩游戏,并在玩的过程中不断创造出新的游戏来。

一、幼儿园教师专业成长的特征

幼儿园教师的专业成长具备以下七个特征:第一,对学前儿童的发展有深刻的理解,并能在日常保教实践中应用。第二,能够观察、评估和分析学前儿童的发展及日常行为表现,并作为活动设计、实施的依据。第三,能够根据《纲要》的要求,为学前儿童设计并实施促进他们体、智、德、美和谐发展的适宜的保教活动计划。第四,能根据学前儿童的发展需要创设安全、健康的幼儿学习环境。第五,善于同学前儿童建立良好的互动关系。第六,能够同家庭、社区等建立良好的协作关系。第七,具有敏锐的专业意识、专业分析判断力和不断专业化学习的自觉性。

二、幼儿园教师专业成长的途径

幼儿园教师专业成长的过程是艰辛而漫长的,促进个人专业化成长的途径是多维度的,主要有终身专业学习和实践反思两项。

(一) 终身专业学习

终身专业学习是伴随终身教育理念而出现的。终身教育理念兴起于20世纪60年代,主要思想是指教育应当贯穿于每个人的一生。终身教育和终身学习是教育发展和社会进步的共同要求。幼儿园教师同样也面临终身教育和终身学习理念的渗透和挑战。幼儿园教师和社会所有其他成员一样,一劳永逸获取知识的时代已成为过去。幼儿园教师受教育的时空观被打破和重新确立,职前与职后、校内与校外等不同路径将融入终身教育的体系之中。

对幼儿园教师而言,在幼儿园教师的培养过程中,应增设提高学习能力的训练课程,以提高自学能力,学会学习。有专业成长规划,唤起自身学习的主动性、积极性和创造性,增强学习动机。为教师提供终生专业学习的制度安排。积极参与幼儿园的团队专业研究与学习。

(二) 实践反思

幼儿园教师对自己的保教实践进行反思、开展行动研究,是促进专业成长的有效方法。幼儿园教师不能仅仅满足于完成日常的保教任务,面对不断出现的保教问题,应积极反省、思考,成为实践的反思者、行动研究者,通过观察、分析,提出自己的解决设想,并通过自己的现场保教实践加以检验、调整。在这种反思、行动研究的过程中,新的问题不断被克服,幼儿园保育和教育活动的效果获得改善,幼儿园教师也获得专业成长的锻炼机会,专业水平更在实践反思中得到提升。

那么,幼儿园教师应如何开展实践反思呢?在此提供以下四种方法:
(1) 比喻法。在教室里自己像什么?
(2) 内省法。反省自己的价值观与生活经历。
(3) 日记法。对经验做进一步的思考和检讨。
(4) 交流法。从单独反思到专业对话。

学习小结

党的十八大以来,随着《国家中长期教育和改革发展规划纲要(2010—2020年)》《关于全面深化新时代教师队伍建设改革的意见》《教师教育振兴行动计划(2018—2022)》的贯彻落实,以及两期《学前教育三年行动计划》的实施,我国学前教育迎来了前所未有的跨越式发展,取得了令人瞩目的成绩。学前教育越来越受到社会各界的关注,让孩子接受优质的学前教育已成为人民群众的普遍共识与共同追求。对学前教育质量影响最大的是师资水平,师资的专业化程度是学前教育质量的重要保证。幼儿教师是幼儿学习与发展的引路人,是一份崇高的职业。需要有良好的职业素养,过硬的专业文化知识和专业能力。

学习者要能够消化吸收有关幼儿园教师的理论知识,并将所学知识与幼儿园实践活动相结合,积极地把知识转化为能力,这样才能全面、科学地理解幼儿园教师的职责,指导教学实践行为和活动。

比如,幼儿园教师应具备观察能力,这里的观察可不是随便看看,观察也不只是技术,没有足够的专业知识准备,在教育场景里很可能无法识别有价值的信息。很多幼儿园老师也天天在看孩子,但缺少观察的方法、观察的目的、观察的对象、观察的记录等,这样的"观察"就流于形式,无法真正地了解孩子,更不能促进幼儿的发展。

幼儿园教师这一章内容,主要是帮助我们理解幼儿园教师的方方面面,具体包括幼儿园教师的资格、角色、权利、义务、类型、职业品质、专业成长等。对于我们今后从事幼教工作具有重要的意义。

复习与思考

1. 描述幼儿园教师地位的演变过程。
2. 简单描述并解释我国幼儿园教师资格的认证条件。
3. 分析不同幼儿园教师类型的区别。
4. 解释幼儿园教师角色多样化的原因。
5. 描述幼儿园教师应具备的职业道德。
6. 有人认为幼儿园教师只要会唱歌跳舞就够了,你如何看待这一观点?
7. 列举幼儿园教师专业成长的具体途径(至少3个)。
8. 用自己的话解释幼儿园教师专业成长的重要性。

1. 你认为学前教育专业刚毕业的大学生能否胜任幼儿园教师的工作?
2. 在你的心目中,你认为幼儿园教师最重要的职业品质是什么?为什么?
3. 关于幼儿园出现虐童的问题,你是如何看待的?你有什么建议?
4. 对于幼儿园教师专业成长途径,你最喜欢哪一种?为什么?

1. 根据本章所学知识,列出一个关于幼儿园教师职业品质的知识结构图。
2. 作为一名学习者,你认为现在应做些什么以便将来成为一名优秀的幼儿园教师?

帮助和关心,促进幼儿教师成长

我们对幼儿教师的要求和期待要适切,幼儿教师的核心职责是做好一个教师,成为"研究者""管理者"等是相对而言的。别对教师有过多的期待而让教师无所适从,产生职业倦怠和职业迷茫。相反,对幼儿教师应多鼓励,少指责;多引导,不贬损。不能只说老师们做得不对,还要引导老师们思考不对在哪里及什么是对的。对幼儿教师要进行有效的帮助和关心。

1. 对待幼儿教师的四个准则

拉维沙·C·威尔逊教授等人在《婴幼儿课程与教学》一书中提出,幼儿教育的三个基本准则:关注、赞同和情感。其实,这三个准则同样适用于教师的管理和促进。正像威尔逊教授所说的,关注、赞同和情感是任何人在任何情况下几乎都适用的非常有力的工具。所谓关注,就是要用心、在意和投入。对教师的行为如果是漫不经心的,教师就不会感受到真正的关注。关注的重要方式之一就是微笑。《婴幼儿课程与教学》指出,当你高兴地笑起来时,整个世界也会跟着你笑;当陌生人以微笑跟我们打招呼时,我们通常会变得自在;我们会因为某个人以微笑回应我们,而与那个人有融洽和亲近感。当我们把关注带入我们的举动之中,被关注的行动强度就会增强。因此,对于教师的行动,让我们多一些关注,多一些微笑,少一些严肃和刻板(当然,如果教师的行为是被职业伦理不容的另当别论),积极创造与教师心灵沟通的机会。所谓赞同,《婴幼儿课程与教学》指出,从他人身上获得的赞同能引导我们支持自己;对他人的赞同则是对那个人传递你对他或她有正面看法的一种明确的信息。对教师的赞同是对教师工作和思想的积极评价,对其言行价值的肯定。经常如实地表达对教师的赞同,有助于建立与教师之间的信任,有利于鼓励教师进一步的创新行为。对教师的赞同,不一定非要赞同全部的行为和结果,有时,只要赞同表现了教师智慧的、有创新意义的行为就可以。所谓情感,是关注、赞同的必然结果。对教师的关注、赞美,与教师的交谈,都渗透着我们对教师的情感,或欣赏,或关爱,或鼓励,或帮助。在这三个准则的基础上,我们提出第四个准则,那就是引导,这是从我国幼儿教师的素质现状出发提出的。当然引导的前提是你有能力引导,并保证你引导的方向。得到指点和教导是教师的重要需求,无视这一需求会让很多教师觉得失落。教师最反感的是,受到了很多的指责,但不知道怎么做才是正确的和必需的。因此,科学、合理的引导,是发挥教师作用的重要条件之一。

2. 为教师提供有竞争力的薪水

为教师提供有竞争力的薪水是很多国家教师管理、教师政策甚至是教师立法关注的重要问题。这在我国尤为重要。幼儿教师待遇过低是影响我国一些地区幼儿教师队伍稳定和队伍质量的重要因素。在我国,国家办园数量不多,大量的幼儿园是地方政府举办的,因此,从国家财政获得薪金的幼儿教师数量不多,从基层乡镇财政获得薪金的教师占较大比例,还有一些私营幼儿园依靠家长的缴费获得收益并支付教师的薪金。因此,如何使大部分的幼儿园教师所获得的薪金在当地居民的薪金水平中有一定的竞争力,以稳定教师队伍,是一个迫切需要关注的问题。只有使教师真正具有有竞争力的薪金,才能真正留住人并留住心,教师才可能有创造精神。因此,有必要出台相关的政策,坚决制止恶意辞退优质教师或恶意压低优质教师薪金以变相辞退优质教师的现象,要制定相关政策,保证非公办教师的薪金与工龄挂钩,并严格避免以新教师替换优质教师的现象,甚至应该严格规定新教师在幼儿园的比例,严格禁止两个刚毕业的新教师负责一个班等现象。只有这样,才能充分调动教师的积极性,激发教师的敬业精神,避免各类安全事故的发生。

3. 满足教师的成就感

成就感是教师的一种重要的职业感受。如何看待教师的成就感,如何激发教师的成就感,是我们应该关心的问题。我们认为,成就感是与教师的工作态度、敬业精神等联系在一起的,适当的、合理的成就感能促进教师努力工作和主动创新。幼儿教师成就感的指向主要不应是文本的和纸面的成果,而应是每天日常的幼儿行为和表现。也就是能引发幼儿积极投入、努力创造、主动表达,能让幼儿在原有水平上得到发展,是幼儿教师最大的成就,文本的、纸面的成就只是日常幼儿表现的副产品,不能主次颠倒,避免对能写的但日常课程实施行为并不突出的教师大加褒扬,而对书面表达能力一般但课程实施行为很有创意并能有效促进幼儿发展的教师加以忽视。因此,我们提出,回到一日生活过程之中,回到教师和幼儿的行动之中,回到课程实施的现场。没有进入课程实施的现场,就没有对教师评价的权利。只有这样,我们才能真正引导教师拥有一种务实的、积极向上的成就感。

4. 给予教师学习和探究的机会

无论是政府办园,还是其他社会力量办园,包括私人办园,都必须坚持对幼儿教育的投入。对幼儿教育的投入不只是房舍和设备,还包括教师的薪金,教师的学习和培训等。当前,在不断提高教师薪金的前提下,要关注对教师培训和提高的投入。有些地方政府认为,房舍盖好了,政府对幼儿教育投入的责任就已经履行完了。其实,这种理解是不全面的。我们认为,对幼儿教师的培训,无论这些教师是什么性质,都应由政府投入经费。我国很多地方也是这样做的。只有教师的素质提高了,幼儿教育水平才能不断提高,幼儿的全面和谐发展才能得到保证,家长才会满意,社会才会和谐。因此,我们必须从和谐社会建设的高度来看待幼儿教育,看待幼儿教师的待遇,看待幼儿教师的培训和提高。当然,也要通过制度和各种形式的教育和宣传,让教师愿意学习、乐于学习和坚持学习。

第九章　幼儿园课程

微信扫一扫
观看微课
线上练习

本章导学

幼儿园课程是幼儿教育领域中的一个核心问题。认识幼儿园课程的内涵，了解幼儿园课程的重要理论和实践模式，有助于我们设计出更好的幼儿园课程，并注意通过评价来不断提高幼儿园课程的质量。

学习目标：

1. 理解幼儿园课程的概念及基本要素。
2. 认识幼儿园课程的基本理论与模式。
3. 了解西方及我国当代主要的课程模式。

关键概念：

课程；幼儿园课程；目标；内容；评价；模式；连续体

什么是好的幼儿教育

我们已经生活在一个全新的世界里，日益更新的技术在不断改变着我们的生活，AI 对我们生活的改变和冲击也很大，从现在起我们如何把正要进入幼儿园的孩子们，从学前教育阶段就能更好地准备起来，为他们的人生去做储备？21 世纪是怎样的？世界又会改变成怎样呢？

当孩子们来到学校的时候，我们会问老师："我们将培养怎样的孩子以应对未来？"因为当他们成人，走入社会的时候差不多就是 2038 年左右，在那时他们又要以怎样的技能和能力去迎接、拥抱这个新的世界？

我们不知道未来会发生什么，很多事情我们也许都不知道，但有一件事情我们是知道的——"我"会怎么思考？会拥有怎样的大脑去高效系统地处理如此多的信息？在不远的未来，我们每个人都能够得到同样的信息——从 Google 上、从百度上……而关键的是我们每个人处理信息的方式方法、我们所具有的理念是不同的，这就决定了我们每个人所产生的思考结论也会不一样，而我们如何去培养好具有这样一个思考方式、全新的大脑理念去面对未来？

在幼儿园早期的培养当中，让孩子们准备如何应对正在变化当中的未来。我们来看一个比喻：就像一棵盆栽。盆栽是在植物早期的时候就把它定型，不断浇灌它，不断培养它，当它长成的时候便跟你最初定型的设想是一模一样的，所以早期阶段你的设想决定了它最终能长成什么样。可以说——盆栽是模仿生命的艺术。可是，在培育学前儿童的过程中，这值得我们效仿吗？

我们是否真的打算根据自己的理想去调教孩子并限制他们的成长呢？我们是想要一个心智不全、百依百顺的复制品，还是一个英勇无畏、敢于创新的思想者呢？——前者只会屈服；后者却会革新。

今天我们是否还要以这种形式去培养孩子？我们越是"强制喂食"式地让学前儿童仅在学校这种人造环境中生活——越是放大那些过早的、划分等级式的对孩子的品头论足——孩子就越少有机会增强和发展他们应对未来21世纪苛刻多变环境的能力。这是不是21世纪所需要的人才？

刚才我们了解了盆栽，我们再来看看竹子。竹子是怎样生长的呢？竹子从它最初的第一年到第五年的时间里，也许在地面上你什么也看不到，因为这个时候竹子在地底下生长，他的根径在地下盘根错节，与土壤融为一体，以满足自身生长的需要。一旦所需要元素——就位，新芽便从根茎上萌发，破土而出。这时它以每天一米的速度快速地茁壮生长。这就好像我们的幼儿园，孩子入园的时候是2—5岁，这是他将经历构建人生当中最核心基石的时候，竹子成长以后哪怕经历飓风、石块，都可以保持旺盛的生命力，仍然很好地成长。我们希望培养怎样的幼儿？未来他们是否也有更好地面对各种不确定性的能力？

我们觉得非常重要的是如何发展孩子的头脑，构建他们头脑包括认知理念的基石，从而为日后成长奠定基础，以构建他们最美好的未来。

（詹富安：在中国教育三十人论坛第五届年会暨"重构教育评价体系高峰论坛"期间就《教育创新评价》做的主题演讲）

第一节　幼儿园课程概述

宽着期限，紧着课程。

——[宋]朱熹

课程是教育中最重要、最繁难、最易被误解的问题之一。课程是关于教育目标、内容、方法和评价的一个系统，是教育思想、教育理论转化为教育实践的中介或桥梁，教育实践常以课程为轴心展开，教育改革也常以课程改革为突破口而进行。

一、课程的定义

究竟什么是课程？

对于课程，存在着许多种定义，每一种定义都试图从某种立场解释课程，结果致使对课程的界定众说纷纭,莫衷一是。

课程的定义虽然种类繁多,但将其归类,主要围绕以下几个维度:

(一)学科(领域)维度

学科维度,将课程看作教学的科目,这在历史上由来已久。我国古代的礼、乐、射、御、书、数等六艺,就有将这些科目当作课程的含义。同样,在中世纪初的欧洲,学校有文法、修辞、辩证法、算术、几何、音乐、天文学等七艺,也是西方现代学校课程体系建立的基础。

我国1980年版的《辞海》把课程定义为"课程即教学的科目,可以指一个教学科目,也可以指学校的或一个专业的全部教学科目,或指一组教学科目"。

学科课程注重学科科学体系,并根据学习者的发展特征和认识水平编制教材,让学习者进行"系统的"学习。这种课程通常表现为课程标准、课程(教学)计划、教学大纲和教科书等。

(二)经验维度

与学科维度不同,经验维度界定课程是"以儿童的主体性活动的经验为中心组织课程,也叫作生活课程、活动课程、儿童中心课程"。

以经验的维度界定课程,起源于杜威的进步主义教育思想。杜威认为,"教育是在经验中,由于经验、为着经验的一种发展过程"。他主张把"各门学科的教材或知识各个部分恢复到原来的经验。它必须恢复到它所被抽象出来的原来的经验。它必须心理化"。

卡斯威尔和坎贝尔也认为,"课程是儿童在教师指导下所获得的一切经验",而不是学科群。多尔将课程定义为"在学校的主持下,学生借以获得知识和理解,发展技能,改变态度和价值的正式的和非正式内容和过程"。

我国1987年版的《辞海》虽然保留了将课程定义为学科的部分,但也指出课程"广义指学校中学习活动的范围和进程"。

(三)目标维度

以目标的维度界定课程,起源于博比特,后经泰勒等人发展,将这种把预期的学习结果和目标看作课程的观念渐趋完善。约翰逊曾对目标的维度界定课程的特征做过这样的归纳:"课程并不关心学生在学习的情境中将要做什么,而关心的是其行为的结果——他们将学到什么(或将能做什么)。课程关心的是结果,而不是关心发生了什么事。"于是,约翰逊将课程定义为"预期行为的结构化序列"。

(四)计划维度

计划维度界定课程,反映的是一种综合的倾向。正如塔巴所言:"所有的课程,不管是什么样的特殊设计,都是由一定的元素组成的,课程通常包括对目的和特定目标的阐述;对内容的选择和组织;它或者是暗含着或者是显示一定的学和教的类型,不管是因为目标的需要还是内容组织的需要;最后还包括对结果的评价方案。"因此,塔巴把课程定义为"一种学习计划"。

奥利瓦也将课程定义为"学习者在学校指导下所获得的全部经验的计划和方案"。

二、幼儿园课程的定义

虽然说,从学前教育到高等教育的课程有其共同之处,但是,幼儿园课程在许多方面是有别于其他各级各类教育的课程的,其最明显的差别表现在对教育对象的考虑方面,以幼儿为教育对象的幼儿园课程的决策,要求教育者更多地关注个体儿童的发展水平。

从中外早期教育课程发展的历史可以看到,幼儿园课程既具有与其他各级各类课程相同的关注社会文化和知识性质的特点,也具有不同于其他各级各类课程的更为注重儿童发展的特点。因为在儿童早期,儿童发展的速率比任何时期都大,也因为儿童学习的能力极大地依赖于其自身的发展,因此,以幼儿为教育对象的幼儿园课程决策应该充分考虑每个幼儿的发展水平。几乎所有的早期教育工作者都认为,对儿童的教育应该是适宜儿童发展的,尽管他们对儿童发展的理论持有不同的看法,导致他们对适宜儿童发展也有不同的理解。幼儿教育的方法和材料也不同于其他各级各类教育,在儿童早期,更多采用的是具体的材料和活动,课程较多采用的是活动而不是上课的形式加以组织。

在我国,幼儿园课程在不同的历史时期也曾有过不同的含义。

在20世纪20—30年代,我国的幼儿教育工作者受进步主义教育思想的影响,将幼儿园课程看成幼儿在幼儿园活动的经验。例如,张雪门认为,"幼儿园课程是什么?就是给三足岁到六足岁的孩子所能够做而且喜欢做的经验的预备"。又如,张宗麟认为,"幼稚园课程者,由广义的说之,乃幼稚生在幼稚园一切之活动也"。再如,陈鹤琴也强调,幼儿园应该给予儿童充分的经验,应该以儿童的自然环境和社会环境为中心组织幼儿园课程。

50年代以后,我国学习苏联对幼儿园课程采取中央集中管理的方式,幼儿园课程较多关注的是儿童知识和技能的获得以及课程预设目的的实现。

80年代初,随着国家的改革开放,幼儿园课程开始关注儿童的经验以及课程的过程价值。

那到底怎样理解幼儿园课程的含义呢?

各种幼儿园课程定义之间的差异主要反映在所依据的教育哲学和所确定的教育目标上的不同。课程的理念一旦确定,课程的目标、内容、方法和评价等各种成分就有可能在课程理念的统合之下形成一个协调的整体,并发挥其总体的功能。

如果运用简化的方法反映幼儿园课程所持有的基本理念,那么,任何幼儿园课程都可以在一个"连续体"上找到一个合适的位置(见图9-1)。

这一连续体的一个极端是将学前教育完全看成"儿童的自然发展"和"儿童一般能力的获得";另一个极端是将学前教育完全看成完成"教师预定的教育任务"和儿童"学业知识和技能的获得"。在课程所持有的教育理念上,各种幼儿园课程之间的差异主要反映在是"对儿童自然发展和一般能力"的强调,还是"对教师教学的学业知识、技能的强调",以及强调的程度如何等方面。

如果幼儿园课程强调教师教授的学业知识和技能,强调为入小学做好学业准备,那么幼儿园课程常被看成学科或者科目,课程的目标以儿童获得预期的行为变化为主要取向,课程的内容以学科的逻辑体系加以选择和组织,课程实施以集体的、传递的方式进行,课程的评价则以客观的结果为标准。

如果幼儿园课程强调儿童的发展,强调儿童一般能力的获得,那么幼儿园课程常被看成儿童在幼儿园中所获得的全部经验,课程的目标会以儿童在活动过程中获得的经验为主要取向,课程内容会围绕儿童的生活经验而展开,课程的实施多以个体或小组方式进行,课程的评价则以教师的自我评价为主而得以实施。

各种幼儿园课程都能在反映课程价值取向的连续体中找到适合的位置,并以此作为决定幼儿园课程目标、内容、方法、组织形式和评价等方面的依据。

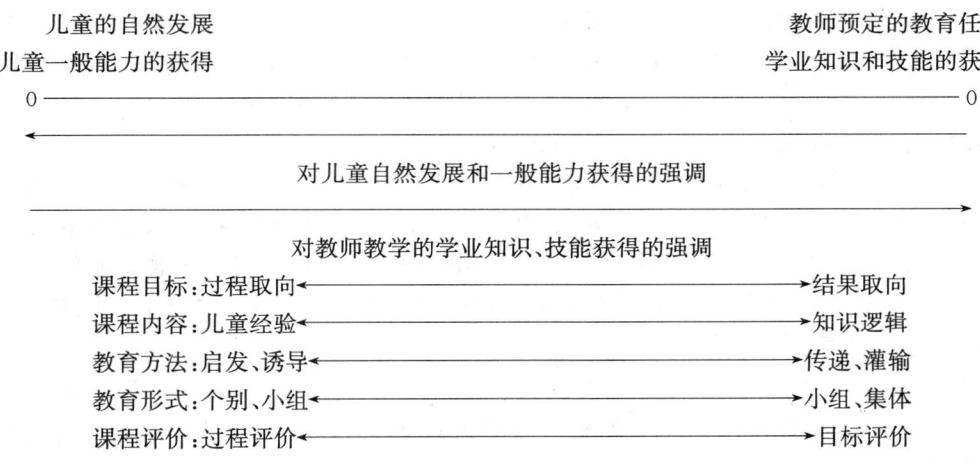

图 9-1

第二节 幼儿园课程目标

课程并不关心学生在学习的情境中将要做什么,而关心的是行为的结果——他们将学到什么(或将能做什么)。课程关心的是结果,而不关心发生了什么事。依照事实,课程与学习过程保持着预期的关系,而不是报告关系。

——Johnson, M.: *Appropriate research directions in curriculum and instruction.*

幼儿园课程目标在学前教育目的和幼儿园课程之间起了衔接作用,使学前教育的特定价值观能在课程中得以体现。幼儿园课程目标的确定,使幼儿园课程编制的方向得以明确,使课程内容的选择和组织以及课程的实施和评价等方面与课程目标成为一个有机的整体。

对儿童发展、社会需求和知识的性质以及这三者之间关系的理解不同,使课程目标具有不同的价值取向。在幼儿园课程中,较为常见的目标取向有行为目标、生成性目标和表现性目标等。

一、幼儿园课程目标的取向及其表述

(一) 行为目标

行为目标是以儿童具体的、可被观察的行为表述的课程目标,它指向的是实施课程以后在儿童身上所发生的行为变化。行为目标具有客观性和可操作性等特点。

行为目标在课程领域中的确立始于博比特,他在1918年出版的《课程》一书中,提出了课程科学化的问题,认为课程目标必须科学化、标准化。他曾用"活动分析法"对人类经验和职业进行了系统分析,由此提出了十个领域中的800多个小目标,为行为目标在课程领域的确立奠定了最初的基础。

泰勒在1949年出版的《课程与教学的基本原理》一书中,系统发展博比特等人的行为目标理念。他克服了博比特等人把课程目标无限具体化的倾向,主张在课程目标的概括化与具体化之间找到一个"度",倾向于把目标看作形成的一般反应模式,而不是要学习的非常具体的习惯。后来,泰勒又指出,课程应关注儿童学会一般的行为方式,目标应该是清楚的,但不一定是具体的。

20世纪50—60年代,布卢姆等人继承并发展了泰勒的行为目标的理念,他们借用生物学中"分类学"的概念,在教育领域建立了"教育目标分类学",从而把行为目标发展到新的阶段。

20世纪60—70年代,梅杰、波法姆等人总结并发展了前人的行为目标理念,领导发动了"行为目标运动"。该运动将行为目标取向的发展推到了顶峰。

理想的行为目标应与总的教育目的相匹配,使教育目的的价值能通过行为目标的达成而得以实现。离开了教育目的,行为目标就成了无意义的东西。

在西方国家,行为目标取向在早期儿童教育课程中的影响远远比不上它在学校课程中的影响,这与人们对早期儿童教育课程的总体目的的认识有关联。相对而言,东方文化对于行为目标取向具有较高的接纳性,即使在幼儿园课程的编制中,也常能看到这种目标取向。

在幼儿园课程编制中,课程编制者常根据自己对儿童发展和学习的理解,将课程划分为若干个领域(或学科),例如,我国的健康、语言、社会、科学、艺术等五大领域。然后,再将每一领域(或学科)逐级划分成若干个方面,例如,将艺术划分为美术和音乐;将美术又划分为绘画、手工、美术欣赏等,将音乐又划分为唱歌、律动和器乐等。然后,在每一个方面再逐级地罗列出详细的、可操作的行为目标。

以通过绘画和手工的自我表达为例,行为目标有:(1)能从各种材料中选出绘画和手工材料;(2)能在不太依赖他人想法的情况下自己绘画和做手工;(3)能主动地运用各种美术材料;(4)能够控制美术材料,并能产生特殊的效果等。

以上这些行为目标似乎尝试在课程目标的概括化与具体化之间找到一个"度",并没有将行为目标制定得非常具体化。正如目标制定者所言:在我们为教师提供信息,帮助他们仔细思考为幼儿学习制定的目标时,我们试图避免为教师提供很具体化的目标的危险。

(二)生成性目标

生成性目标是在教育过程中生成的课程目标。如果说,行为目标关注的是结果,那么生成性目标关注的则是过程。以生成性目标为取向的学者认为,教育是一个演进过程,课程目标所反映的应是此过程的方向的性质,而不是此过程某些阶段的或外部东西的性质。生成性目标反映的是前者,它反映的是儿童经验生长的内在要求,反映的是问题解决的过程和结果。

生成性目标这一取向可以追溯到杜威。杜威提出"教育即生长"的命题,根据这一命题,教育的目的就是促进儿童的生长。他明确反对把外在的目的强加于儿童,认为目的是在教育过程中内在地决定的,是教育经验的结果。

斯坦豪斯的"过程模式",给予生成性目标另一种意义。他认为,课程不应以事先规定的目标为中心,而要以过程为中心,要以儿童在教室内的表现为基础而展开。他认为,教育主要包括"训练""教学"和"引导"三个过程。"训练"和"教学"可以用"行为目标"来陈述,而"引导"则不能用"行为目标"加以表述,因为引导的本质恰恰在于它的不可预测性。

生成性目标取向在人本主义课程理论中发展到了极点。人本主义心理学家罗杰斯认为,凡是可以教的东西相对而言都是无用的,对人的行为基本上不会产生什么影响,而真正能够影响人的行为的知识,只能是他自己发现并加以同化的知识。因此,课程要为儿童提供有助于个人自由发展的学习经验,应强调儿童个人的生长、个性的完善,而不是关注如何界定和测量课程本身。

生成性目标取向追求的是"实践理性",强调在儿童、教师和教育情境的交互作用中产生课程的目标。持生成性目标取向的人坚持"过程"这一类有些模糊的术语,而不采用比较可操作的方式界定目标,因为他们认为,如果他们这样做,就会破坏生成性目标取向的原本意图。

在西方国家,以生成性目标为取向的早期儿童教育课程和教育方案并不少见,这与早期儿童教育课程相对强调儿童发展有关联。特别是自20世纪以来,早期儿童教育课程的设计和实施出现了以儿童发展理论为主要依据的倾向,强调儿童游戏,强调儿童主动地活动,强调活动的过程,强调儿童、教师和教育环境的交互作用等,更促使生成性目标取向在早期儿童教育课程中得以采用。

例如,在美国20世纪60年代发展起来,迄今已被全世界数以千计的学前教育机构采用的High/Scope课程。该课程只是列出了数十条关键经验,作为教师在组织

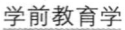

和实施教育过程的提示,而没有设置特定的课程目标。这样做的目的就在于把教师从对工作手册和工作程序表的服从中解脱出来,在教育过程中更好地发挥儿童和教师双方的主动性和积极性。

(三) 表现性目标

表现性目标是艾斯纳提出的一种目标取向。这种目标取向的提出,与艾斯纳受其所从事的艺术教育的启发有关。艾斯纳在他的研究中发现,在艺术领域里,预定的行为目标不适用,因此,提出了表现性标准作为补充。

艾斯纳认为,在编制课程时存在两种不同的教育目标,它们是教学性目标和表现性目标。教学性目标是课程中预先规定好的,规定儿童在完成学习活动后所应该习得的知识、技能等,它适合于表述文化中已有的规范和技能,它对大部分儿童而言是共同的。表现性目标和教学性目标不同,它强调的是个性化,目标指向的是培养儿童的创造性。表现性目标不规定儿童在完成学习活动后应该获得的行为,而是指向每一个儿童在教育情境中的种种"际遇"中所产生的个性化表现。它适合于表述复杂的智力活动,已有的技能和理解是这种活动得以进行的条件。

艾斯纳提出表现性目标这一概念,其用意并非替代教学性目标,而在于完善教学性目标。教学性目标针对的是表现所必需的某种技能的发展,这些技能一旦得到,便可用于表现活动之中。表现性目标则是鼓励儿童运用已有的技能,拓展并探索自己的观点、意象和情感。

二、课程的各种目标取向在幼儿园课程中的互补

各种课程目标取向各有其长处,也各有其短处。应该说,从行为目标取向发展到生成性目标取向,再发展到表现性目标取向,体现了课程发展对人的主体价值和个性解放的追求,反映了时代精神的发展方向。但是,这并不是说后者可以取代前者,每一种目标取向都有其存在的价值。在幼儿园课程的编制中,应兼容并蓄各种课程目标取向,以每种课程目标取向的长处,弥补其他课程目标取向的短处,为达成学前教育的目的服务。

行为目标具体、明确,便于操作和评价。在幼儿园课程中,某些知识和技能的传授、行为习惯的训练可以运用行为目标的方式来表述课程目标。期望通过课程的实施过程,全体儿童和大部分儿童都能够发生行为目标所规定的相应变化。应该看到,对于一些非高智能性的认知活动、文化传递性质的活动以及养成性的习惯等,采用行为目标取向,往往能收到较为直接的、理想的效果。

斯坦豪斯创导的生成性目标取向和艾斯纳创导的表现性目标取向都反对行为目标取向把人作为物而将把课程目标技术化的倾向,他们主张以人的自主发展和个性化发展作为课程目标取向的根本。由于这些高层次目标具有不可预测性和不可控制性,因此,这两种目标取向在目标的表述方面都采用了开放的形式,即一切依据儿童、教师和具体教育情境而确定,不设统一的标准。

第九章　幼儿园课程

第三节　幼儿园课程内容

教育是在经验中，由于经验、为着经验的一种发展过程。

——［美］杜威

幼儿园课程内容是实现幼儿园课程目标的手段，对于教师和儿童而言，主要解决的分别是"教什么"和"学什么"的问题。幼儿园课程内容与课程目标相符合的程度与幼儿园课程设计者所持有的价值取向能否得以实现有着直接联系。

一、幼儿园课程内容的取向

课程内容存在三种不同的取向，反映了人们对课程内容的不同理解，在其背后，体现的是不同的教育目的取向。在幼儿园课程编制过程中，幼儿园课程内容的选择和组织首先涉及的是对课程内容取向的思考，然后才是课程的类型、结构和一些其他方面。

（一）课程内容即教材

将课程内容看作教材的取向，是与将课程内容看作向儿童传授知识这一基本点连在一起的，而知识的传递是以教材为依据的。对课程内容持这一取向，会使课程编制者将课程内容的重点放在教材上，会较多地考虑知识本身的系统性和逻辑性，使之成为在教与学过程中的基本材料。

课程内容即教材的取向，将课程内容作为预设的东西，规定了教师应该教什么和儿童应该学什么，其长处在于知识和技能的系统性与可操作性强，使教师在教育、教学过程中有据可依。由于这些长处，使课程内容即教材的取向在幼儿园课程编制过程中经常被人采用。

但是，这一取向使课程内容成了课程编制者规定儿童必须接受的东西，而不一定是儿童需要的和感兴趣的东西。为了弥补这种课程内容取向的弊端，课程编制者和教师经常会想方设法地运用各种教学技术和技巧，对教材进行加工和改造，试图使教材能引起儿童的兴趣。

（二）课程内容即学习活动

将课程内容看作学习活动的取向，把关注点放在儿童做些什么，强调课程与社会生活的联系，强调儿童在学习中的主动性。英国教育家怀海特说："教育只有一种教材，那就是生活的一切方面。"这句话明确道出了这种取向的本质。

在幼儿园课程编制中，这种取向相对中小学课程而言，更容易被人接受和采用，也较为多见。对课程内容持这种取向，会使课程编制者设计和安排大量的活动，并让儿童在参与活动的过程中去探索和发现。例如，我国教育家陈鹤琴提出的活教育的三大目标，其中"做中学、做中教、做中求进步；大自然、大社会都是活教材"，即反映了这种取向。

这种取向关注了儿童的活动，然而，这往往是儿童的外显活动，尽管这些活动在表面上可能很活跃，却不是儿童对课程内容的同化，不会从根本上引起儿童深层次的心理结构的变化。在学习过程中，每个儿童都在自己原有的水平上获得经验，即使是同样的活动，对于不同的儿童而言，所获得的意义可以是完全不相同的。课程内容的这种取向没有从根本上反映出儿童学习的这一本质。

（三）课程内容即学习经验

课程内容即学习经验的取向把课程内容看成儿童的学习经验，认定儿童是主动的学习者，决定学习的质和量的主要方面是儿童而不是教材。换言之，儿童是否能够真正理解和获得课程内容，主要取决于儿童已有的心理结构，取决于儿童与环境之间的有意义的交互作用。根据这种取向，知识是儿童自己"学"会的，而不是老师"教"会的；课程内容应由儿童决定，而不是由学科专家支配的。

对课程内容持这种取向，会使课程编制者关注幼儿园环境的创设，关注儿童学习经验的获得。例如，一些以皮亚杰建构理论为主要理论基础的早期儿童教育课程和教育方案，就是以此作为课程内容取向的。课程和方案设计者强调的是儿童在与环境交互作用中经验的获得和知识的建构，而不是特定的知识传递，或是一般意义上活动的组织和安排。

但是，儿童的经验主要还是儿童自己的心理体验。这是一种主观的东西，课程编制者和教师都难以把握，容易使课程内容过于泛化。

尽管课程内容的这些不同取向对课程内容的关注点各不相同，甚至存在着冲突，但是，在课程编制中可以相互兼顾、取长补短，根据课程编制者的教育价值观，在学科知识、学习活动和学习经验之间取得平衡。

二、幼儿园课程内容的选择

课程内容的不同取向会对课程内容的选择产生决定性的影响。

课程内容即教材的取向，将课程内容看作向儿童传递的知识和技能，那么在选择幼儿园课程内容时会必然会注重内容的基础性，将经过认真筛选的基础知识和基本技能编入教学计划、教学大纲和教材，这些基础知识和基本技能应在一定程度上反映人类文化遗产中的精华，又是发展中的儿童适应未来社会生活所必需的。

课程内容即学习活动的取向，强调课程与社会生活的联系，强调儿童在学习过程中的主动参与，那么在选择幼儿园课程内容时必然会注重使课程内容贴近社会生活，以有益于儿童接触社会、了解社会，并初步学习一些与社会生活相贴近的知识和技能。

课程内容即学习经验的取向，把课程内容看作儿童的学习经验，那么在选择幼儿园课程内容时必然会注重课程内容与儿童发展特征相符合，使课程内容能够通过儿童与环境之间有意义的交互作用而被儿童同化。在选择课程内容时,将充分顾及儿童的兴趣、需要和能力。

其实,在选择幼儿园课程内容时,课程内容适合儿童发展特征、贴近社会生活以及顾及基础性这三个方面并不矛盾和相互排斥。只是不同的教育价值取向在涉及课程内容选择的问题时,以不同的方式平衡这三者之间的关系而已。

三、幼儿园课程内容的组织

以课程哲学观为基础对课程的组织方式进行分类,可以将所有的课程分为学科中心课程、儿童中心课程和社会中心课程。在幼儿园课程中,常见的是前两类课程。

(一)学科中心课程

学科中心课程强调按知识内在性质及其内在结构组织课程内容。学科中心课程认定,学科是传递知识和技能的最为有效的方式,能以最为系统、最为经济和最为合理的方式为儿童提供社会文化遗产。

在幼儿园课程中,"分科教育"就是一种典型的学科中心课程。有些课程将数门学科结合一体,形成了带有综合性质的学科课程。

(二)儿童中心课程

儿童中心课程强调根据儿童的兴趣、需要和能力组织课程内容。从课程的命名就可以看出,这种课程关注的不是学科,而是儿童。课程内容的组织以儿童为中心,而且内容可以根据儿童兴趣和需要的变化而变化。

在幼儿园课程中,儿童中心课程并不少见。例如,"综合主题教育""方案教学"等许多幼儿园课程都带有以儿童为中心的倾向。

除了以上的分类外,还可以从其他的角度看待课程的组织方式。例如,根据课程的表现形式,可以将课程分为显性课程和隐性课程;根据课程内容的结构化程度,可以将课程分为正式课程和非正式课程(或称为正规课程和非正规课程)等。

应该看到,在理论上,各种课程内容的组织方式可以在严格的意义上加以分类,但是在实践中,各种课程内容的组织方式并不是非此即彼的,有时甚至是可以兼容的。在教育实践中,各种课程内容在组织方式上的差异,往往体现在取向的程度上,而不是表现为极端的选择上。

第四节 幼儿园课程评价

对学前教育的课程进行评价是十分重要的,它既是课程的终端环节,同时也是课程的起始环节,对课程的发展具有承前启后的作用。

——李生兰著:《学前教育学》

课程评价是对课程的价值做出判断的过程。评价课程具有诊断课程、修正课程、对各种课程的相对价值进行比较、预测教育的需求，或者确定课程目标达成的程度等价值。

一、幼儿园课程评价的要素

幼儿园课程评价是针对幼儿园课程的特点和组成部分，分析和判断幼儿园课程的价值的过程，即评估由于幼儿园课程的影响所引起的变化的数量和程度。

（一）幼儿园课程评价的作用

幼儿园课程评价的作用大致有两个方面，其一是可以满足教师、课程专业人员、幼儿园行政管理人员以及其他负责课程编制人员的需要，通过课程评价，检验或完善原有的幼儿园课程，或者开发和发展新的幼儿园课程；其二是可以满足幼儿教育政策制定者、幼儿园行政管理人员以及社会其他成员获得教育方面信息的需要，以便管理课程，做出影响课程的各种决策。

（二）幼儿园课程评价的人员

幼儿园课程的评价人员由谁承担，取决于课程评价的目的、种类、评价人员与被评价者的利益关系等因素。例如，如果课程评价的目的是总结性的，那么课程评价人员应从那些不受评价对象制约和影响并具有评价知识和经验的人中去选择；如果课程评价的目的是形成性的，那么评价人员应从那些接近评价对象并具有评价知识和经验的人中去挑选。

（三）幼儿园课程评价的标准和指标

在评价课程时，需要有能衡量课程设计、课程实施状况和课程效果的标尺。课程评价的标准就是这种衡量的标尺，而评价指标则是评价标准的具体化。

从一般意义上说，课程评价理应客观、公正和标准化，课程评价的标准和指标也应规范化。但是，课程评价是极为复杂的事，它是对课程的价值做出判断，而价值观是相对的，不同的价值观会对同样的课程做出不同的判断。因此，从不同的价值观出发，就有可能运用不同的评价标准和指标作为课程评价标尺；以不同的目的、用不同的方式所做的课程评价也会用不同的评价标准和指标作为课程评价标尺。

例如，在对以目标模式设计的幼儿园课程的效果进行评价时，常以课程确定的行为目标作为课程评价指标，这些课程目标本身比较行为化和具体化，从上一级指标到下一级指标，多层次的指标构成一个完整的指标体系，课程目标中所确定的许多具体的、可观察的行为，都是评价这种课程效果的指标。

二、幼儿园课程评价的取向

在对幼儿园课程做出评价时，必然会表现出某种基本的取向，反映出课程评价者关注的是幼儿园课程哪些方面的价值。

在幼儿园课程评价中，最常见的取向是形成性评价和总结性评价。

形成性评价是一种过程评价,旨在通过对课程发展过程中所获得的材料的分析和判断,调整和改进课程方案,使正在形成中的课程更为完善。

总结性评价是一种结果评价,旨在对课程实施以后所获得的效果进行评价,以验证课程的成功程度和推广价值。

形成性评价关注的是课程问题的起因,总结性评价关注的是课程问题的程度;形成性评价的结果主要是为课程编制者改进课程所用,总结性评价的结果主要是为了课程决策者提供制定政策的依据;形成性评价关注的是课程计划的改进,总结性评价关注的是评定课程计划整体效果。

三、幼儿园课程评价的模式

在幼儿园课程评价中,有许多可供选择的评价模式和方法,如目标评价模式、CIPP评价模式、外观评价模式、目的游离评价模式、差距评价模式等。我们主要介绍以下三种评价模式。

(一) 目标评价模式

目标评价模式主要是在泰勒的"评价原理"和"课程原理"的基础上形成的。

目标评价模式的主要关注点是确定课程预设的目标与课程实施结果之间的契合程度。目标评价模式强调评价从目标入手,因此,首先要明确地阐述目标,这是课程评价的重要一环,因为这是课程评价者要能知道课程目标实际达成程度的基本保证;其次,要确定课程评价的情境,使儿童有机会表现出课程目标指向的行为;再次,目标评价模式也特别强调评价的工具和手段,因为它们直接影响评价结果的信度和效度。

目标评价模式因为便于操作而又直接见效,曾在课程评价中占领主导地位。但是,目标评价模式强调了预期的课程目标,而相对忽视课程实施的前提和过程,以及其他许多与课程预期目标无直接关联的因素。目标评价模式强调了评价工具和手段的客观性和可操作性,而相对缺乏对课程目标价值判断合理性的关注,往往将诸如创造性、自主性、好奇心等一些不易测量却有价值的方面排斥在课程目标之外。因此,目标评价模式的运用存在着相当的局限性。

(二) 背景、输入、过程、成果(CIPP)评价模式

背景、输入、过程、成果评价模式是决策类型评价模式。它由四类评价组成,它们是背景评价(Context Evaluation)、输入评价(Input Evaluation)、过程评价(Process Evaluation)和成果评价(Product Evaluation)。CIPP是由这四类评价的英文名称的第一个字母组成的缩略语。

CIPP评价模式的创始人斯塔费比姆认为,课程评价应该为课程决策者提供有用的信息,而不应该将评价局限于评定课程目标达成程度。

背景评价,强调的是应该根据评价对象的需要对课程目标做出判断,评定课程目标是否与评价对象的需要相一致。

输入评价是课程计划的可行性评价,它是为构建决策服务的,旨在通过对各种可

供选择的课程计划的评价,帮助课程决策者选择达成目标的最佳手段和途径。

过程评价是为执行决策服务的,主要通过对课堂实施过程的实际描述,确定或预测课程本身和实施过程中存在的问题,从而为课程决策者提供如何修改或调整课程的有效信息。

成果评价是为循环决策服务的,旨在测量、解释和评判课程计划的成果,它不只是对课程的最后鉴定,也是对课程质量控制的一种手段。

CIPP评价模式因为涉及影响课程计划的诸多因素,所以比较全面、综合性强,可以在课程方面的任何阶段进行,可为课程决策提供持续往复的信息,对课程决策人员有广泛的服务性功能。但是,该评价模式没有提供评价者的价值判断,只是通过提供信息,要求决策者根据这些信息做出判断,因此,评价的效能取决于决策者本人。此外,评价的操作过程比较复杂,难以把握,而且评价成本较高。

(三) 外观评价模式

外观评价模式是由斯塔克提出的。他主张教育者要考察评价的全程,倡导了教育评价的外观评价模式。

外观评价模式要求评价者从三个方面收集有关课程的资料。其一是前提因素,即在课程实施之前任何可能与结果有关系的条件或因素;其二是过程因素,即课程实施过程中评价对象的各类活动和交往,以及人与物之间的关系等;其三是结果因素,即课程实施所产生的影响。

外观评价模式要求评价者对三个方面的因素既要做出详尽的描述,又要进行适宜的评判,因为描述和评判都有各自的价值,只有将两者结合起来,才能完成对课程的全面评价。

外观评价模式注重描述和评判课程在实施过程中所出现的各种动态现象,并将课程实施过程中前后的资料作为参考系数,因此评价较为周全。而且,外观评价模式可被用作形成性评价、总结性评价等各种类型的评价,还可针对不同的评价听取人的兴趣和需要,做出相应的评价报告。但是外观评价模式也存在其局限性,例如,将观察和描述作为评价的主要依据,往往会渗入个人的主观因素;又如,评价的涉及面广,不仅操作较难,而且耗费较大。

各种课程的评价模式都有其长处和不足,在实际操作中,可根据需要,借鉴多种评价模式的长处,以克服单一评价模式的不足。换言之,应充分发挥评价者的创造力,以评价的实际需要为出发点,可对单一课程评价模式做合理的修正,亦可从评价内容或方法等方面入手,综合几种评价模式,使课程评价更趋合理和有效。

四、幼儿园课程评价的过程

从较为宏观的层面上看,幼儿园课程评价的过程大致可分以下五个阶段:

1. 确定目的

课程评价人员要详细说明评价的目的,识别评价是在哪些政策和限制条件下进行的,决定评价在哪个课程范围中进行以及如何安排评价的时间,认定在实施评价后所达成的决策程度等。

2. 收集信息

课程评价人员要认清评价所需的信息来源,以及能用于搜集这些信息的方法、途径和手段。

3. 组织材料

课程评价人员要对所搜集到的信息进行编码、组织、储存和提取,使之有效地运用于评价。

4. 分析材料

课程评价人员要选择和运用适当的分析技术,对经由处理的材料进行解释。

5. 报告结果

课程评价人员根据课程评价的初衷,决定课程评价报告的性质,包括报告的阅读对象、报告的形式以及有关报告的其他事项。

第五节　当代西方早期教育课程及发展趋势

> 存在一种神秘的力量,它给新生儿孤弱的躯体一种活力,使他能够生长,教他说话,进而使他完美,那我们可以把儿童心理和生理的发展说成是一种"实体化"。
>
> ——蒙台梭利著,马荣根译:《童年的秘密》

对当代西方一些著名的早期教育课程模式和教育方案进行剖析,分析这些课程模式和教育方案产生的背景以及它们从理论依据到实践运作的系统,总结经验,抽取精髓,会对幼儿园课程的理论研究和实践运用产生裨益。

一、当代西方著名早期教育课程模式和教育方案

在早期教育课程的理论和实践的发展过程中,西方曾出现过许多种课程模式和有特点的教育方案,为表述理论到实践的演绎,或实践到理论的归纳提供了样板。这些课程模式和教育方案都明确地表述了编制者如何从特定的历史条件和社会背景出发,处理课程理论和实践的关系的基本思路,以及如何完成从课程理论到教育实践的转化过程。

(一) 斑克街(Bank Street)早期教育方案

斑克街早期教育方案可以追溯到 1916 年。后来逐步发展,1928 年曾参与美国

"开端计划""随后计划"等国家教育项目。斑克街方案已远不只局限于一个教育机构,它经过了一个由理论到实践的长期实验过程,对美国和其他国家的早期教育产生过并将继续产生重要的影响。

1. 斑克街早期教育方案的理论基础

斑克街早期教育方案的理念主要来源于三个方面,其一是弗洛伊德及其追随者的心理动力学理论,特别是埃里克森等一些将儿童发展置于社会背景中的学者的理论;其二是皮亚杰等一些研究兴趣在于儿童认知发展的发展心理学家的理论;其三是杜威等一些教育理论和实践工作者的理论。

如果要用一个词来概括斑克街早期教育方案的特点,那么这个词就是"发展—互动"。"发展"的含义是指儿童生长的样式以及对儿童和成人成长特征的理解和反应的方式。"互动"首先强调的是儿童与环境,包括与其他儿童、成人物质环境的交互作用;其次指的是认知发展和情感发展的交互作用,认知和情感的发展并不是分离的,而是相互关联的。

2. 斑克街早期教育方案的目标、内容与方法

斑克街早期教育方案的教育目标首先是培养儿童有效地作用于环境的能力,包括各方面的能力以及运用这些能力的动机;第二是促进儿童自主性和个性的发展,包括自我认同、自主行动、自行抉择、承担责任和接受帮助的能力;第三是培养儿童的社会性,包括关心他人、成为集体的一员、友爱同伴等;第四是鼓励儿童的创造性。

斑克街早期教育方案常以"社会学习"的问题为综合性课程的主题,教师为儿童获取社会学习和掌握重要技能的经验提供机会。以社会学习为核心展开的课程,共分为六大类:(1)人类与环境的互动;(2)人类为生存而产生的从家庭到国家的各级社会单位及其与人的关系;(3)人类世代相传;(4)通过宗教、科学和艺术等,了解生命的意义;(5)个体和群体的行为;(6)变化的世界。

在斑克街早期教育方案中,主题网和课程轮是课程设计和实施中常用的工具。课程轮的中央是主题,轮辐间的空间可由教师设计各个活动区或活动种类的内容,允许教师根据需要加以更改、增加或删除。

课程的实施常分为以下七个步骤:(1)选择主题;(2)确定目标;(3)教师学习与主题有关的内容,并收集资料;(4)开展活动;(5)家庭参与;(6)高潮活动;(7)观察和评价。

3. 对斑克街早期教育方案的评价

斑克街早期教育方案强调让儿童进行有意义的学习,使他们感受到自己的能力,强调帮助儿童理解对他们成长而言是最为重要的事物,而不是与学业成绩有关的东西。总体来说,该方案以儿童为中心,关注儿童兴趣和需要的满足,鼓励儿童主动的活动。

但有些学者认为,该方案的理论似乎更像是一些从各种理论而来的、没有经过统合的观点的集合体,而不像一种完整的理论。有的学者还批评该方案理论和实践之

间存在着沟壑。

（二）蒙台梭利课程模式

蒙台梭利是意大利的幼儿教育家,被誉为在世界幼儿教育史上自福禄贝尔以来影响最大的人之一。

1. 蒙台梭利课程模式的理论基础

蒙台梭利的教育思想是与她的儿童发展观紧密联系在一起的。一方面,蒙台梭利十分重视遗传素质和内在的生命力,她认为,正是这种内在的冲动力,促使儿童不断地发展;另一方面,蒙台梭利也相信环境对儿童的发展能起到举足轻重的作用。

2. 蒙台梭利课程模式的教育目标、内容和方法

蒙台梭利课程模式以培养儿童具有身心均衡发展的人格为目标,通过作业的方式,让儿童把内在的生命力表现出来,在作业过程中培养儿童的注意力,在自由和主动的活动中让儿童自我纠正,使儿童在为其设置的环境中成为具有特质的人。

在蒙台梭利课程模式中,教育内容由四个方面组成:日常生活练习、感官训练、肌肉训练和初步知识的学习。教师通过创设环境、提供蒙台梭利教具、对儿童进行观察和引导等方法对儿童实施教育。

在教学中,教师扮演的角色首先是观察者,其次是指导员和榜样。

3. 对蒙台梭利课程模式的评价

蒙台梭利课程模式迄今为止仍在世界范围内有相当的影响,说明该课程模式有其吸引人之处。例如,皮亚杰在评价蒙台梭利模式时曾经说过:"蒙台梭利对于智力缺陷儿童心理机制细致的观察便成了一般方法的出发点,而这种方法在全世界的影响是无法估计的。"

但从严格意义上讲,这种课程模式对蒙台梭利而言,还谈不上完整的教育思想,只是一种教学方法;其次,这种教学法带有相当程度的机械化和形式化的色彩,教师的作用是比较被动和消极的;再次,该课程模式的结构化程度较高,儿童的行为常被高结构化的活动所限制,不利于儿童主体作用的发挥;同时,该课程还有偏重智力训练而忽视情感陶冶和社会化过程的倾向。

（三）直接教学模式

直接教学模式产生于20世纪60—70年代的美国,主要目标是帮助儿童获得进入小学所需要的读、写、算的基本技能,并通过学业上的成就,发展儿童的自信心,增强自尊心。该模式被列为美国"开端计划"首先发展的早期干预模式之一。

1. 直接教学模式的理论基础

直接教学模式主要是建立在斯金纳的操作性条件反射的理论基础上。他认为,教育是能够产生可以观察到的行为的变化的过程,而强化则是产生这种变化的机制。

2. BE直接教学模式

BE直接教学模式是贝瑞特(Bereiter,C.)和恩格尔曼(Engelmann,S.)为帮助

4—6岁低收入家庭的儿童在学业上能够追上中产阶级家庭出身的儿童所设计的教育方案。

他们编制了成套的阅读、拼写、语言和数学教材,为儿童设计的课以小步递进的方式加以组织和实施。即教师教一点信息,儿童即重复这个信息,教师提出有关这个信息的问题,儿童对教师的问题做出反应。如果反应是正确的,儿童会受到表扬或奖励;如果反应错误,教师则加以纠正,这个过程就会持续,直至儿童能够重复教师正确的答案为止,这时,教师和儿童才开始下一个的学习任务。在读、写、算三个方面,都有专职教师对儿童进行教学。教学以五人为一个小组,每节课的课时为20分钟。除此以外,唱歌是主要活动。

许多研究都表明,这类高度结构化的课程模式使儿童在学业上获得了成功,并使一些儿童因为学业的成功而树立了自信。经过这种课程训练的儿童,智力测验和学业成就测验的成绩都较高,进入小学以后,在读、写、算方面都达到较高的水平。

然而,直接教学模式有不少消极的方面。对这些儿童进行长期追踪研究,也发现这类课程的长期效应并不理想,即儿童在小学低年级获得的优势,在小学高年级就不明显了。

(四)海伊斯科普(High/Scope)课程

海伊斯科普课程始于1962年,它是当时美国密歇根州海伊斯科普佩里学校学前教育科研项目的一部分,也是美国"开端计划"中第一批通过帮助处境不利的学龄前儿童摆脱贫苦的学前教育方案。

1. 海伊斯科普课程的理论基础

该课程的理论基础是皮亚杰的儿童发展理论。他们运用皮亚杰理论组织课程的进程,强调根据每一个儿童的发展水平去促进其发展。同时,还强调教师通过直接和表征的经验,以适应儿童发展水平的方式帮助儿童增强认知能力。课程设计者将儿童看成主动学习者,认定儿童能在其自己计划、进行和反应的活动中获得较好地学习。

2. 海伊斯科普课程的目标、内容和方法

海伊斯科普课程的设计者们认定,主动学习是儿童发展过程的核心。他们根据这一信念和皮亚杰论述有关前运算阶段儿童最为重要的认知特征,确定了49条关键经验,以此作为制定课程和进行评价的指标。这些关键经验包括创造性表征、语言和文字、主动的社会关系、运动、音乐、分类、排序、数字、空间和时间等几个方面,每个方面由一些具体的关键经验组成。

海伊斯科普课程的实施是由"计划—工作—回忆"三个环节以及其他一些活动组成的。在"计划时间",老师给予儿童表达自己想法和打算的机会,通过让儿童做他们自己决定做的事,使儿童体验独立工作的感受以及与成人和同伴一起工作的快乐。"工作时间"占日常活动的时间最多。在这段时间中,儿童进行他们计划的项目和活动,对材料进行探究,学习新的技能,尝试自己的想法。教师则是鼓励、支持和指导儿童的活动,设置问题情景,并参与儿童的讨论。"回忆时间"是三个环节中最后一个环节,通常在整理和收拾时间之后。回忆可以通过讲述活动的过程,重温儿童在活动中遇到的问题,通过绘画表现活动所做过的事情等方式进行。

3. 对海伊斯科普课程的评价

海伊斯科普课程不要求购置和使用特殊的材料,作为典型的教育方案,它唯一的花费在于为儿童设置学习环境。长期的追踪研究表明,学习该课程的儿童在社会责任感、经济状况、受教育状况等方面明显优于对照组儿童。对该课程的经济投资进行效益测算,发现对该项目的投资所产生的效益高于对其他社会性项目的投资。

(五) 方案教学(Project Approach)

在杜威进步主义教育思想的影响下,克伯屈于1918年发表了《方案教学法》一文,倡导这种教学模式。随后,这种模式在世界各地被采用。近20多年来,引起全世界学前教育界广泛关注的意大利瑞吉欧教育体系,其主要的特征之一也是方案教学。

美国著名的儿童教育家凯兹(Katz, L. G.)认为:"方案教学不只是教学法、学习法,也包括了教什么、学什么。就教的角度而言,方案教学特别点出教师要以符合人性的方式,鼓励孩子去与环境中的人、事、物发生有意义的互动;从学的观点来看,方案教学强调孩子要主动参与他们的研究方案。"

方案教学的组织和实施过程没有固定的程式,一切应根据时间、地点和条件而灵活地确定活动的操作步骤。方案教学较好地将教育为社会服务的工具性功能和为人自身充分发展创造条件的功能完美地结合起来。然而,方案教学的运行过程具有较大的弹性,没有统一的操作模式,需要教师在与儿童互动的过程中运用智慧去把握教育、教学过程,因此,对于没有经过专业训练的教师,或者专业水平欠高的教师,都难以在真正意义上去运用,并取得良好的效果。

(六) 瑞吉欧教育体系

瑞吉欧·艾米里亚是意大利北部的一个小镇。在近40年里,建立了一个公共的儿童保教体系,形成了一套特殊的、创新的教育哲学和教育理念、学校的管理方法以及环境设计的想法,成为一个有机的整体,人们称之为瑞吉欧·艾米里亚教育体系。它被视为欧洲教育改革的典范,并对世界各国的学前教育产生了重要影响。

1. 瑞吉欧教育体系的理念

瑞吉欧教育体系的理念来自三个方面,它们是欧洲和美国的进步主义教育思潮、皮亚杰和维果茨基的心理学理论以及战后意大利的左派政治改革。

2. 瑞吉欧教育体系的课程

方案活动(progettazione)是瑞吉欧教育体系课程的主要特征之一。该方案活动有其自身特点:儿童以小组活动为主的形式与教师一起合作探索他们感兴趣的问题,这类方案活动可以起始于儿童对物质世界或社会的好奇心,或者出自儿童的某种主张,或者发源于儿童对哲学两难问题的思考。此外,教师也可以在观察儿童的基础上提出问题,发起方案活动。

3. 对瑞吉欧教育体系的评价

1991年,美国《新闻周刊》将艾米里亚市立幼儿园——戴安娜学校(Diana School)评为世界上最先进的幼儿教育机构。诚如加德纳所言:"以我之所见,现在世界上还没有哪个地方像瑞吉欧·艾米里亚地区的学校做得这样出色。"著名的美国教育心理学家布鲁纳(Bruner,J.)在评价瑞吉欧教育体系时将它看成是发生在"一个城市里的奇迹"。

二、西方早期教育课程的发展趋势

面对未来的挑战,西方国家早期教育课程的发展主要呈现以下几个方面的趋势:

(一)课程多元文化化

科技的发展、社会关系的变化以及人口的流动等因素使社会向多元文化方向发展,这种发展趋势不仅反映在社会人际关系、生活方式、政治运作、经济运行和文化意识形态等方面,也必然会反映在儿童教育方面。向多元文化方向发展是西方早期教育课程发展的一个趋向。

(二)保育和教育相整合

课程既有教育功能,又有保育功能,两者完全整合为一体,这是西方早期教育课程的一个发展趋势。

(三)课程全纳化

课程全纳化,以服务于所有的儿童,包括一般儿童和有特殊需要的儿童,这也是西方早期教育课程的一个发展趋势。

(四)课程综合化

尽管在有些西方国家,教育受到"回归基础运动"的影响,但是,杜威进步主义教育的思想仍然深深地根植于早期教育工作者的头脑之中,帮助儿童懂得通过课程的所有领域而整体地去学习,并将它们运用于生活,这是西方早期教育课程改革的一个方向。

(五)课程个性化

只有高度个性化的儿童,才会富有创新精神和创造力,才能在未来适应复杂多变的社会。个性化的儿童需要个性化的课程进行培养。课程越来越趋向能使每个儿童在一定的学习背景中以自己的方式建构知识,并作用于外部环境和受外部环境的影响。因此,课程的个性化也是西方早期儿童教育课程的一个发展趋势。

(六)课程科技化和信息化

科学研究表明,学前儿童运用计算机是有益的。随着计算机软件的进一步开发,计算机将与课程整合为一体。计算机学习更在于让儿童将计算机当作具有强大功能的工具,去学习如何进行学习。

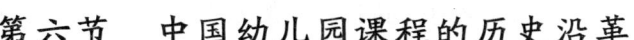

第六节　中国幼儿园课程的历史沿革

> 课程是整个的,连贯的。依据儿童身心的发展,五指活动在儿童生活中结成一个教育的网,有组织有系统,合理地编织在儿童的生活上。
> ——北京市教育科学研究所:《陈鹤琴全集》第 2 卷

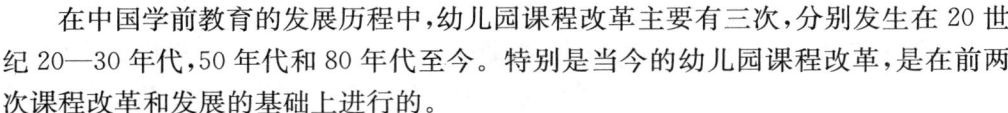

在中国学前教育的发展历程中,幼儿园课程改革主要有三次,分别发生在 20 世纪 20—30 年代,50 年代和 80 年代至今。特别是当今的幼儿园课程改革,是在前两次课程改革和发展的基础上进行的。

一、中国幼儿园课程改革的历史

(一) 20 世纪 20 年代至 30 年代的幼儿园课程改革

20 世纪初,中国的幼儿园开始建立。幼儿园教育主要照搬外国的教育模式,从教育内容、方法,到设施和玩具,先效法日本,后仿效西方。福禄贝尔、蒙台梭利和杜威等人的思想相继对当时的幼儿园课程产生过影响。

1919 年爆发的"五四"新文化运动,为各种哲学流派在中国的传播创造了条件。中国的一些教育家,如陈鹤琴、陶行知、张雪门等,一方面接受并引进了这些来自西方的教育思想,另一方面也洞察了幼儿园教育照搬外国所带来的弊病,提出了从课程改革入手,使幼儿园教育科学化、本土化的主张。

20—30 年代,幼儿园课程改革在理论上确认了儿童的主体性,认定了课程应来源于儿童的生活,课程应包括儿童在园的一切活动,提出了课程的编制应依据儿童的心理水平。可以说,80 年代以后开始的中国幼儿园课程改革,在很大程度上受到了 20—30 年代的幼儿园课程改革的影响。

(二) 20 世纪 50 年代的幼儿园课程改革

1949 年 10 月,中华人民共和国成立,政府在整顿和改造原有幼儿教育的基础上发展幼儿教育。

在教育全面学习苏联的背景下,学前教育也全盘接受苏联的理论和实践经验。教育部于 20 世纪 50 年代邀请两位苏联的幼教专家来华讲学,并推广苏联的经验,主要表现为引进了"作业"。教学大纲为作业规定了内容和时间,通过作业对幼儿进行系统的教学。教育部于 1952 年颁布的《幼儿园暂行规程》和《幼儿园暂行教学纲要》规定了幼儿园招收 3—7 岁的幼儿,幼儿园的活动项目有体育、语言、认识环境、图画、手工、音乐、计算,幼儿园不进行识字教育;还规定了幼儿园教养活动的各个科目以及各科目的教育纲要,强调科目本身的科学性和逻辑性,强调教师的主导作用,提出有目的、有计划地组织幼儿活动,将教育贯穿于幼儿在园的一日生活中。

1966—1976年"文化大革命"期间,中国的教育遭受了一场劫难,学前教育也不例外。经过十年动乱,教育开始恢复,并走向正常化。1979年,教育部颁发了《城市幼儿园工作条例(试行草案)》,规定幼儿园应贯彻保教结合的原则,并规定了幼儿园教育应包含体育锻炼、游戏和作业、思想品德教育等方面。1981年,教育部颁布了《幼儿园教育纲要(试行草案)》。这是在继承1952年《幼儿园暂行规程》和《幼儿园暂行教学纲要》的基础上制订的,规定了幼儿园教育的内容为生活卫生习惯、体育活动、思想品德、语言、常识、计算、音乐、美术等八个方面,并强调通过游戏、上课、劳动、娱乐、日常生活等各种活动完成教育任务。根据纲要,教育部组织编写全国统编幼儿园教材,供全国幼儿园使用。

从50年代起,逐渐形成和发展的学科课程对中国幼儿园课程的影响是根深蒂固的。80年代以来,幼儿园课程改革直接针对的是学科课程体系。尽管中国学前教育理论和实践工作者对学科课程的弊端提出了尖锐的批评,尽管他们对非学科课程抱有极大的热情,但是迄今为止,在教育实践中,占主要地位的仍然是这种传统的学科课程。

(三) 20世纪80年代以来的幼儿园课程改革

20世纪80年代以后,中国的学前教育工作者以幼儿园课程改革为突破口,展开了大规模的幼儿教育改革运动。来自国外的各种儿童发展和教育理论,诸如蒙台梭利、杜威、布朗芬布伦纳、布鲁纳,特别是皮亚杰等人的思想开始广泛传播;中国近现代教育家们的思想,特别是陈鹤琴的思想再次受到重视,这些都为80年代以来的幼儿教育改革提供了理论背景。

80年代初开始的幼儿园课程改革是从各地自发进行的试验开始的。这些试验从单科扩展到了整体,从城市扩展到了农村,对幼儿园课程改革起了推动作用。在这些试验中,比较有影响的是幼儿园综合主题教育。可以说,这些试验所针对的问题是很明确的,那就是学科课程过分强调系统的单科知识和技能,忽视各学科间的内在联系,忽视儿童的实际生活和直接经验。

这场改革最具影响力的举措是国家教委1989年颁布的《幼儿园工作规程》(简称《规程》)。《规程》体现了这场改革的初衷,反映了幼儿教育面向世界、面向未来、面向现代化的精神,通过行政的手段,将其规定的内容推向各级行政机构和基层幼儿园。

《规程》虽然没有提及"课程"二字,但是根据它的精神,幼儿园的一切活动,只要能影响儿童的行为、态度和价值观,都被看作是课程。学前教育理论和实践工作者设计与实施了各种幼儿园试验性的课程,除了综合教育课程以外,还有活动教育课程、发展性课程、游戏课程、情感课程,等等。但是,这些在改革过程中产生的课程方案大都并不成熟,在很大的程度上仍带有改革以前幼儿园课程所具有的弊端。

2001年,国家教育部颁布了《幼儿园教育指导纲要(试行)》,在国家层面上对包括幼儿园课程在内的幼儿园教育进行了宏观指导,规定了幼儿园教育总的教育目标、教育内容和实施原则,要求地方政府制定指导意见,以幼儿园为主确定自己的课程。

《纲要》对课程内容的划分没有做统一规定,但是,文件以"健康、语言、社会、科学、艺术等"五个领域的内容划分为例,阐述了课程目标、内容与要求,以及指导要点。

当今,各地区幼儿园课程之间,即使同一地区的不同幼儿园课程之间都存在着差异,课程出现了多元化的趋向。

二、当代中国著名的幼儿园课程和教育方案

在中国早期教育课程改革与发展过程中,也曾出现过一些有影响的幼儿园课程和特点的教育方案,从理论的表述到实践的运用,反映了中国学前教育工作者在中国特定的历史和文化背景下对幼儿园课程的思考和实践。

(一)陈鹤琴的"五指活动课程"

"五指活动课程"是陈鹤琴创编的。他以五个连为一体的手指比喻课程内容的五个方面,虽有区分,却是整体的、连通的,以此说明他所谓的五指活动课程的特征。

20世纪20年代初,陈鹤琴针对当时幼稚园课程主要抄袭外国,而本土的幼稚园课程又像"幼稚监狱"的状况,指出了幼稚园课程的种种弊病,提出了中国幼稚园发展的15条主张,系统地阐述了他关于幼稚园教育,特别是幼稚园课程的观点。这些主张,概括了他对幼稚园课程的基本思想,体现了他重视生活和重视儿童的课程价值取向。特别是40年代末形成的"活教育"理论体系,成为"五指活动课程"理论基础。

(1)以"做人、做中国人、做现代中国人"为目标。

(2)以大自然、大社会为中心选择和组织课程内容。陈鹤琴认为,"活教育"要把儿童培养成"现代中国人",必须以儿童现有的生活经验为依据,扩大和丰富儿童对自然和社会的认识和理解。而大自然、大社会提供给儿童的知识是最为生动、直观和鲜明的,没有人为的扭曲,切合儿童的生活实际,能激发儿童的兴趣,容易被儿童所接受和理解。他打破了按学科编制幼稚园课程的方式,以大自然、大社会为中心选择和组织课程内容,形成他所谓的"五指活动"。

(3)以"做中教、做中学"为课程实施的方法。陈鹤琴强调"做",为的是确立儿童在教学活动中的主体地位。他说,"凡是儿童能够做的,就应该让儿童自己做""凡是儿童自己能够想的,应该让儿童自己想""你要儿童怎样做,就应当教儿童怎样学"。陈鹤琴强调"做",为的是强调儿童的直接经验。

(4)对陈鹤琴五指活动课程的评价。陈鹤琴是中国现代著名教育家,是中国化、科学化幼儿教育的奠基人。他的五指活动课程并非只是在当时西方进步主义教育影响下的课程的翻版,而是他自己对科学的理解,对儿童与教育的理解,对进步主义教育的批判和继承,特别是对中国社会文化的认识,是为中国幼稚园教育创编的幼稚园课程。陈鹤琴的五指活动课程,不仅在20世纪50年代前曾对幼稚园教育产生过重大的影响,而且对于20世纪80年代以后的幼儿园课程改革也具有重要的作用。

(二)张雪门的"行为课程"

张雪门是这样解释他的"行为课程"的:"生活即是教育,五六岁的孩子们在幼稚

园生活的实践,就是行为课程。"行为课程"完全根据生活,它从生活而来,从生活而开展,也从生活而结果,不像一般完全限于教材的活动""从行动中所得的认识,才是真实的知识;从行动中所发生的困难,才是真实的问题;从行动中获得的胜利,才是真正制驭环境的能力"。

(1) 幼稚园课程的编制原则。他认为,幼稚园课程应密切联系幼儿生活经验,适合儿童的发展。据此,他确定了整体性、偏重直接经验、偏重个体发展三条编制幼稚园课程的原则。

(2) 课程内容来源于儿童直接的活动。他认为,幼稚园课程应来源于儿童直接的活动,即从儿童的生活环境中搜集、选择和组织材料。但也需经过精选,需有客观标准。行为课程系单元教学。行为课程以"行为为中心,以设计为过程。只有行为没有计划、实行和检讨的设计步骤,算不得有价值的行为;只有设计,没有实践的行为是空中楼阁"。

(3) 课程实施强调儿童通过行为进行学习。张雪门的行为课程中,"行为"一词与"活动"和"做"是同义的。他强调让儿童"在做中学"。行为课程是儿童围绕单元主题进行的活动。这种活动并不是放任的活动,教师要对儿童进行指导和帮助,将儿童的活动纳入计划的轨道。

(4) 对张雪门行为课程的评价。作为中国现代著名幼儿教育专家,张雪门早期对幼儿教育的影响遍及北方各省,与陈鹤琴一起被并称为"南陈北张"。他依据杜威的"教育即生活"的理论和陶行知的"知行合一"思想,创编了行为课程,对中国幼儿园课程的改革和发展做出了重大的贡献。

三、当今中国幼儿园课程改革的主要动向

当今,中国幼儿教育改革是以幼儿园课程改革为轴心展开的,在课程改革的过程中,出现和存在不少有争议的问题,也表现出一些明显的改革和发展趋向。

(一) 幼儿园课程管理多元化、自主化

中国幼儿园课程的管理已经走向多元化和自主化,而且会进一步朝这个方向发展。

这种发展趋势,主要基于以下几个方面的原因:(1) 全球化趋势和教育的多元化发展方向,影响着幼儿园课程管理;(2) 中国地域广大,经济和文化发展不平衡,教育资源不均等,全国范围内课程的统一性和标准化不切实际;(3) 国家课程改革的基本导向强调满足儿童的兴趣和需要,让每一个儿童在原有水平上得到发展,只有多元化、自主化的课程管理才能保证课程改革朝此方向发展。

(二) 幼儿园课程改革更多地将立足点放在儿童一边

在充分顾及中国社会文化背景和知识的性质的前提下,中国的幼儿园课程不仅在理念上,而且在实践上会更多地将立足点放在儿童一边,尊重儿童活动的权益,满足儿童的需要,关注儿童活动的过程,关注每一个儿童在原有水平上的发展;同时也

会运用适合儿童的方式,将社会认定的有价值的知识和技能传递给儿童。

(三) 0—6 岁学龄前儿童教育课程一体化

近年来,幼儿园课程开始向下延伸,为 3 岁以下的儿童和家长服务,使 0—6 岁儿童的教育出现了一体化的趋向。

0—6 岁学龄前儿童教育课程一体化,使原本以养育为主的 0—3 岁儿童教育模式转化为保育和教育相整合的教育模式,也使 0—3 岁和 3—6 岁这两个年龄段之间产生了自然的衔接。

(四) 幼儿园课程与社区教育和服务相融合

中国幼儿园的发展有逐渐依托社区的趋向。幼儿园依托社区、融入社区,其价值不只限于运用社区资源,更重要的是在更宏观的层面上加强了对学龄前儿童及其家庭的教育和服务,而这种教育和服务是全方位、多层次和多功能的。

(五) 重视教师职业水平的提高

中国幼儿园课程改革在实践层面上出现的种种问题,与师资水平有很大的关联,可以说,在一定程度上,师资水平已经成了决定未来幼儿园课程改革成败的关键因素。重视幼儿园教师职业水平的提高,虽然不是幼儿园课程改革本身的问题,但却是中国幼儿园课程改革所急需解决的问题。

中国学前儿童教育的师资几乎完全是经由学科教育的模式培养和培训的,大部分教师从理论到方法上对注重过程的幼儿园课程的把握都存在着困难。通过在幼儿园课程改革实践中的不断反思和总结,通过各种形式的培训和研讨,包括以全新的理念培养新一代的教师,并通过职后培训的方式对在职的教师进行再教育,等等,师资水平提高这一目标是可以达成的。

学习小结

幼儿园课程是幼儿教育中一个重要因素,也是幼儿教育研究与实践中最重要的领域之一,许多有关幼儿教育发展的问题在本质上离不开对幼儿园课程的思考、研究与讨论。当下,幼儿教育质量成为世界各国普遍关心的话题。实际上,提升幼儿园课程质量是幼儿教育发展的重中之重。

由于所持课程理念的不同,幼儿园课程的定义林林总总,但都可以在一个"连续体"上找到其合适的位置;一个课程模式都由其所依据的课程理论、目标、内容、方法或实施(限于篇幅,本章未涉及课程实施,即教学的基本问题)、评价等基本要素构成;西方及中国幼儿教育史上著名的幼儿园课程模式,即学前教育工作者及教育家们孜孜不倦探索的结晶。

复习与思考

1. 什么是幼儿园课程?多种维度定义的课程,你最倾向哪一种定义?说明理由。
2. 分析一个你最熟悉的课程模式,在课程价值连续体上找到它的位置,并说明理由。
3. 了解课程目标不同取向的合理性和适用范围。
4. 尝试制定某教育活动的目标,说明其理论依据。
5. 了解课程内容不同选择取向的立场,谈谈你自己的选择倾向。
6. 尝试选择某教育活动的内容,说明其理论依据。
7. 了解课程评价的不同选择,谈谈各自的优缺点。
8. 尝试评价某个幼儿教育活动,说明其理论依据。
9. 尝试对我国引进的蒙台梭利教育模式进行评价。

1. 幼儿园课程理论主要有哪几个流派?各个流派的基本观点是什么?
2. 幼儿园课程方案主要有哪几种?你较倾向于哪一种方案?
3. 如何选择幼儿园课程内容?

1. 联系实际,说明教师应如何评价幼儿园课程。
2. 请尝试运用本章中介绍的课程理论及模式,分析一所你比较熟悉的幼儿园的课程,简要分析其课程结构及特点。

知海拾贝

关于学前教育"黑箱""手电筒""透镜"的隐喻

和发达国家曾经走过的道路一样,在中国,学前教育质量评估也"突然"成为学前教育政策关心的一个热点问题,不同路径的探索在不同层次上展开,一时间非常"热闹"。于是,弄清楚"我在哪里,我要到哪里去",是研究者和政策制定者在行动之前首先要思考的问题。

一、关于"黑箱"和"手电筒"的隐喻

"黑箱"经常用来比喻人类对于儿童成长规律的"无知"状态。尽管教育理论不断丰富,但迄今为止,人类仍然说不清楚为什么相同的生活环境、教育环境,会产生显著差异的教育成果。这也是多年来双胞胎教育研究备受学术关注的主要原因之一。

由于教育过程具有如此的"不确定性",因此,我们也就很难说清楚,教育机构提供的某种服务一定会带来高质量的教育成果,哪怕该类教育模式是享誉全球。从教育投入——产出的角度看,满足一定投入条件后,在统计或者经验意义上,能够在较高的概率水平上产出有质量保障的学前教育。"黑箱"的隐喻说明了高质量教育过程,是在统计意义上进行定义的。

然而,什么是高质量的学前教育呢?又有不同的看法,有的流派看重儿童认知水平,有的则看重儿童的快乐,近年来,又流行一种看法,试图将儿童的幸福(well-being)作为学前教育质量的标准。

"手电筒"形象地说明了人类对儿童教育质量的认识方式。我们看不清全貌,也无法告诉家长和政府,真正的学前教育质量是什么,于是,从一个角度照射过去,看到了什么,就可以说,对照这个角度的高质量标准,还存在什么质量差异。因此,学前教育质量评估,最重要的不是结果,而是要形成评估角度和结果之间的"逻辑链"。

以上关于学前教育质量评估属性的阐释,似乎给了人们一个令人失望的图景,其实,这符合人类认识的方式。

中小学教育,虽然考试的历史源远流长,但是,关于考试的有效性和可靠性,仍然是人们不断质疑的问题。真实的规律,对人类而言,永远存在一个"无知之幕"。值得高兴的是,随着我们在学前教育质量的"黑箱"面前这里照照,那里看看,倒也不断丰富对"黑箱"的认识,借助这个认识,我们不断扩展我们的"质量观",指导我们的教育实践,这也是卡尔·波普尔倡导的"客观知识论"。

二、人类的主观性:"透镜"的选择

"黑箱"以及"手电筒"的隐喻,说明了教育质量的性质和人类的认识角度,尽管有各种局限性,这些都是人类积累客观知识的基本方式。然而,除却客观知识,在教育公共政策领域,包括学前教育公共政策,还存在主观的路径选择问题,表现为在某个时期,选择什么作为政策的优先,选择什么作为对质量进行干预的"杠杆"。

"透镜"的隐喻,说明了人类认识世界的工具意义。学前教育质量,恰如大千世界,人类可以借助"透镜"看到肉眼看不到的微观世界,也能够看到茫茫宇宙的结构。学前教育质量评估,可以为幼儿园改善教学方式提供工具,也可以为政府决策提供依据,正如OECD一直倡导的那样,教育政策工具有两种,一是制度工具(institutional leverage),它关注投入和权利问题;二是教学杠杆(pedagogical leverage），它关注学习行为和教学材料的有效性。在每年《教育概览》的前言部分，OECD都会提供关于指标的二维表，来说明政策杠杆和障碍、困难在教育指标体系结构中的位置。

对学前教育质量进行评估，我们首先要做出选择，评估为谁"服务"。政府可以基于目前学前教育投入不足的现实需要，将学前教育质量评估的重点放在资产、教师和校舍等教育要素的水平上，但是，应该对评估的局限性有充分的认识，不能将对要素投入的关注，"遮蔽"了对教学过程的评估关注。从研究者的角度，立足教学过程，研究幼儿教师的教学行为和儿童表现之间的关系，改善儿童学习行为，也应该是学者不忘初心的体现。

从公共政策的角度看，制度工具和教学杠杆都是撬动学前教育质量不断改进的工具，它们之间存在落脚点的差异，不存在先后顺序，即不存在应该先关注投入和权利安排，再关注教学和学习行为的安排。当然，最让人担心的，还是政府对优先顺序的选择，成为一致性的选择，忽视了教学杠杆的存在。政策之风不断掀起巨浪，但是，海面之下，一片安静。

（曾晓东：《学前教育公共政策观察》第41期）

第三编 学前教育活动

让我们用自己的行和自己的心去教育我们的孩子。

——陈鹤琴

第十章　幼儿园教学活动

微信扫一扫
观看微课
线上练习

本 章 导 学

　　幼儿园教学活动是幼儿教育的重要组成部分,也是对幼儿实施教育的主要途径。本章内容主要是让学生理解幼儿园教学活动概念、特点、组织形式、常用方法及原则,树立正确的幼儿教学观,学会设计幼儿园教学活动,正确把握实施幼儿园教学活动应注意的问题。

学习目标:

1. 能够解释幼儿园教学活动概念。
2. 能够讨论分析幼儿园教学活动特点、组织形式、常用方法和原则。
3. 能够解释幼儿园教学与小学教学的显著区别。
4. 学会正确设计幼儿园教学活动。
5. 能够描述实施幼儿园教学活动应注意的问题。

关键概念:

幼儿园教育活动;幼儿园教学活动

敏感期

　　儿童正在经历一个敏感期:一个神的指令正在使这种孤弱的状态消失,并用他的精神激发他。这个儿童内心世界的剧本是一部爱的剧本。这个伟大的事实正在儿童心灵的秘密领域里展现出来,并有时完全吸引着儿童的心灵。这些在谦卑的沉默中激起的惊人活动不可能不留下崇高的品质,这些品质将伴随儿童终生……

　　如果不给儿童提供帮助,如果他的环境被忽视,那他的精神生活就将处于持续的危险之中,儿童就像人世间的弃儿。他面临着危险。他必须为自己的心理发展而斗争,但有可能在斗争中失败。由于成人甚至还不知道那些正在起作用的力量,他们就不会给儿童提供帮助。他们很少意识到正在发生的奇迹——精神生命的创造从表面是一点也看不出来的。

　　不了解儿童的心理发展状况再也不能继续下去了。我们必须从最初的时刻就帮助儿童。这种帮助并不在于塑造儿童,因为这个任务属于自然本身,而在于灵敏地尊重儿童心理发展的外部表现,在于为儿童的生长提供那些必要的手段,因为这种生长单靠儿童自身努力不可能得到的。

(〔意〕玛丽亚·蒙特梭利著,马荣根译:《童年的秘密》)

第一节 幼儿园教学活动概述

学生是有血有肉的人,教育的目的是为了激发和引导他们的自我发展之路。

——[英]怀特海著;庄莲平,王立中译:《教育的目的》

一、幼儿园教学活动的概念

《幼儿园教育指导纲要(试行)》明确指出:"幼儿园的教育活动,是教师以多种形式有目的、有计划地引导幼儿生动、活泼、主动活动的教育过程①"。这里的"教育活动"包括幼儿园教学、游戏、生活活动三种途径不同的教育活动。北京师范大学著名教授顾明远先生在1995年主编的《教育大辞典》明确指出:"教学活动是我国幼儿园形式多样的教育活动的重要组成部分,也是幼儿园一日活动的重要内容。所谓教学,是以课程内容为中介的师生双方教和学的共同活动,其特点是通过系统知识、技能的传授与掌握,促进学习者的身心发展②。"显然,从系统传授和学习知识、技能的角度看,教学并不完全适合幼儿园。但幼儿园内确实存在初步的知识、技能的教和学的活动,尤其是我国幼儿园中,教学活动事实上占有重要地位,有的甚至小学化了。

德国曾立法禁止学前教育,但不是不对幼儿实施学前教育,而是用立法的形式规定学前教育的教和学的内容:重在培养情商,让每一个幼儿在入小学前都处在零起点。再如匈牙利也立法规定:严格禁止教授幼儿园期间的孩子学习写作、阅读、计算等

那么幼儿园教学到底该教什么呢?依据《纲要》的精神,教学活动既然是幼儿教育活动的一部分,幼儿园教学应以游戏活动为载体,让幼儿自由、主动地在活动中获取一些该年龄段应该了解的最基本的知识,能够推动现阶段活动顺利进行的初步技能,养成生活、卫生、学习习惯,促进幼儿身心健康、和谐发展等。这里需要指出的是,最基本的知识、初步的技能是指最最粗浅的知识、最初步的技能。

根据我国实际,可以把幼儿园教学活动理解为,幼儿园教师和幼儿在《纲要》的指导下,有目的、有计划地开展健康、语言、社会、科学、艺术等领域的基础性知识与技能的教与学的活动,目的在于促进幼儿身心健康、和谐发展。

在教学活动过程中,要求教师以幼儿为主体,最大限度地创设符合幼儿身心发展规律、满足幼儿需要和特点的多种形式的活动情境,借助与活动材料相互作用,引导

---

① 教育部基础教育司.幼儿园教育指导纲要(试行)解读[M].南京:江苏教育出版社,2002:36.
② 顾明远.教育大辞典(第1卷)[M].上海:上海教育出版社,1990:178.

幼儿积极参与活动。教师以"支持者、合作者、材料的提供者、引导者"等角色，共同分享幼儿主动探索的学习成果，助推幼儿的学习活动，促进幼儿健康、和谐、全面、整体发展。

幼儿园教学活动可采用观察、实验、讨论、参观等多种方法与途径进行，也可采用多种组织形式，如集体活动、小组活动、个别活动等。而且教学活动不仅仅局限在教室或活动室内，应以游戏为基本方式。

二、幼儿园教学活动的特点

幼儿园教学活动有其自身的特点：(1) 活动具有目的性和计划性。也就是说，每一个教学活动开始之前，教师首先要依据教育目标，结合幼儿已有的知识结构、发展水平、兴趣、需要、能力状况，制订详尽的活动计划，选择教学内容、方法及活动的组织形式等；教学设计必须针对幼儿实际生活和幼儿实际需要。(2) 活动具有情境性、可操作性。幼儿与成人一样，在接受外界信息时都不是被动的，加上幼儿年龄、身心等特点的制约，思维尚处在直观行动性和具体形象性阶段，对事物的理解更多地依赖情境和形象，加之注意的品质低下、容易分散，在主动建构知识结构时，往往是以自身的兴趣和需要为中心，只做与自己兴趣、需要相符的活动。这就要求教师能主动将预定的教育目标和内容转化为幼儿的需要，激发幼儿的探究欲和求知欲，进而使其主动搭建知识结构，积极参与活动，主动学习，获得和谐发展；(3) 活动具有互动性、活动性。这体现在幼儿园教学活动与小学教学在教学形式、教育内容、教育方法等有着显著区别。幼儿园教学内容具有灵活性。幼儿是以游戏为基本学习活动，也是基本学习方式，他们的学习就是活动，不等于小学的上课。活动就需要互动，否则无法展开。幼儿在活动中主要是以直接感知的方式获取粗浅的知识和初步的技能，这是由幼儿身心特点所决定的。

教学是由教师、学生、教学内容、教学手段四要素组成，这些要素相互制约、相互影响，形成对立统一的整体，才能收到预期的教学效果。幼儿园教学活动都以游戏为载体，在游戏活动中师生、生生互动，学习以活动展开而开始，以活动结束而结束。某种意义上说，没有幼儿活动就不能称其为幼儿园教学活动。所以，教学要精心设计活动方案，才能推动幼儿学习。

三、幼儿园教学活动的意义

幼儿教育是人类社会生活的重要组成部分，幼儿教育的质量关系着人类社会的繁衍和延续。幼儿园教学活动是幼儿教育活动的主要途径，是教师的"教"和幼儿的"学"双向互动过程。幼儿在具体的活动过程中，学会了最基本的知识和一些初步技能，养成了一定的学习、生活、卫生习惯，体、智、德、美等方面全面发展，为以后进一步学习、生活、人际交往等奠定了坚实基础。教学活动有效地促进每一个幼儿的全面发展，承载人才培养的奠基任务。

第二节 幼儿园教学活动的组织形式与常用方法

> 我们必须认识到这个重要的现实:儿童拥有一种精神生命,这种生命的微妙表现尚未引起注意,它的活动方式会被成人无意识地破坏掉。
>
> ——[意]玛丽亚·蒙特梭利:《童年的秘密》

一、幼儿园教学活动的组织形式

教学活动的开展,离不开教师的"教"和幼儿的"学"这两类活动。教师和幼儿在教与学的活动中相互作用,构成了幼儿园教学活动过程中最核心的环节,教育目标能否达成,取决于二者的相互作用的质量,并通过一定的组织形式实现。幼儿园教学活动的组织形式是教学活动中师生相互作用的结构形式,它是指根据教学目标和内容,有效地安排利用教学时间、教学空间、教学媒体等。

幼儿园教学活动的组织形式一般说来有三种基本组织形式,即集体活动、小组活动和个别活动。

(一)集体活动

集体活动是指全班幼儿在同一时间以统一要求、统一步骤和方法进行同一内容的活动。它是最为经济的一种组织形式。通常情况下,在教学内容需要教师直接指导,而且幼儿对该内容具有大致相同的经验和水平时,多采用集体活动的组织形式。由于幼儿个体与个体间是存在差异的,集体活动难以照顾到每个幼儿的需要,难以让每个幼儿都积极参与,因此,在幼儿园教学活动中不宜过多采用。尽管如此,集体活动组织形式也有其自身的积极作用。一方面,可以推进幼儿身心健康发展。幼儿正处在长身体、长知识的阶段,精力旺盛,求知欲、好奇心、表现欲强,这种形式正好使幼儿感知能力、个性品质、兴趣特长等得到展示,也能在活动中获得发展和提高。另一方面,集体活动对班级建设作用巨大。集体活动是建设良好班集体的重要组成部分。班级的共同努力目标要靠班级每一个成员参与共同活动而实现。集体活动可以增强班级凝聚力及价值取向,调动每个成员的积极性,形成健康积极的班集体舆论和良好风气。

(二)小组活动

小组活动是指由少数幼儿组成小组进行活动。这种活动可以是教师有计划安排的,可以是教师组织引导的,也可以是幼儿自发形成的。若是教师计划或组织引导的,可称为分组活动。分组活动的依据一般有:具体活动内容、幼儿的经验水平、活动场地划分、幼儿及教师人数等。小组活动与集体活动相比,人数相对较少,更容易让幼儿主动积极地操作材料，增加与同伴、教师谈论和交流几率，并可按自己的速度和方法自由地去做所需要的事。小组活动多是以幼儿主动学习为主，教师的作用更多的是观察、了解幼儿，并给予适当的引导和帮助。值得注意的是：(1)既然是小组活动，活动的主体应是幼儿，让每个幼儿都积极参与到活动中，并有合作学习的效果显现才是真正的小组活动。如果只是围坐在一起而无合作学习的实质，那么小组活动的学习效果适得其反。(2)要注意培养幼儿的主动探究意识。克服那种形式上分组，实际上教师在开展集体活动的教学，幼儿主动学习氛围也无显现。小组活动的目的是要为幼儿提供主动探究的机会，让幼儿在小组中能够调动自己已有的知识经验，与当前活动的内容重组、迁移，建构新的认知结构。(3)教师要给幼儿提供充分地发言讨论、交流思想的机会。发言讨论不仅仅是交流思想、巩固知识的一种手段，而且是培养幼儿表达能力、组织能力、合作能力，以至于互相启发、活跃思维、集思广益、认识升华的过程，即同化知识、内化技能、提升品行的过程。当然，要使小组讨论顺利进行，应给幼儿一定的准备时间，给幼儿充裕的时间讨论并做好记录，不能走过场。当然，讨论时也会有很多意外情况发生，教师要有充分的思想准备及应对措施，制定相应的规则。如"讨论冷场""跑题起哄""个体冲突"等有可能随时发生。作为教师，要善于点拨和引导，做好角色转换，让所有幼儿畅所欲言，不同意见可以争论，并使讨论向纵深推进。活动中或活动结束，教师应以赞许集体讨论合作性成果为主，对于独到见解的幼儿要给予积极鼓励，让每一个幼儿在讨论中都有收获，并且掌握知识获得途径、形成活的知识的能力。还要通过这种讨论和学习的方式，让幼儿学会听取与尊重别人的意见，学会宽容、理解、体悟规则，认识到别人的观点可以丰富自己的思维，进而增强合作意识。活动结束后，让幼儿汇报讨论结果。通过每个幼儿清晰地表达自己的思想，经与他人比较和联系，以达到深层次的理解和把握，同时激活新思维的形成，诱发创造力，对学习有重要的促进作用，这也是新世纪现代化社会所需要的交往能力。

(三) 个别活动

个别活动是指单独或一两个幼儿在一起进行活动。个别活动可以是教师安排或组织指导的，也可以是幼儿自动自发的。个别活动是幼儿的个别化程度最高的活动，教师应根据个别幼儿的特殊情况进行专门指导。

当然，集体活动、小组活动、个别活动这三种活动组织形式之间，除了幼儿人数多少不同这个区别外，更主要的是它们各有自己独自功能和适用范围。在教学活动中，只采用一种形式显然不行的。三种形式互有长短，各有所长。在具体活动中，我们要根据活动目标、内容以及有关情况灵活选用。通常，一个教学活动中需要三种组织形式穿插综合运用，方能收到良好的教学效果。

二、幼儿园教学活动的常用方法

幼儿园教学活动方法是指教师和幼儿为了实现共同的教学目标，完成共同教学任务，在教学过程中运用的方式的总称。教学活动方法的选择受到教学目标、教学内容、幼儿实际特点、教师的自身素质、教学环境条件等多方面的影响。

关于幼儿园教学活动的方法,不同版本的相关书籍或学者都有不同的表述,只是依据不同的侧面划分而已。最常用、意见相对一致的表述是依据教师与幼儿角色地位,可分三个层面:一是教师为中心的方法,包括讲授、提问、演示、观察等方法;二是幼儿为中心的方法,包括参观、练习、欣赏等方法;三是师生相互作用的方法,包括讨论、谈话、角色变换等方法。由于教学要求、内容和性质不同,幼儿的感知觉、记忆、注意、思维等认知发展水平不同以及每个幼儿学习方法的不同,要使每个幼儿都能顺利地进行学习,保证教学任务的完成,必须运用多种教学方法。最常用的方法主要有以下几种:

(一)讲授法

讲授法是指教师通过生动的口头语言向幼儿传授知识、发展幼儿智力的方法。这种方法在幼儿教育活动中应用广泛,频率也很高,不仅用于向幼儿传授新知识,还广泛用于各种活动的组织,是语言教学活动的主要方法。讲授法的优点是教师容易控制教学进程,能够使幼儿在较短的时间内获取大量系统的科学知识。但如若运用不好会适得其反,降低幼儿学习的积极性、主动性,达不到应有的教学效果。所以讲授法使用有一定的原则:(1)杜绝填鸭式的灌输教育,重视幼儿学习的兴趣趋向;(2)避免只重视知识和技能,忽略幼儿的情感、社会性的倾向。

(二)演示法

演示法是指教师使用一些直观的教具或实物进行演示实验,配合谈话或讲解引导幼儿进行系统观察,使幼儿对事物的现象获得感性认识,验证间接知识的一种教学方法。演示法是一种辅助性教学方法。要和讲授法、谈话法等教学方法结合使用。它包括分步演示、连续演示、局部演示、对比演示、反复演示等。运用演示法的基本要求:目的要明确;现象要明显且容易观察;尽量排除次要因素或降低次要因素的影响。演示法的优点是具有很强的直观性,对幼儿快速理解和掌握知识具有积极意义,容易引起幼儿的学习兴趣,激发幼儿思考问题,培养幼儿的观察力和抽象概括能力。但缺点是演示所获得的知识是感性知识,并非理性知识。故演示后要引导幼儿进行必要的概括,做出明确的结论。因此,在运用演示法时要注意以下几点:(1)课前,教师应对演示材料做充分的准备和检查,以保证演示的顺利进行;(2)要选择恰当的时机,激发幼儿的新鲜感;(3)演示材料的形象与演示方法及演示过程中使用的语言要和幼儿认识实际相符合,尽量避免产生错觉或错误的理解;(4)演示过程要做必要的说明和讲解;(5)保证全体幼儿都能看清演示的对象;(6)演示要突出重点,使幼儿抓住对象的主要部分,掌握知识的本质。

(三)观察法

观察法是指教师有计划、有目的地引导幼儿感知客观事物的一种方法。其包括个别物体观察、比较性观察、长期系统性观察等形式。观察法可以是幼儿主动的、自发的,也可是教师专门组织的。这种方法是常识教学和美术教学的主要方法。

(四)欣赏法

欣赏法是指教师指导幼儿体验客观事物的真善美,借以陶冶情感的方法。幼园各课教学都有欣赏教学的因素,在音乐、美术、语言教学中运用较多。不过,在运用欣赏法时必须注意下列几点:(1)引起幼儿欣赏的兴趣,欣赏前要联系幼儿的经验和当前情境,启发幼儿欣赏的愿望;(2)利用各种情境激发幼儿强烈的情感反应,如惊讶、赞叹、钦佩、敬仰等,使幼儿受到感染和教育;(3)培养幼儿欣赏美好事物的能力和鉴别真与假、善与恶、美与丑的能力。

(五)参观法

参观法是指教师组织幼儿到博物馆、纪念馆、生产一线等去观察、学习的教学方法。通过观察和学习,幼儿获得了直接的生活经验和感性知识。参观法的优点是扩大了幼儿视野和感知,增强了学习积极性,打破了课堂束缚,满足了幼儿的好奇心和求知欲,强化了幼儿探究事物的能力。但运用参观法一定要注意下面几点:(1)参观前,教师要事先做好准备工作,定好参观计划和步骤,明确参观目的和要求,强调参观时安全事项等;(2)参观中,教师要培养幼儿的参观兴趣,引导幼儿有目的、有重点地进行参观;(3)参观后,教师要组织和引导幼儿通过问答、讨论等方式进行总结,真正收到参观的效果。

(六)练习法

练习法是幼儿在教师的指导下,依靠自觉的控制和校正,反复地完成一定动作或活动方式,借以形成技能、技巧或行为习惯的教学方法。练习法对于巩固知识,引导幼儿把知识应用于实际,发展幼儿的能力以及形成幼儿的道德品质等具有重要的作用。按性质和特点分,练习法一般分为以下是三类:(1)心智技能的练习,如阅读、计算技能的练习;(2)动作技能的练习,如体育技能、劳动技能的练习;(3)文明行为习惯的练习,如卫生习惯、礼貌习惯、守时习惯的练习。运用练习法应注意以下几点:(1)明确练习的目的和要求,精选练习材料;(2)使用正确的练习方法;(3)适当分配练习的次数和时间;(4)了解练习的结果。

(七)谈话法

谈话法是指用提问、答问、讨论等方式进行教学的方法。这种方法的优点是容易集中幼儿的注意力,激发幼儿的思维活动,发展语言表达能力,提高教学效果。谈话法一般包括启发式谈话、再现谈话、教授谈话等形式。在运用谈话法时注意以下几点:(1)要在幼儿已有知识经验的基础上进行;(2)所提问题须经过周密思考,要围绕主题,紧扣教学目的,富有启发性,既要面向全体幼儿,又要照顾个别幼儿的水平;(3)问题要有逻辑性;(4)教会幼儿注意听清问题,针对问题用响亮声音回答,培养幼儿回答问题能力和良好习惯;(5)教师要耐心倾听幼儿的回答,及时肯定、补充,做出明确结论;(6)鼓励幼儿向教师质疑。

(八)讨论法

讨论法是在教师的指导下,幼儿以全班或小组为单位,围绕某一问题,各抒起见,通过讨论或辩论活动,获得知识或巩固知识的一种教学方法。其优点在于可以活跃课堂气氛,培养合作精神,激发学习兴趣。不过,运用讨论法要注意以下几点:(1)讨论的问题要有吸引力,符合幼儿的经验;(2)讨论时,教师要善于启发引导幼儿自由发表意见,让每一个幼儿都有发言机会;(3)讨论结束,及时总结,使幼儿获得正确的观点和系统知识。

第三节 幼儿园教学活动的原则

> 教师创造性的重要表现之一,是他工作的对象——儿童——经常在变化,永远是新的,今天同昨天就不一样。
> ——苏霍姆林斯基:《给教师的100条建议》

幼儿园教学活动的原则是根据教学过程的客观规律制定的,是幼儿园长期教学经验的总结,是教学工作必须遵循的基本要求。教学原则对确定教学方法和运用各种教学组织形式都具有指导作用。正确地贯彻各项原则,是提高幼儿园教学质量、完成教学任务的保障。由于幼儿的特点及幼儿教学的特殊性,归纳起来具有共识的原则主要有科学性原则、发展性原则、直观性原则、灵活性原则、因材施教原则和(第六点)等。

一、科学性原则

科学性原则主要是指学科内容及教学方法要具有科学性,促使幼儿正确地感知客观事物和现象,帮助幼儿形成正确的概念。形成对事物的正确态度,并结合各科教学内容有机地进行道德品质教育。

科学性原则有两层含义:一是学科内容的科学性,是指教师向幼儿传授的是正确的、经得起考验的知识;二是教学方法的科学性,是指教师向幼儿传授知识的方式、教学组织形式等既要符合学科的特点,又要符合幼儿身心发展的阶段性特点。

二、发展性原则

发展性原则是指幼儿园教学活动必须促进幼儿知识水平、体力、智力、情感、道德、个性等方面的发展,使幼儿从现在的发展区域向最近发展区域发展。现在发展区域是指幼儿现有的发展水平,最近发展区域就是指幼儿通过努力所能达到的发展水平。由此可见,教学不仅要适应幼儿当前的知识水平和能力,而且还要有一定的难度,要向幼儿提出经过努力才能达到的要求,从而促进幼儿知识水平和能力不断向前发展。贯彻这一原则要注意以下几点:(1)深入调查幼儿的发展水平和发展潜力,科学评估幼儿的学习能力;(2)幼儿的发展是整体的发展而不是片面的发展;(3)幼儿的发展是协调的发展;(4)幼儿发展是有个性的发展;(5)重视教材、教法的研究和改革。

三、直观性原则

直观性原则指在向幼儿传授知识技能时,应当通过实物或教学媒体,让幼儿获得直接具体的感知。直观性原则对幼儿园教学活动具有特殊的意义,因为幼儿知识经验、生活经验贫乏,思维还都是形象具体,幼儿认识事物主要是直接感知、形成表象并发展为概念。在幼儿园教学活动中运用直观性原则,会使教学活动变得更加生动活泼,激起幼儿学习的兴趣等,以收到好的教学效果。贯彻这一原则应注意:(1)依据教学内容及幼儿实际,恰当地选择直观手段,可以是实物直观,可以是模像直观,也可以是语言直观;(2)直观教具要典型;(3)直观手段要与训练幼儿感官相结合;(4)运用直观手段必须有效,克服形式主义。

四、灵活性原则

灵活性原则指教师在教学活动过程中要根据各种因素的变化及时地调整教学活动。幼儿园教学活动特殊性及幼儿实际,决定了幼儿园教学活动要从幼儿的实际需要出发,而不能以教材为中心组织教学活动。教学目标、教学内容及施教方法必须适合幼儿特点、认知水平。课程必须建立在幼儿真正需要的基础上,教学过程中应随幼儿的兴趣、需要进行灵活调整,体现出应有的弹性和灵活性。《纲要》也强调教育活动主要不在于使幼儿获得某一知识和技能,而在于获得经验及有利于长远发展的情感、态度和能力,并以此决定内容取舍和各领域的要求。

五、因材施教原则

因材施教原则指教师从学生的实际出发,使教学的深度、广度、进度适合学生的知识水平和接受能力,同时考虑学生的个性特点和个性差异,使每个人的才能品行获得最佳的发展。因材施教不但是我国古代教学经验的结晶,还是现代教学必须坚持的一条重要原则,它具有非常丰富的现代价值。实行因材施教,对培养适应时代需要的创新型人才,具有非常重要的现实意义。贯彻这一原则注意以下几点:(1)要充分掌握并观察分析幼儿学习的特点;(2)对待学习效果差的幼儿,要做具体分析,区别对待,使每个幼儿都在自尊自信的状态下学习,享受学习快乐。因材施教并非是要(也不可能)消除幼儿的差异,也就是说只能缩小差异,教师必须直面这个现实才能对不同特点的幼儿设计不同的发展蓝图,并进行有针对性的培养,促进每个幼儿全面发展,都能够享受到学习的乐趣。

六、尊重幼儿的人格尊严和合法权益的原则

幼儿首先是一个人,享受人的尊严和权利。幼儿虽然年龄小,但是他们与教师间的关系是平等的人与人的关系,教师要将幼儿作为具有独立人格的人来对待,尊重他们的思想感情、兴趣、爱好、要求与愿望等。如果教师的言行中处处体现对幼儿的尊

重,善于倾听幼儿意愿,对于幼儿建立自信、获得良好定位及自身的发展都具有奠基作用。反之,教师如果随意责备、呵斥、惩罚或变相惩罚幼儿,会让幼儿感到委屈、羞辱,他们便会认为自己无能、没用、被人看不起,从而丧失基本的自尊与自信。这种消极的自我感念一旦形成,将会影响幼儿终身的发展。

第四节 幼儿园教学活动的设计

> 教学是一项高风险的事业。失误和不幸的决策必定会发生。害怕承担这样风险的人确实不应该成为老师。
>
> ——[美]杰克森:《什么是教育》

成功、高效的教学活动,是教师能够以多种形式有目的、有计划地引导幼儿生动、活泼、主动活动的教育过程,而完成教学活动的关键,教学活动设计是重要的一环。

教学活动设计的过程,实质上就是达到一定的教学目的,对实际教学活动中要教什么以及怎么教(组织、方法)的步骤进行设计,并在教师头脑中预演的过程。教学活动设计主要涵盖四个要素:(1) 教学目标,即教学所要达到的预期目标;(2) 教学内容,即为达到预期目标所选择的知识经验;(3) 教学策略,即组织有效的教学的方式和选择恰当的教学方法;(4) 教学评价,即依据教学目标对教学过程及结果的价值判断并为教学决策服务的活动。

一、教学目标

教学目标是教学活动的预期结果,指向幼儿在教学活动结束后产生的行为变化。教学目标既是教学活动设计的起点,又是教学活动设计的终点;既是选择教学活动的内容、组织方式和教学策略的依据,也是教学活动评价的标准。教学目标一般包括幼儿园教育目标、年龄班教育目标、学期教育目标、月(周)教育目标、一个教学活动的教育目标等不同级别。制定教学目标的要求:(1) 目标制定要以幼儿的身心发展特点为依据。幼儿的身心发展有一定的顺序性、阶段性和差异性。教师制定目标时应充分考虑幼儿发展实际,避免目标与实际相差甚远而无法实现。如大班健康活动"小青蛙本领强"的目标之一是使幼儿体验动作跳跃的要领,练习不同的跳法,发展跳跃能力。如果把"练习不同的跳法"去掉,单纯体验跳跃的要领,而平时幼儿又经常玩跳跃的游戏,便会使幼儿失去长时间练习跳跃的兴趣。(2) 目标要具体明确,有可操作性、可检验性与针对性。教师对本次活动要传授、激发幼儿哪些基本的技能、技巧,培养幼儿的哪一种情感都要有明确的界定,否则教学活动目标就失去了指导作用,活动组织起来很盲目也比较困难。如有的老师在进行消防安全教育活动设计时,目标设定为使幼儿掌握基本的消防安全知识,活动目标大而空,无针对性,也不明确。对消防安全知识的含义是什么,哪些属于本次教学活动的开展所要掌握的具体的消防知识都没说明,教学活动的开展肯定盲目,随意性大,也不会收到好的效果,更不会对幼儿掌握一定的具体的消防知识产生影响,失去了教学活动的意义。(3)目标既包含期待结果也包含实施的过程。(4)目标的陈述应有利于对教学的结果进行科学的测量与评价。在教学活动中,既要体现各领域自身的特殊性,又要体现情感、社会性等全面发展的一般性,使幼儿在各项教学领域中都能尽量获得全面、和谐发展的整体经验。通过梳理,可以看出教学目标还具有导向、控制、激励、中介及测度作用,为教学系统正常运转保驾护航。

二、教学内容

教学内容是教与学相互作用过程中所要传递的主要信息,一般包括课程标准、教材和课程等。如何选择教学活动内容?要在幼儿的已知和未知之间选择教学内容;挑战点应符合幼儿经验水平和最近发展区,体现幼儿学习经验的层次性和结构性;要观察和发展幼儿的兴趣点,知道他们想学什么,并考虑不同幼儿的需要。而教学内容设计是教师认真分析教材、合理选择和组织教学内容以及合理安排教学内容的表达或呈现的过程。教学内容设计是教学设计最为关键的环节,是教学设计的主体部分,其质量的高低直接影响教学活动的成败。教学内容选择依据是:(1)以社会对人才的需要作为依据,社会需要什么样的人,就制定与其相应的教学内容;(2)以幼儿的身心发展、成长成才的需要为依据;(3)以幼儿的认知规律和各年龄段的特征为依据。选择教学内容要注意以下几点:(1)内容选择要恰当、适宜,与目标无关或关系不大的内容应删除;(2)考虑幼儿年龄特点,既以幼儿的心理发展水平为基础,又有发展的空间;(3)所选内容应与幼儿的生活实际紧密相连。

三、教学策略

教学策略是为实现教学目标,完成教学内容而制订的,适用于教学全过程的方案。其包括教学方式和教学方法的选择、教学环境的设置、教学过程的组织等。教学策略具有综合性、指向性、可操作性和灵活性等特点。教学过程是指教学活动的展开过程,包括教学活动的准备、开始、进行、结束四部分。具体来说:(1)教学准备包括幼儿的知识技能准备、情感心理准备,以及教学环境、教学工具的物质准备。(2)在教学活动开始阶段,教师要选择恰当的导入方式,以引起幼儿的学习兴趣。导入的方式有多种,包括教具导入、故事导入、经验导入等。导入时要遵循:导语精炼、目标明确、时机适宜等原则,才能让幼儿主动积极参与到教学活动活动中来。(3)在活动进行中,教师要根据实际情况及时调整教学策略,以应对教学活动中的突发事件,保证教学活动顺利开展并对幼儿产生积极影响。(4)在结束阶段,教师要采取灵活方式结束教学,如讲评环节结束,适当延伸,在乐曲或角色扮演中自然结束活动,不能使教学活动急刹车而导致教学效果流失。

四、教学评价

教学评价是根据教学目标对教学过程及结果进行价值判断并为教学决策服务的活动。教学评价的目的有两个:一是了解幼儿的实际发展状况,使教师能够针对幼儿的需要、特点及个性差异,决定教学活动目标、内容和活动形式、指导方式等;二是了解教学活动目标、内容、实施过程以及幼儿整体发展状况,从而评价教学内容是否符合教育目的和幼儿需要。教学评价一般包括对教学过程中教师、幼儿、教学内容、教学方法、教学环境、教学管理诸因素的评价,但主要是对幼儿的学习效果的评价和教师教学工作的评价。对幼儿的评价,不只是评价他们掌握与课程有关具体知识的情况,更重要的是评价他们学习活动过程中的态度、方法、行为方式等。对教学活动评价的重点是:是否为幼儿提供了与目标相一致的学习经验,所提供的经验是否与幼儿生活经验以及已有的经验相联系,使幼儿能有效地进行学习。对教师的评价,主要是着眼于教师从设计、准备到实施每个阶段所进行的各项教学工作,包括工作的技巧和态度。如表10-1所示的是某幼儿园教学评价表:

表10-1 某幼儿园教学活动评价表

班级: 教师: 活动名称:

A级项目指标	B级项目指标		参考分值	评分
A1 教学目标	B1	目标明确、具体,适合幼儿实际。	10	
	B2	在学习过程中,注重培养幼儿的创新意识。	10	
	B3	注重幼儿的全面发展和良好行为习惯的培养。	5	
A2 教学内容	B4	内容正确,切合幼儿实际,具有挑战性。	5	
	B5	教学难度与容量适度,有利于幼儿长远发展。	5	
	B6	注意知识的整合,注重综合性、趣味性、活动性。	5	
A3 教学策略	B7	活动组织有序,层次清晰,重点突出,有节奏,时间安排合理。	5	
	B8	能充分发挥幼儿的主动性、参与性和操作性。	5	
	B9	教学环节的设置科学、有创意,整合度高,艺术性强。	5	
	B10	教学手段和方法得当,注重幼儿的主动学习,留给幼儿充分的参与学习的时间和空间。	5	
A4 教学素养	B11	充分尊重幼儿,面向全体,注重幼儿个性的发展。	5	
	B12	合理引导幼儿操作实践、合作交流、自主建构,注重培养幼儿的问题意识,鼓励创新。	5	
	B13	注重提问的有效性,课堂教学效率高。	5	

(续表)

A级项目指标	B级项目指标	参考分值	评分
A4 教学效果	B14 教师驾驭课堂能力强,恰当运用生成性资源,有较强的应变能力。	5	
	B15 教师用普通话教学,教态亲切自然,语言简洁、准确、生动,操作演示正确熟练。	5	
	B16 课堂气氛民主和谐,张弛有度,收放自如。	5	
	B17 注重学习习惯和学习兴趣的培养。	5	
	B18 幼儿学习积极主动,参与率高。	5	
综合评价	简评:	总分	等第

备注:优质课:100—85分;良好课:84—75分;合格课:74—60分;不合格:60分以下。

评价人：　　　年　　月　　日

另外,教学评价依据在教学活动中发挥的作用不同,可分为诊断性评价、形成性评价、终结性评价三种类型;依据评价参照的标准可分为目标参照评价和常模参照评价。评价的方法有测验、观察、提问、作业检查、听课和评课等。教学评价依据的原则有:(1)客观性原则。在进行教学评价时,从测量的标准和方法到评价者所持有的态度,特别是最终的评价结果,都应该符合客观实际。不能主观臆断或掺入个人情感。因为评价的目的在于对幼儿的学和教师的教以客观的价值判断,如若缺乏客观性,就失去了意义,导致教学决策失误。(2)整体性原则。在进行教学评价时要对组成教学活动的各方面做多角度、全方位的评价,而不能以点带面、一概而论,必须把定性与定量评价结合起来判断客体的实际效果。(3)指导性原则。在进行教学评价时,要把评价和指导结合起来,对评价的结果认真分析,从不同角度找出因果关系,确认产生原因,并通过及时的、具体的、启发性的信息反馈,使被评价者明确今后努力的方向。(4)科学性原则。在教学评价时,要从教与学相统一的角度出发,以教学目标体系为依据,确定合理的、统一的评价标准,认真编制、预试、修订评价工具,在此基础上,使用先进的测量手段和统计方法,依据科学的评价程序和方法,对获得的各种数据进行严格的处理,并不是依靠经验和直觉进行主观判断。总之,教学评价是教学活动的重要组成部分,它具有诊断、激励、调节、教学功能,主要目的是改进和完善教学活动,为幼儿提供更适宜的教育机会和条件,促进幼儿健康和谐的发展。

随着社会的发展,科技的进步,教学媒体的不断更新,对教学活动进行评价也要

与时俱进,树立正确评价观,才能确保使教学评价客观有效。正确的评价观体现在以下三个层面:

第一,评价思想要与时俱进。这是由于现代幼儿园教育评价的思想观念有了重大变化,主要表现为:(1)评价功能的变化。注重评价在教育过程中的价值,评价的过程就是学习的过程;评价的标准不仅仅是一个目标,而且可以告诉被评价者应该怎样达到这个目标;评价的结果,主要是用来指导被评价者改进自己的行为,使之获得反思自己行为的依据,从而促进其发展;评价者和被评价者的关系从相互对立或紧张戒备状态,变为相互尊重、协同和合作的关系,从而共同发展;评价的方式从注重他人评价向注重自我评价发展。(2)评价目标的变化,重在发展。评价目标重在发展,即以发展的眼光看待幼儿和教师,让教师和幼儿共同发展,重视促进每一位幼儿和教师都获得最佳发展。评价不是"选拔适合教育的儿童",而是"创造适合儿童的教育";不是鉴别教师的优劣,而是促进教师不断成长。(3)评价内容的变化。评价的功能不只是检查幼儿知识技能的掌握情况,更关注幼儿掌握知识技能的过程与方法,以及与之相伴随的情感态度和价值观的形成;要"承认和关注幼儿的个体差异",避免用划一的标准评价不同的幼儿,在幼儿面前慎用横向比较;评价内容也拓展到幼儿园教育的各个方面,如教师与幼儿的人数比例、教师资格和受培训情况、教育活动组织的情况、幼儿的发展状况等都纳入评价范畴,进行综合评价。(4)评价方法的变化。现在的评价较重视定性评价和定量评价相结合,实现评价方法多样化。(5)评价主体的变化。重视参与和互动,自评与他评相结合,实现评价主体多元化。(6)评价类型的变化。注重对教育过程的评价,对教育结果的评价要与对教育过程的评价相结合,终结性评价与形成性评价相结合,实现评价重心的转移。

第二,与日常教育工作相结合。将评价融入幼儿园日常工作,并不排斥某一阶段结束后的集中评价,两者应相互补充。

第三,充分合理地运用评价结果。对幼儿的评价,不能乱贴标签,更不能随意公布评价结果,应以积极性评价为主;对教师的评价结果及其发布方式更要注意个别化。不能随意公布,以免造成教师的反感与紧张。应注意评价的诊断作用,引导教师通过评价发现自己的长处和不足,从而促进教师的成长。

下面以一个幼儿园语言活动为案例,完整感受幼儿园教学活动设计的全过程:

案例

大班语言活动"梨子小提琴"

【设计意图】

《梨子小提琴》这个故事运用夸张的文学手法,引领孩子们走进一个美好的世界,让他们在故事当中感受音乐的神奇力量。故事中,美妙动听的音乐竟然改变了狐狸和狮子凶恶的本性,学生通过看图讲故事的方式能进一步感受音乐的魅力,从而萌发幼儿对艺术的热爱。

【活动目标】

1. 使幼儿初步能够看图讲成简单的小故事。
2. 体验音乐带给人们的快乐。
3. 培养幼儿的语言表达能力。

【活动准备】

梨子小提琴若干、课件。

【活动过程】

一、激趣导入

师：有一只可爱的小动物要来了，你们想知道它是谁吗？让我们一起倒数五个数，欢迎它的到来好吗？（师幼一起倒数迎接小松鼠的出现）

二、播放课件，逐幅出示图片，引导幼儿观察讲述

1. 出示第一幅图的上半部分，让幼儿猜测讲述。

师：瞧！它是谁呀？它手里抱的是什么？大家来猜一猜，小松鼠抱个梨干什么呢？

2. 出示第一幅图的下半部分，让幼儿边看图边欣赏小松鼠用小提琴演奏的音乐。

师：小松鼠把梨子做成了什么？咱们一起来听一听小松鼠用梨子小提琴演奏的音乐好吗？（播放音乐，音符随音乐的节奏缓慢出现）

师：音乐好听吗？听到这样美妙的音乐，你想干什么？这美妙的音乐传到森林里，森林里的小动物会怎么样呢？咱们一起来看一看。

3. 出示第二幅图，引导幼儿讲述狐狸和狮子听到音乐后的变化。

师：瞧！狐狸在干什么？狮子在干什么？它们听到音乐了吗？美妙的音乐传到了狐狸和狮子的耳朵里，大家猜一猜，狐狸和狮子听到音乐后会怎么样？

4. 出示第三幅图，引导幼儿边观察图片边欣赏音乐。

都有谁被这美妙的音乐迷住了呀？（暂停音乐，梨子从小提琴上掉下来）咦？什么东西掉下来了？小动物们看到掉下来的梨子会怎么办？

5. 出示第四幅图上半部分，让幼儿观察讲述。

师：瞧！它们拿梨子做什么了？

6. 出示第四幅图下半部分，引导幼儿观察讲述。

师：他们看到梨树上结了这么多梨子，又会怎么做呢？

7. 出示第五幅图，让幼儿讲述图片内容。

师：都有谁在拉小提琴？森林里的小动物都在拉小提琴，森林里会怎么样？

三、完整出示图片，引导幼儿讲述

森林里的小动物都有了一把梨子小提琴，你们想不想也得到一把梨子小提琴呀？今天谁能看着图把这个故事讲一讲，老师也会送你一把梨子小提琴。

1. 分组练习给同伴讲故事。
2. 每组请一个代表给大家讲述。

3. 请幼儿为故事起名字,只要幼儿起的名字适合故事内容,就让幼儿用自己起的故事名字来讲。

4. 请个别幼儿在小提琴音乐的伴奏下,完整讲述故事内容,注意提醒幼儿先讲出故事名字。

四、欣赏小提琴演奏,结束活动

教师和幼儿一起拿着自制的梨子小提琴,跟随音乐演奏。

【活动延伸】

1. 指导幼儿阅读幼儿用书上的画面内容,体验和感受故事所表现的美好意境。

2. 和幼儿一起欣赏用小提琴演奏的名曲,进一步让幼儿感受音乐的美。

【自我评析】

在活动中,我注重了孩子的主体地位,始终以自己丰富的情感感染孩子,将鼓励的目光投射给孩子。在和孩子对话的过程中,我把评析与激励两种方式有机结合,极大地调动了孩子学习的积极性。在预想后果时的提问,对孩子思维起到了点拨的作用,点在了孩子思维的生长点上,让每个孩子充分运用自己的思维和想象,"异想天开",使活动生动、有效,孩子真正成为活动的主人。

出示图片的过程中,我巧妙地利用课件的播放,把讲述难度大的图片分成两部分出示,降低幼儿讲述的难度,当所有图片出示后,要求幼儿讲述,我采用同伴互相讲述的方法,较好地解决了活动时间短,而要讲述的人数多这一矛盾。幼儿在分组讨论讲述的时候,人人都可以开口讲,参与讨论,老师再进行巡回指导,既可以照顾个别幼儿,又可以面向全体。我还通过奖励的方式激发幼儿讲述的热情。等到最后分组派代表讲述的时候,代表的讲述已经是全组幼儿智慧的综合了。这样做,每个幼儿都有讲话的机会,可以培养幼儿相互间取长补短的合作精神,也可以满足各个层次幼儿的需求。能力强的幼儿可以把图片的内容讲得很丰富、完整,能力弱的幼儿可以讲得很简短,只要表达清楚就行了,但不管怎样,他们都得到了锻炼,语言表达能力都得到了进一步提高。

(王爱玲 新郑市黄水路小学)

第五节 幼儿园教学活动的实施

儿童带着先前知识来到学校,有的先前知识促进学习,而有的先前知识阻碍学习。它对学校教育的影响是多方面的,其中最重要的就是教师必须正视儿童先前知识的多层次知识和观念(即儿童带着所有的不精确知识和错误观念来到学校)。

——[美]约翰·D·布兰思福特等:《人是如何学习的》

第十章 幼儿园教学活动

幼儿园教学活动实施是整个教学过程当中很重要的一个环节，是教师教育观念的直接体现。教育观念直接支配和影响着教学活动中的言行，影响着教学质量，也直接影响到幼儿的发展。作为践行新《纲要》精神的新时代教育者，要转变教育观念，树立正确儿童观和教育观，以科学的教育方法实施幼儿园教学活动。首先，要尊重幼儿，认识到他们是积极发展中有潜力的人，把传统的"给予"和"接受"的师生关系转变为平等、民主、探究的师幼关系。其次，要充分认识到幼儿是教学活动中的主人。幼儿是在自我的实践活动中建构认知系统，获得身心和谐发展的。教师要正确认识教学活动中的师生关系，顺利完成教学活动中的角色转变。再次，要充分认识到幼儿之间客观存在着个别差异，教师应面向全体幼儿，注重个别差异，为每一个幼儿创设最佳教育环境，促进每一个幼儿在原有的水平上都有所发展。

幼儿园教学活动实施要注意以下几点：

第一，正确处理教学活动过程中教师与幼儿的互动关系。互动，也称相互作用，是指人与人之间的心理交互作用或行为影响，是一个人的行为引导另一个人的行为或价值观念改变的过程。教师与幼儿的互动，是幼儿与教师互为主体、教育伙伴式的互动，是一个自动化的融通性互动。"互动"应渗透在幼儿日常生活的各个领域，特别是在教学活动中，教师要时时保持这样一种教育理念：尊重幼儿、理解幼儿、关注幼儿，把视线保持在与幼儿统一的水平上。教师要站在幼儿角度，以"假如我是孩子"的心态，去体验幼儿可能的兴趣和需要，而不是只思考"我想怎样教"。在师幼互动中，教师要在尊重幼儿主体的基础上多用间接指导，用非言语交际手段指导幼儿主动学习，解决问题。教师要充分利用自己的表情、眼神、手势、动作、身体运动的方向等非言语手段，来支持和帮助幼儿学习。

第二，科学合理地安排组织教学活动各个环节。要注重动静交替，协调统一；时间安排应有相对稳定性和灵活性，既有利于形成秩序感，又有满足活动的需要；做到自然简洁过度，减少和消除消极等待等浪费时间的现象，提高活动效率；教师直接指导的集体活动要能满足大多数幼儿的需要。

第三，教学活动内容的组织应充分考虑幼儿的学习方式和特点。教学内容要注重综合性和趣味性，寓教于生活、游戏之中。

第四，教学活动组织形式应根据需要合理安排。教师要因时、因地、因内容和幼儿的学习特点，灵活运用集体、小组、个别等活动形式，保证幼儿有充足的时间自主地进行活动。

第五，教师的指导要有针对性和弹性。教师要根据新《纲要》和本班幼儿的实际情况，拟订切实可行、富有弹性的工作计划，并灵活地执行，充分发挥幼儿的主体性。在教学活动中，教师的指导要有尺度，应给幼儿留出动手、动脑的余地，让幼儿在教学活动结束后仍有浓厚的探究欲望。

此外，教师还要不断地对教学活动进行反思，才能不断推进教学活动的实施。教学活动反思的要点一般包含以下几点：(1)对教学活动中幼儿发展的反思；(2)对实现教学活动目标和内容的反思;(3)对教学方法及手段的反思;(4)对学习环境的创设及其材料的提供的反思等。

学习小结

　　幼儿园教学活动是幼儿园教育活动的一个重要组成部分,是对幼儿实施教育的主要途径。与幼儿园游戏活动、生活活动一起构成了幼儿园教育活动的整体。对幼儿园教师或幼儿教育工作者来说,掌握和理解幼儿园教学活动的基本原理,树立科学的幼儿教育观,开展幼儿园教学活动具有现实意义和深远的指导意义。

　　教育幼儿是人类社会生活的重要组成部分,幼儿教育的质量关系着人类社会的繁衍和延续。教学中一定要依据幼儿园教学活动特点和基本原则,组织形式交替使用,对教学目标、教学内容等精心设计,正确地实施幼儿园教学活动,确保对幼儿的影响落到实处,实现人才培养奠基任务。

　　学习时要理论联系实际,相互讨论,学会反思,不能仅仅停留在理论层面。掌握知识要有反思(不断领悟)—实践—再反思—再实践,如此反复,才能使大脑沉淀知识,观念才得以建立。学前教育学理论来源于实践,又高于实践,树立反思性学习理念,理论与实践相互融合,对学习学前教育学理论具有现实的指导意义。

复习与思考

1. 结合幼儿园实际教育实践活动,解释幼儿园教学活动的特点。
2. 讨论分析幼儿园教学活动与小学教学的区别。
3. 讨论分析幼儿园教学活动组织形式或常用方法在教学中为什么不能单独使用。
4. 列举幼儿园教学活动基本原则。
5. 选择其中一个教学活动原则,讨论分析对教学的价值。
6. 比较幼儿园教学活动教案和教学设计的异同。
7. 如何理解新时代幼儿园教师的教育观?
8. 阐述在幼儿园教学活动中如何体现"面向全体,照顾个别差异"这一理念。

问题讨论

你是否认可"孩子输在起跑线上"的真正原因是"习惯"?列出具体案例说明。

思维练习

1. 依据幼儿园教学活动的有关理论和上述有关问题的讨论结果,尝试撰写一份具体的幼儿园教学活动设计方案。

2. 学习了幼儿园教学活动的有关理论,对你的心里有无触动?当代幼儿园教师或幼儿教育者应该树立什么样的幼儿教育观?

**知海拾贝**

儿童与课程

教育过程中的基本要素,是未成熟的、没有发展出来的人,和在成人的成熟的经验中体现出来的某些社会目的、意义和价值。教育过程就是这些因素应有的相互作用。作为促进最充分的和最自由的相互作用的这样一种相互关联的概念,便是教育理论的主要内容。

但是,这里需要思想上的努力。把各种因素孤立起来看,坚持一个要素而牺牲另一个要素,使它们相互对立起来,这较之发现每个因素所属的现实,要容易得多。抓住儿童的天性里的某些东西,或抓住成人已发达的意识里的某些东西,而且坚持那个因素是整个问题的关键,这是容易的事情。当发生这种情况时,一个真正严肃的实际问题,即它们的相互作用问题,便变成一个不现实的因素而不能解决的理论问题。不是坚定地把教育的各种因素作为整体来看,我们就只能看到种种相互冲突的名词。我们在儿童与课程、个人的天性与社会的文化这些问题上,就看到这种情况。一切教育的主张的其他分歧都包含着这种对立的情况。

第十一章 幼儿园游戏活动

微信扫一扫
观看微课
线上练习

本章导学

　　游戏是幼儿基本的学习方式,也是幼儿的工作。游戏活动是幼儿教育的一个组成部分,本章内容主要是帮助学生掌握幼儿游戏的基本内涵、基本特征及构成要素,理解角色游戏和表演游戏的区别,正确实施幼儿游戏活动,形成科学的游戏观。幼儿游戏活动是学生学习学前教育学的一个重要内容。

学习目标:
1. 能够解释幼儿园游戏活动的基本内涵。
2. 能够讨论分析游戏活动对幼儿一生发展的影响。
3. 能够理解幼儿园游戏构成要素及类型。
4. 能够描述幼儿游戏指导的具体事项。
5. 能够解释角色游戏和表演游戏之间的差异。

关键概念:
游戏;角色游戏;表演游戏

快乐教育的途径——游戏

　　游戏能够通过玩这种特殊活动形式,给予孩子身心发展的需要。人出生以后,就要面对解决或征服大大小小的各种问题。在面对问题时体验成就感、挫折感,在解决问题中获得情感的积累或宣泄,游戏的目的显然是让孩子在玩中探索生存中所必须感受的这一切。玩给孩子带来了欢乐,玩给孩子带来了兴趣,玩给孩子观察人与事的机会,玩给孩子创造的源泉;玩使孩子心灵手巧,运动协调;玩使孩子有胆识,勇气大增;玩使孩子毅力增强,身心健康发展。总之,玩对孩子发展的影响是课堂教学、家长的说教所无法代替的。

　　科学发现:游戏有助于发掘孩子先天的才能和欲望,而且能尽快地恢复孩子的体力和脑力。还有的专家认为,游戏是孩子在真正需要掌握成年行为模式前的实践并完善其较弱本能的最佳方式。孩子之间的游戏打闹,为孩子将来赢得竞争的胜利做了心理准备。

(《九位留美少年的成长经历和他们的父母的家教经验——英才是怎样成长的》)

第十一章 幼儿园游戏活动

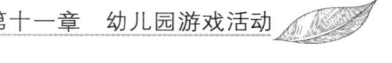

第一节 幼儿园游戏概述

> 即使是最好的儿童,如果生活在组织不好的集体里,也会很快变成一群小野兽。
>
> ——马卡连柯

游戏是幼儿的主要活动,是幼儿的工作。幼儿通过游戏学习和成长。"让幼儿在游戏中学习"已成为幼儿教育的重要原则或信条,并对幼儿教育产生了广泛而深远的影响,也成为幼儿教育区别于中小学教育的一个显著标志。认识游戏在幼儿发展中的特殊价值,掌握指导幼儿游戏的艺术,提高幼儿的游戏水平,促进幼儿的全面发展成为每一位幼儿教师的最基本的要求。

什么是游戏呢?古今中外不同学者对这一问题做出了不同的回答,争议的焦点虽侧重点不同,但都意识到游戏的一些最基本的因素和主要特征,以及对幼儿学习、生活、成长、发展的作用。

一、游戏的含义

游戏的含义概括起来有以下几点:

第一,游戏是幼儿最喜爱的活动,是幼儿生活的主要内容。在幼儿日常生活中,除了吃饭、睡觉等生活活动外,绝大多数的时间都在游戏,可以说,游戏是幼儿最大的心理需求,即便是生活、劳动、学习活动,幼儿也常常是以游戏的形式来进行,或是将生活、学习、劳动的过程变成游戏活动。可见幼儿喜欢游戏,还喜欢把他们的一切活动游戏化。游戏化的活动并不是真正意义上的游戏,如游戏化的劳动,是以游戏的形式进行劳动,并不意味着游戏与劳动等同,也不意味着游戏化的活动成了游戏。

第二,游戏是幼儿对生长的适应,符合幼儿身心发展的特点。幼儿喜欢游戏并且不断进行游戏,是由幼儿身心发展的特点所决定的。总的说来,幼儿身心发展水平较低,但发展的速度却较快。幼儿身心的快速发展是以幼儿的多种需要,如运动的需要、交往的需要、操作和探索的需要等的满足为前提的。由于幼儿年龄小,实际能力还很差,这些需要很难在真实的生活中得到充分满足。为解决身心发展及其需要在现实中与实际能力之间的矛盾,幼儿创造并参与游戏,到游戏中去满足需要,适应成长。游戏是与幼儿身心发展水平相适应的主要活动。

第三,游戏是幼儿自动自发的活动。对幼儿来说,游戏不仅仅是一种消遣,还是幼儿主要的学习方式。幼儿在游戏中学习,在游戏中健康成长。这里需要提出,幼儿在游戏中的学习有以下三个特点:(1)学习的目标是隐含的。从表面上看,幼儿在游戏中学习,没有明显的所要达到的学习目标,但并不是说没有目标,而目标恰恰是隐含在游戏过程之中的,只要幼儿积极、主动地投入游戏,就会在游戏过程中自然实现某些方面的发展目标。经常进行各种不同类型的游戏,就能达到促进幼儿健康成长、和谐发展的目标。(2)学习方式是潜移默化的。由于幼儿在游戏中总是伴随着愉悦的情绪体验,加上积极主动性高,因而在游戏中的学习是潜移默化的,甚至幼儿自己也不知道他是在进行学习。如有的幼儿园进大门处有一些弯弯曲曲的凸凹不平的小路,幼儿在每天来园、离园的时候,在户外活动过程中,会情不自禁地在小路上扭来扭去,他们感到非常快乐、好玩。在不知不觉中平衡能力得到发展,身体得到锻炼。(3)学习的动力来自幼儿内部。幼儿在游戏中学习,其学习动力是依靠幼儿的兴趣、喜好探索、好奇心等内部动机。生活中最常见的是幼儿对一种活动的喜爱乐此不疲,但每次活动都会给幼儿带来身心上的极大满足,这是我们成人难以理解的地方。

二、游戏的特征

幼儿游戏具有什么样的特征呢?或者说什么样的活动才是幼儿的游戏呢?总的说来,具有下列特征:(1)幼儿游戏具有模拟性和超现实性。幼儿游戏既是对社会生活的一种初级的模拟形式,又不是现实生活的简单翻版。幼儿根据他们对现实生活的理解,按照自己的意愿,将生活内容有目的、有意识、创造性地反映在游戏中。幼儿游戏既可以从事自己向往的各种活动,又不受真实生活中的条件和规律的限制。因此,幼儿在游戏中既可以充分展开想象的翅膀,又能真实地再现和体验成人生活中的感受和人际关系。(2)游戏活动是在假想的情境中发展的。与真实的生活活动相比,游戏总是在假想的情景中开展的,用幼儿自己的话说,就是"假"的,是"装"的,不是真的。具体表现在:一是对游戏角色的假想,二是对游戏材料的假想,三是是对游戏情景的假想。(3)游戏具有自主性和非强制性。游戏是幼儿主动参与的,与幼儿的兴趣相联系,不存在强制性和义务性。幼儿的游戏就是为了好玩,没有具体的目的性,开心就好。(4)幼儿游戏具有趣味性和娱乐性。幼儿游戏的内容一般较具体生动,形式也非常活泼轻松。许多游戏中还配有节奏明快、朗朗上口的儿歌和口令,幼儿在此情景中愉悦和放松,没有心理压力和负担,所以在游戏中总带有愉快的情感体验。

三、游戏的功能

游戏是幼儿天性,是幼儿早期的特有的学习方式,是幼儿最基本的活动及社会化最重要的途径。游戏对于幼儿成长的意义,是任何其他活动不能代替的。其功能表现在以下几点:(1)游戏有助于幼儿身体技能的发展和锻炼。(2)游戏有助于幼儿社会性的发展。各种社会规则、交往矛盾解决方式等在幼儿游戏中都能使幼儿有具体的体验,进而社会的各种规矩、规范行为被幼儿所接纳,有力地促进了幼儿社会化的发展。(3)游戏有利于幼儿的认知和智力的发展。幼儿游戏有利于开发幼儿的想象力和创造力。幼儿在多种游戏情景的体验中获得了自然、社会方面的知识,认知得到提升,智力得到开发。(4)游戏有助于幼儿良好个性及意志品质的发展。游戏既具有娱乐性,也具有挑战性和竞争性,幼儿在其中不断体验成功时的愉悦与失败后的失落,忍受挫折的能力及战胜困难的信心得以强化,并在自我评价和他人评价中得到肯定,获得自信。

第二节 游戏的构成要素及类型

课程是什么,课程是经验,课程是人类的经验,用最经济手段,按有组织的调制,用各种的方法,以引起孩子的反应和活动。

——张雪门:《幼稚园的课程》

关于游戏的构成要素说法不一。但从民间游戏的研究成果看游戏的构成要素无外乎有以下诸要素构成,整体上看,分为必备要素和可备要素两大部分。必备要素是任何游戏必须具备的,不可缺少的,而且全部必备要素是同时出现的;可备要素不是每个游戏必须具备的,在有些游戏中存在,有些游戏中不存在,它是以零碎的单个形式出现的。

一、游戏的构成要素

游戏的构成要素一般包括两大要素,即必备要素和可备要素,必备要素包括:

(一) 必备要素

1. 主体要素

游戏是暂时与现实脱离的过程,它的主体是人,包括参加者与组织者。游戏是由人创编、组织和开展的,离开了这一主体,游戏也就无从谈起。游戏中,根据游戏的方法或规则,不同的参加者扮演着不同的角色,承担着不同的职责,构成新的、暂时的角色之间的关系。游戏的主体是游戏的决定因素,游戏的成败、优劣首先决定于主体要素。就幼儿来说,幼儿就是活动的主体要素。但是,主体要素不是唯一的因素,其他要素也有着重要的作用,虽然它们是非决定性的,但对游戏也有着不同程度的影响。主体要素必须与其他要素和谐一致,才能使游戏达到理想的境界。

2. 主题要素

主题要素包含两个方面,即游戏的主题思想和主要内容。它是日常生活和社会活动在游戏过程中的具体反映。游戏主题并非社会生活事件的简单原则,而是幼儿创造性地加工、改造的产物。例如,游戏"老鹰捉小鸡",它的主题思想是长辈出于对晚辈的保护,而与敌手进行斗智斗勇;它的主要内容是,扮演鸡的一方,通过身体灵巧的移动,摆脱扮演老鹰的一方的追赶。游戏的主题具有社会性,这一社会性决定了幼儿游戏必然是一种社会活动,但这种社会活动又是幼儿自我创造的产物。主题只在一定范围内规定游戏内容,却为幼儿在游戏形式上留下了广阔的创造空间。

3. 规则要素

常言道"没有规矩不成方圆"。游戏所需要的规矩就是游戏规则,从本质上讲,规则是对游戏主体活动的限制,调节游戏主体的行为和互动关系的准则,是游戏者需要遵守的某种规定。任何游戏都有规则,游戏规则的发展呈现出由隐性到显性的逐渐明朗化的趋势。在这个趋势中,幼儿对规则的理解都先是无意或潜意识的,然后才是有意识的。规则的功能在于固定游戏内容,规范游戏行为,规定游戏方向,从而保证游戏的组织性和稳定性。凡是有游戏就有游戏规则,而且这种规则对每个游戏者都具有约束力。如果没有规则,游戏这一共同体就不复存在。在不同游戏类型中,规则的制定及其表现方式各有差异。游戏规则受游戏复杂程度和幼儿发展水平的双重制约。在象征性游戏中,规则是为协商角色和保持装扮世界的情景而存在的,因此它是隐含于角色中的,作用在于表现人物和人物之间的关系,因而具有一定的灵活性。随着游戏情节的变化,可以在任何时候被游戏者本人所改动,规则的个人随意性较大。

4. 时间要素

任何游戏均需要一定的时间,在一段时间内完成游戏,只是所需的时间的跨度不同。在具体的游戏实践中,时间要素表现为三种形式:第一,是以时间的长短来决定胜负的;第二,是规定一定的时间,在相同的时间内完成(成功)的次数多少来确定输赢的;第三,时间作为一种非显性的或不确定成败的要素,以隐性的形式出现,不规定游戏的时间,游戏自然地开始、进行,直到结束,这一过程所消耗的时间,对游戏来说必然是隐性的。

5. 空间要素

绝大多数游戏从表面上看,似乎是在平面上进行的,不需要空间,不占有空间。事实上,任何游戏都需要一定的空间,只是所用空间的大小程度不同而已。游戏的空间要素是指游戏活动所需的平面场地范围和立体空间范围。通常情况,游戏参加的人数越多,所需要的空间越大;反之,则越小。虽然,游戏的空间要求,不像竞技体育的场地空间那样非常严密,但是,在游戏的空间中,主体的密度恰当,才能有理想的游戏效果。比如,"捕鱼"游戏,在平坦的篮球场上进行,而且人数太多,密度过大,那么十分容易捕捉到鱼,游戏一点没有难度,也就显得索然无味。但是,这一游戏如果放置在带有几个小坡的草坪上,还有一些障碍(如树、花),人数适度,那么,游戏的趣味就大大增加了。

6. 技巧要素

游戏都需要参与者进行一定的身体活动,这些身体活动的方式包含了很多身体技巧,如曲线跑、躲闪跑、左右跳、单足跳、双足跳、投准、平衡等动作技巧。尽管难度不是很大,相对比较简单,但总体上要略高于生活行为的要求,这就是游戏的技巧要素。例如,"跳房子"游戏,需要投准技巧、单脚跳的技巧、维持平衡的技巧等;"丢手绢"游戏,需要奔跑能力和躲闪技巧;"跳皮筋"需要单脚跳、双脚跳、向前跳、向后跳等各种技巧。如果没有相应的技巧做基础,游戏就无法开展,更谈不上有趣了。同时,通过众多游戏活动,幼儿的各种身体技巧也得到了锻炼和发展。

7. 环境要素

游戏的环境要素是指游戏的空间之外的一切外界因素,包括自然环境和社会环境。自然环境为周围的山水、树木、鸟语花香、天空、气温等;社会环境为旁观者、路过者、建筑物、车辆及其各种声响等。每一个游戏的开展都是在一定的环境中进行的,游戏与游戏所处的环境有着密切的联系,环境对游戏的进展有着很大的影响。开展游戏要充分考虑游戏的环境要素,游戏环境选择合理,可给本来就充满情趣的活动再添色彩。例如,在公园的空地上进行"丢手绢"的游戏,蓝天、白云、花鸟、草坪,显然是很有趣味的;如果在住宅小区的通道上开展"老鹰捉小鸡"的游戏,不仅影响了交通,还可能被车辆撞伤,具有安全上的隐患。在幼儿园开展游戏也需要创设一定环境,室内区角或室外进行均可。

(二) 可备要素

可备要素不像必备要素那样明确、清晰,一般地较松散、零乱、繁杂。它出现在游戏中,通常不是以所有的可备要素一同呈现,而是以一两个要素单独出现的。可备要素包括:

1. 伴奏要素

很多幼儿游戏都有童谣伴奏,一边唱(或说)一边进行游戏,有声有色,甚是快乐。但不是每个游戏均有民谣相伴。这些节奏明快、优美动听的民谣,朗朗上口,内容简单,易于记忆,能给大家增添无穷的乐趣,使孩子们在游戏中趣味盎然。如"跑马城""炒黄豆""编花篮"等要边说边做,"丢手绢"要边唱边做。缺少了这些说唱的伴奏,这个游戏就不能进行了,更不能谈乐趣了。

2. 胜负要素

有些幼儿游戏在结束时会赛出输赢,分出胜负,这是游戏的胜负要素。但有些游戏只有胜者,没有负者;有些游戏只有负者,而没有胜者;有些游戏没有胜负。例如,在"娃娃家"游戏中,幼儿不断地模仿成人做饭、洗衣服、照顾娃娃等动作,并陶醉其中,并不追求胜负结果;有些游戏,胜负是不断转变的,没有最后的胜者。游戏的胜负给游戏者带来了无穷的魅力。游戏者的胜负不仅与游戏者的能力和拼搏有关,而且与游戏者的运气和机遇有关,充满着不确定性、不可预测性,这是游戏的情趣和魅力所在。

3. 赞赏要素

幼儿游戏不像民间游戏那么在意结果,更多的是在于过程、在于体验、在于满足等。幼儿游戏好与差不重要,只要幼儿主动参与,活动结束都应进行评价,评价的内容可以是完成任务的情况,也可以是幼儿的表现情况,一般要用赞赏的语言予以评价。

4. 器材要素

器材要素是指游戏中所用的物品、器具，就像演出中用的道具。但不是每次游戏中都要有道具出现，有时是徒手游戏，所以不一定需要道具。

由此来看，必备要素是任何游戏必须具备的基本要素，七个要素缺一不可，一同存在于每个游戏中，以整体的形式呈现。但是，可备要素是相对的，对于抽象的游戏来说可能出现，可能不出现；对于一个具体的游戏而言，部分可备要素也能成为必备要素，是这个游戏不可缺少的。

二、幼儿游戏的种类

幼儿游戏的类型也多种多样，以不同的尺度为标准，可以分出不同的类型。在这里我们仅从教育的作用上来分类研究。我国《幼儿园教育纲要（试行）》把幼儿园的游戏分为创造性游戏（角色游戏、结构游戏、表演游戏）、体育游戏、智力游戏、音乐游戏等。

（一）角色游戏

这是幼儿以模仿和想象，通过角色扮演，创造性地反映周围生活的一种游戏。例如，野外采摘活动在眼下已经十分时尚，有的家长周末会带自己的孩子到田间地头去采摘。孩子周一上幼儿园时，就向老师提出玩"采摘"的游戏，自己当老板，还招聘员工为采摘的人员服务，要求员工对待客人要文明礼貌，彬彬有礼，指导规范。对过往的客人介绍园内的植物等，俨然是一副现实版的田园画面。

（二）结构游戏

这是利用各种不同的结构材料（如积木、泥巴、沙水等），通过手的创作活动，来反映现实生活的游戏。比如，老师带幼儿到科技馆参观完神舟五号飞船模型后，几个幼儿在幼儿园区角就搭建起一个壮观的"神舟五号飞船"。

（三）表演游戏

这是儿童按照故事、童话的内容，分配角色、安排情节，通过动作、表情、语言来进行的游戏。例如，民间娶新娘的故事，幼儿设定了"新郎""新娘""伴娘""伴郎"四个角色。新郎开着小汽车，手拿鲜花去接新娘，伴娘陪伴新娘走过红地毯、拜天地、拜爹娘、夫妻对拜等。

（四）体育游戏

这是以发展幼儿基本动作，增强幼儿体质，促进幼儿身体健康为主的游戏。比如幼儿扮演武警，训练"散打"、钻"花环"、追赶罪犯等。

（五）智力游戏

这是通过生动有趣的游戏形式，使幼儿在愉快的情绪中丰富知识、培养技能、发展智力的游戏。如猜谜语、脑筋急转弯、对对联等。

（六）音乐游戏

这是幼儿在音乐伴奏和歌曲伴唱下所进行的游戏。如老师让幼儿边唱歌曲边做小鸭在水中游荡的动作等。

第三节　游戏的指导

游戏是儿童内部需要和冲动的表现,游戏作为儿童最独特的自发活动,成为幼儿教育的基础。

——福禄贝尔

一、角色游戏的指导

根据游戏发展的动态及教师的指导程序,角色游戏指导可分以下几个步骤:确定游戏主题;创设游戏环境;组织开展游戏;讨论发现问题等。这四个步骤在游戏的发展中会不断重复。

（一）确定游戏主题

教师要鼓励幼儿按自己的意愿提出游戏主题。对于幼儿提出的主题,教师要给予支持,也可以用建议的方式提出新主题。如参观消防队后教师问:"你们想玩消防队的游戏吗?"当然,教师的建议只起启发和参考的作用,不必强求幼儿必须采纳。

（二）创设游戏环境

游戏环境的创设要充分尊重和发挥幼儿的主体性,调动幼儿的积极性,切不可包办代替。如当消防队的游戏主题确定后,教师不忙着开始游戏,而是问幼儿:"玩消防队的游戏需要做什么准备呢?"接着,鼓励幼儿回家后将合适的材料带到幼儿园。第二天,有的幼儿将家里的洗衣管带到幼儿园作喷水用的水管和龙头;有的幼儿带上了雨披和雨靴做消防服装;有的幼儿带来有响声和灯光闪烁的玩具枪,准备挂在消防车车顶模拟消防车的警笛声和消防车车顶灯。在准备过程中,幼儿的积极性高、兴趣浓厚,以物代物的能力得到充分发展。

（三）组织开展游戏

分配角色是开展游戏的重要一环。对于小班的幼儿而言,教师要培养幼儿懂得担任角色,提出自己愿意担任的角色;对中、大班幼儿而言,要让他们学会尊重别人的意愿,学会自己商量分配角色,学会用"念歌谣""点兵点将"等方式轮流担任角色。在组织角色游戏中,教师应观察幼儿的游戏活动。通过仔细观察,发现幼儿游戏的兴趣和需要,了解幼儿游戏的现状及存在的问题,及时调整环境,适时介入,参与幼儿游戏,并做出适宜的指导,帮助他们丰富游戏主题,构思游戏情节,明确和完善游戏规

则,以丰富游戏的内容,提高游戏的水平。

(四)讨论发现问题

每次游戏开始之前、结束之后,教师要以讨论"问题"为契机,帮助幼儿发现和解决问题,促进幼儿的发展。例如,游戏中,教师发现了公共汽车坐的人很少,驾驶员也无精打采的现象。游戏结束后,便组织幼儿讨论:"今天为什么坐车的人那么少啊?""是不是今天下雨或双休呢?"问题一提出,有的幼儿就说:"老师,今天下雨,所以坐车人就少。"还有的说:"新开的线路人们还不知道呢。"教师和幼儿一起讨论怎么解决问题,提出了打广告让人们知道新开了一条线路等措施。为下次游戏的发展打下基础。

二、表演游戏的指导

表演游戏是幼儿根据文艺作品中的情节、内容和角色,通过语言、表情和动作进行表演的一种游戏。角色游戏和表演游戏都属于创造性游戏,两者在角色扮演、象征手段等方面有相似之处。最重要的相同之处是都由幼儿扮演角色进行表演。不同的是,角色游戏中的角色具有社会性,幼儿以自己的生活经验为情节自由开展游戏,想象创造毫无约束;表演游戏的角色具有艺术性,是幼儿以艺术加工了的文学作品的内容为情节来开展的,其角色的语言、动作、表情等想象与创造的成分受作品"框架"所限制。他们按照自己的理解来表现作品,表演的目的不是给别人看,而是"自娱自乐"。在教师指导表演游戏中时应注该:

(一)选择适合表演的文艺作品

表演游戏通常围绕一定事件或文学作品展开,故事如同一种结构性的支柱,支撑并贯穿游戏始终,很大程度上制约着表演游戏的质量和效果。首先文学作品的选择要难易适中,作品的难度要和幼儿年龄特点相对接。如角色鲜明、情节简单、对话少而重复的作品较适合小班;情节生动有趣、对话朗朗上口、极富表演性的作品比较适合中、大班。其次,文学作品的选择还应兼顾教育性和艺术性,既要重视文学作品对幼儿道德教育的功能,也不能忽视文学作品浪漫、幻想、夸张、新奇的特点。

(二)熟悉内容和情节

游戏内容确定后,教师可借助图片、桌面教具、幻灯等不同的工具,通过讲述、复述文学作品,让幼儿掌握作品的主题、角色的特征、情节的发展,熟悉作品中的语言及角色的动作特点等,熟悉游戏的内容和情节,培养幼儿对作品中的人物形象的情感,激发幼儿表演的愿望。

(三)准备简单的表演服装和道具

表演服装、道具不仅能激起幼儿表演游戏的愿望,而且直接影响着游戏的趣味性、戏剧性和象征性。幼儿在表演游戏时,要根据作品的要求,进行适当的角色造型和服饰化妆。造型和服饰应以简便、实用为主,稍有象征性即可。教师应放手让幼儿自己构思、自己准备,切忌包办代替。

（四）提高幼儿的表演技能

文艺作品中的内容和情节需要凭借幼儿一定的表演技能才能得以再现和展示。所以，提高幼儿的表演技能是完成表演游戏的重要条件之一。

三、结构游戏的指导

结构游戏是指幼儿操作各种不同的结构材料来构造物体的一种游戏。结构游戏的材料范围很广，具体包括：专门的结构材料（如积木、积塑、花片胶粒、金属结构等）；自然的结构材料（如沙、石、水、土、雪等）；废旧物品和半成品的结构材料（如瓶子、罐子、挂历、纸盒等）。不同地区还可以根据地方特点，因地制宜选取结构材料。在结构游戏中教师指导应注意：

（一）丰富和加深幼儿对物体的印象

物体的印象是开展结构游戏的基础。在参观、散步过程中引导幼儿直接观察物体的形状、色彩、大小、结构、组合关系等特征，帮助幼儿体会物体的结构和造型美。

（二）训练结构活动的基本技能

结构活动的基本技能有：识别材料的技能（认识大小、形状、槽枢、凸凹、颜色等特征），结构分析技能（如学会看平面图、分析实际物体结构等），结构操作技能（排列组合、接插镶嵌、拼搭连接、穿套编织、黏合造型等），这些技能直接影响结构游戏的水平。

（三）帮助建立必要的游戏规则

这些规则一般包括：轻拿轻放；不乱扔，不乱踩；拿别人材料要经过别人的允许；撞到别人的建筑物后要向别人道歉；爱惜自己和别人的"作品"；建构活动结束后要整理场地、收拾材料并把材料放回原处等。建立规则的目的是为了幼儿更好地活动而不是束缚幼儿的手脚。规则的建立应当以幼儿对规则的意义或必要性的理解为前提，以引导幼儿共同建立规则。

（四）慎重对待幼儿的"作品"

幼儿的"作品"通常不能永久保存。游戏结束后，可先展示幼儿构造的成果，并对幼儿的结构成果做适当的讲评，帮助幼儿提高构造水平。教师也可以用照相机、录像机为幼儿的"作品"拍照和摄像，也可建议幼儿把自己的"作品"画下来，让幼儿感受到教师对幼儿劳动的尊重和对劳动成果的欣赏。

下面就玩自然材料游戏的指导的具体阐述：

1. 玩水游戏的指导

玩水是幼儿最喜爱的游戏活动之一。玩水有利于幼儿了解水的特性，建立一些数概念，如幼儿在玩水的同时，对器具准备的数量及水量多少在脑中建立了初步的直接感知等，特别是获得液体守恒的经验。夏季玩水既可以满足幼儿活动的要求，也可净爽身体。幼儿园应创设条件让幼儿玩水，不能因为准备工作烦琐、玩时身上会弄湿受凉等原因而取消游戏。玩水的组织形式有三种:一是徒手玩水;二是用具玩水;三是在水池中玩水。玩水前,教师要确定好玩水的组织形式,准备充足的玩水用具和材料(如围裙、抹布、杯子、海绵等),并让幼儿掌握必要的规则(如玩的水不能喝,不乱向别人身上撩水,不把水洒在地面上等);玩水的过程中,教师在保证幼儿安全的前提下,应尽量让幼儿自由、充分地活动,教师要与幼儿一同游戏,鼓励幼儿间交流玩法心得和新发现;游戏结束,教师组织幼儿收拾材料并整理场地。

2. 玩沙游戏的指导

幼儿喜欢沙,因为沙是不定型的、松散的,可随意操作,并能变化出无数的造型。玩沙有利于幼儿了解沙的物理特点,丰富触觉经验,培养创造性。玩沙的组织形式有两种:一是徒手玩沙;二是用各种用具和玩具玩沙。玩沙前,教师要选取合适的地点,准备足够数量的玩沙用具和材料(如铲子、漏斗等),并让幼儿掌握必要的规则(如玩沙时不要用手揉眼睛,不扬沙土等);玩沙时教师要鼓励幼儿共同游戏,不断想出新的玩法;结束时,教师要组织幼儿收拾材料、整理场地,清洁用具,并组织幼儿洗手。

3. 玩雪游戏的指导

玩雪有利于幼儿了解雪的特性,锻炼身体,发展想象力和创造力。玩雪前,教师要选择安全开阔的场地,准备一些辅助材料,帮助幼儿穿戴好保暖衣帽,做些准备活动。同时要让幼儿掌握必要的规则,如不把雪团往别人衣服、领口里塞等。玩雪时教师要鼓励幼儿开展团雪球、滚雪球、堆雪人、滑雪、用雪做科学小实验等活动;结束时,要收拾玩雪的用具,拍干净身上的雪再进活动室。因玩雪的游戏是在室外进行,幼儿有较大的运动量,所以时间不宜过长。

四、规则游戏的指导

规则游戏是由成人选编的以规则为中心的游戏,包括智力游戏、音乐游戏、体育游戏。规则游戏是幼儿游戏发展的高级形式。规则游戏的结构比较复杂,一般是由游戏目的和任务、游戏玩法、游戏规则及游戏结果构成。它们相互联系、相互作用,综合体现在每一个规则游戏之中,缺一不可。在规则游戏中教师应该:

(一)选择和编制适合幼儿年龄特点的游戏

所选择和编制的规则游戏要顺应幼儿的年龄特点和发展水平,既要适合幼儿接受能力,又要有一定的难度。太容易的游戏会使幼儿感到乏味,太难的游戏会使幼儿感到挫败。

(二)帮助幼儿掌握游戏的玩法和规则

规则游戏由于有玩法和规则的限制,必须在学会后才能玩。因此,教师要给幼儿做适当的示范、讲解,帮助他们掌握玩法,理解并掌握规则。示范讲解应力求简明、生动、有灵活性。如果幼儿要求并且他们都同意改变规则时,应当允许幼儿改变规则。

(三)鼓励幼儿积极参加游戏

规则游戏在幼儿园大多作为一种教学手段,通常在户外和教学活动中用。教师也可以把玩规则游戏的玩具、材料提供给幼儿,让幼儿在游戏时间内,根据自己的意愿和需要自行选择游戏,体验游戏的乐趣。

(四)对幼儿游戏即时评价

游戏结束时,教师可组织幼儿进行评价。评价的内容可以是完成游戏任务的情况,也可以是幼儿的表现情况,以帮助幼儿提高游戏水平。

学习小结

幼儿园游戏活动是幼儿教育的一个重要组成部分,无论是幼儿园教师或是幼儿教育工作者都要清醒地认识到游戏在幼儿发展中的重要作用,正确运用幼儿园游戏活动的基本原理开展幼儿教育工作。

通过理论学习,树立科学的游戏观。游戏不仅是幼儿的需要、主要活动、学习方式,也是幼儿的工作。对幼儿的习惯养成、社会性发展等具有深远意义。

幼儿园游戏活动的理论理解难度并不大,学习时要结合具体教育实践,多到一线实地观摩。

复习与思考

1. 理解游戏的内涵,解释为什么游戏是幼儿的工作。
2. 列举身边成人替代幼儿工作的案例并剖析其弊端(2个)。
3. 讨论分析不同游戏类型对幼儿发展所起的作用。
4. 玩自然材料游戏应注意些什么问题?时间多久最适宜?

问题讨论

1. 在幼儿园,开展游戏活动是教育老师应该做的工作,保育老师不负责游戏活动,对此你有什么看法?
2. 既然游戏活动是幼儿的主要活动,幼儿园老师讲清活动任务、基本要求后,让幼儿自己去活动,活动结束教学任务就完成了,你对此有何异议?

思维练习

1. 依据游戏的类型,设计其中1—2个类型的游戏方案。
2. 根据你所了解的幼儿园游戏活动实际,分析评价幼儿园教师是否贯彻了幼儿园游戏理论?

 **知海拾贝**

小孩子好游戏的

　　小孩子可以说是生来好动的。二三个月大的婴儿就能在床上不停地敲手踢脚,独自玩弄。到了五六个月的时候,看见东西就要来抓,抓住了就要放进嘴里去。到了再大一点,他就要这里推推,那里拉拉,不停地运动了。一等到会爬会走,那他的动作更加复杂了。忽而立,忽而坐;忽而这样,忽而那样;忽而爬到那里,忽而走到这里。假设我们成人像她动了两个钟头,那一定疲乏不堪。到了三四岁的时候,他的游戏动作比以前还要繁多而他的游戏方法也与从前不同了。从前他只能把椅子推来推去,现在他要把椅子抬来抬去,当花轿子了;从前他只能把棒头敲敲作声以取乐,现在他要背着棒当枪放了。

　　总起来说,小孩子是生来好动的,以游戏为生命的。要知多运动多强健;多游戏,多快乐,多经验,多学识,多思想。

(陈鹤琴:《家庭教育》)

第十二章 幼儿园生活活动

微信扫一扫
观看微课
线上练习

本章导学

幼儿园生活活动概述是关于幼儿园保育理论的基本概括,意在帮助学习者了解幼儿园生活活动的内容、特点、目标及实施指导等,正确认识幼儿园生活活动,形成科学的幼儿园生活活动的基本观念。幼儿园生活活动理论是学习学前教育学的重要基础理论之一。

学习目标:

1. 能够解释幼儿园生活活动的基本内涵。
2. 能够讨论分析不同的生活活动对幼儿的影响。
3. 能够描述不同年龄班的生活活动目标。
4. 能够理解实施幼儿园生活活动的指导事项。

关键概念:

幼儿园生活活动

生活活动中的"随机教育"

陶行知先生说"生活即教育"。生活中的教育是无处不在的,如果真正抓好随机教育,就会取得很好的教育效果。教师在对幼儿进行随机教育时,所抓住的事例也许是一日活动中很容易被忽视的小事,但其所发挥的教育效果却是意想不到的。

幼儿每天的生活活动就是关注各种事物、关注同伴、关注各种现象的过程,教师可以利用日常生活,指导幼儿仔细观察与思考。比如,在幼儿吃饭的时候,教师可以问小朋友"今天我们吃的有哪几种菜啊?他们是生长在泥土里还是水里的?"等有助于激发幼儿观察与思考的问题。幼儿在园内散步的时候,教师可以引导幼儿观察园内环境,如花草树木、草丛中的虫子和树上的小鸟等,同时教师可以适时地提一些建议,引导幼儿对感兴趣的事物仔细观察并思考探究,这样可以激发幼儿的好奇心和求知欲。

案例一:

背景: 在某幼儿园,一天早上大班幼儿早操结束以后,在回教室的路上途径幼儿园开辟的菜园,里面的玉米已经经长了长长的黑胡须,南瓜藤也开出了金灿灿的

黄花,还有黄瓜藤上结了两个胖胖的黄瓜,这时候老师注意到了小朋友们的惊讶与欢喜,就出现了以下对话:

师:你们知道这两个是什么瓜吗?

幼:黄瓜。

师:那你们看黄瓜是长在什么上面的啊?

幼:藤上。

师:哦,黄瓜长在藤上,你们还能想到其他的蔬菜或水果也是长在藤上的吗?

幼:丝瓜,苦瓜,西瓜,葡萄……

师:小朋友们说的这些都是长在藤上的,你们真是用心的孩子。

在这个案例中,教师抓住偶然的机会给幼儿上了一堂生动形象的科普课。教师善于观察幼儿感兴趣的事物,及时抓住机会进行随机教育,不仅让幼儿增长了知识,而且激发了儿童观察生活的兴趣,激发了他们的探索周围环境的精神,培养孩子成长为一个生活中的有心人。

生活活动是幼儿在园活动的重要组成部分,对幼儿来说,身体的发展、基本的生活习惯和生活能力的形成是最为重要的目标。生活活动是一种综合性的活动,其中包含了多领域丰富的教育内容。幼儿良好的生活习惯和行为品质的养成也是在生活活动中形成和发展起来的,教师需要认真观察和把握幼儿在生活中的一些行为,进行恰当有效的教育,以帮助幼儿培养良好的习惯和品质。

案例二:

背景:大班幼儿下午吃点心,今天是吃粽子。保育员把一盘盘粽子分给每一组的小朋友,小朋友们都洗好小手坐在小椅子上,等着老师说开始。有个别心急的小朋友已经忍不住把手伸到粽子上了,这时候老师看到了。

师:我们在吃点心之前要说什么?

幼:谢谢老师,小朋友们请。

师:我看到有的小朋友已经等不及要去拿粽子了,他好像忘记了什么事情。每个粽子大小都一样,小朋友们不要抢,要互相谦让,一个一个拿,开始吧。

幼:谢谢老师,小朋友请。(小朋友们按顺序一个接一个拿粽子,没有出现哄抢现象,有的小朋友解不开上面的线,就有小朋友主动帮他解开,每个小朋友都在津津有味地享用手中的粽子。)

行为习惯是从点滴的生活小事中养成的,对于幼儿出现的一些不好的习惯要及时提醒教育。教师针对幼儿的心理特点和行为表现进行随机教育,教育小朋友懂礼貌,相互谦让,帮助幼儿养成良好的生活习惯和美好的品质,有助于幼儿身心健康发展。

(石海心)

第十二章　幼儿园生活活动

第一节　幼儿园生活活动概述

> 好习惯是一个人在社会交场中所能穿着的最佳服饰。
> ——苏格拉底

一、幼儿园生活活动的含义

幼儿园生活活动是指除幼儿园教学活动、游戏活动以外的一切日常活动，包括盥洗、喝水、进餐、如厕、睡眠、整理、劳动、入园、离园、自由活动等。简单地说，一日生活是幼儿在幼儿园一天的生活经历，每一环节都蕴含着教育的机会。幼儿园的生活活动是幼儿一日活动的重要组成部分，贯穿于一日活动的始终。生活活动在一日活动中占的时间长，内容丰富，形式多样，主要着眼于增进幼儿的基本生活能力，培养良好的生活行为习惯，促进其身心发展。

《幼儿园教育指导纲要（试行）》中指出：幼儿园应为幼儿提供健康、丰富的生活和活动环境，满足他们多方面发展的需要，使他们度过快乐而有意义的童年。从这个意义上说，幼儿教师创设、提供的生活活动环境、内容等不仅要与幼儿相适应，能促进幼儿的发展，同时还要让幼儿在快乐的生活活动中获得有益的生活经验，以完成和促进幼儿身心健康成长和发展这一使命。

二、幼儿园生活活动的特点

1. 时间的延续性

幼儿园生活活动在一日活动中占的时间长，比重大。从早上入园活动开始，包括午间进餐系列活动，到晚上离园这期间，除教学、游戏活动外，贯穿一整天。尽管如此，对幼儿来说，形成良好的行为习惯所要花的时间比成人多得多。

2. 内容的丰富性

幼儿园生活活动含盥洗、喝水、进餐、如厕、睡眠、整理、劳动、入园、离园、自由活动等多个内容，可谓丰富至极。幼儿在活动中享受着童年的快乐，吮吸着生活的乳汁，感悟和内化着一些生活卫生习惯，教育性不言而喻。

3. 影响的长远性

幼儿期是习惯养成的关键期，是为未来人格发展奠定基础的时期。成人后的很多习惯的沉淀都可追溯到幼儿期的习惯。这一时期良好行为习惯的养成将对幼儿一生发展乃至中华民族素质的提高都有深远的影响。

三、幼儿园生活活动不同年龄班的目标

幼儿园的生活活动,主要着眼于培养幼儿良好的作息习惯、排泄习惯、盥洗习惯、整理习惯等生活习惯;帮助幼儿学会用餐方法,培养幼儿良好的饮食习惯;帮助幼儿了解初步的卫生常识和遵守有规律的生活秩序的重要意义;帮助幼儿学会多种讲究卫生的技能,初步提高幼儿生活自理能力。不同的年龄班的生活活动有不同的目标:

(一) 小班

(1) 使幼儿了解盥洗的顺序,初步掌握刷牙、洗手等基本方法;学会保持自身的清洁,会使用手帕。

(2) 知道穿脱衣服的顺序;培养幼儿坐、站、行等正确姿势;培养幼儿良好的作息习惯。

(3) 让幼儿在轻松自然的气氛中进餐,保持情绪愉快;初步培养幼儿良好的进餐习惯,懂得进餐卫生;初步培养幼儿爱吃各种食物和主动饮水的习惯。

(二) 中班

(1) 学习穿脱衣服、整理衣服;学习整理玩具,能保持玩具清洁;有初步的生活自理能力。

(2) 培养幼儿良好的饮食习惯。不挑食、不偏食;喜欢吃的东西不宜吃得太多,身体超重也会影响健康康;少吃冷饮,多喝水。

(三) 大班

(1) 保持个人卫生,并能注意生活环境的卫生;进一步培养幼儿良好的生活卫生习惯和生活自理能力。

(2) 指导幼儿使用筷子就餐,进一步培养幼儿良好的饮食习惯;让幼儿知道有些食物不能吃,有些食物不宜多吃,否则会有碍于身体健康。

四、幼儿园生活活动的作用

了解了幼儿园日常生活活动的含义,学习了生活活动的特点及目标。那么,幼儿园日常生活活动到底有什么作用呢?

(一) 培养幼儿的独立性

踏进幼儿园第一天,对幼儿来说,幼儿园的一切都是陌生的。他们的社会地位也悄然发生变化,由家庭的"中心成员"变成了幼儿园里众多小朋友中的普通一员,一时难以适应。此时的幼儿需要具有一定的独立生活能力,才能适应幼儿园的生活。幼儿独立性的培养是幼儿教育阶段的重点之一,日常生活练习对于培养幼儿独立性来说,是必不可少的。生活是幼儿教育的内容,也是幼儿教育的途径。从生活中学习,学习的途径和方式必定是生活;在生活中学习,学习就是生活。只有置身于日常生活练习中,才能获取生活经验,感受生活中的真实、自然与自由,才能奠定日后独立生活的基础,并逐渐建立自发性和独立的人格。

（二）促进幼儿身体发展

幼儿身体各个器官的生理机能尚未发育成熟，各个组织还都比较柔弱，其身体素质也相当薄弱；同时，幼儿期又是生长发育十分迅速、新陈代谢极为旺盛的时期。由于幼儿知识经验匮乏，又缺乏生活独立能力和自我保护能力，因此他们需要成人的悉心呵护，更需要成人反复的指导帮助、训练培养，才能独立自理，并养成良好的生活习惯，建立良好的生活秩序。一个成人在生活中不会因为无法完成基本的生活活动而影响学习、工作。但对幼儿来说就不一样了，幼儿期学习和养成的良好的生活习惯、自理能力对今后的发展、自信心的树立等影响深远。

（三）促进幼儿智力的发展

日常生活环节中蕴含着很多与衣食住行相关的生活知识、卫生保健知识和安全知识。通过日常生活活动可以让幼儿获得一些粗浅的知识，并且能让幼儿感知日常生活用品的性质和用途，并动手操作简单的生活用品，还可以激发幼儿对周围生活环境探究的好奇心和求知欲等，进而推动幼儿智力发展。

（四）培养良好的行为习惯

幼儿年龄小，机体可塑性大。因此，使他们进入规律的生活，并注重提早对他们进行各种良好习惯的培养是十分必要的。如自己的事情自己做、良好的饮食习惯、良好的睡眠习惯等都需要结合日常生活的每一环节来实施。幼儿的卫生习惯，如勤洗脸、洗手，饭前便后洗手，不随地吐痰等也要结合日常生活环节来养成。幼儿园集体生活更给予了幼儿学习待人处世、遵守规则的机会。当然，日常生活中的自我服务性劳动和为他人服务的劳动，如值日生，更是培养幼儿爱劳动的品质的重要途径。

（五）帮助幼儿适应群体生活

随着社会的进步，科技的发展，智能时代来临，在生活的各个领域中越来越需要人们具备与人合作及分享的品质，善于与他人合作分享是时代的要求，是幼儿日后生存发展所必需的品质。

面对未来世界的挑战，国际21世纪委员会提出：教育必须围绕四种基本技能来培养新一代，这四种基本技能是学会认知、学会做事、学会共同生活、学会生存。其中，"学会共同生活""学会生存"便是指要培养幼儿在人际活动中与人合作、共享合作成果的精神，学会共同生活。培养人类活动中的参与合作精神是教育不可缺少的重要组成部分。欧洲著名的心理分析家A.阿德勒认为，"假设一个儿童未曾学会合作之道，他必定会走向孤僻之途，并产生牢固的自卑情绪，严重影响他一生的发展。"可见，幼儿学会交往与合作是多么重要。而培养幼儿学会与人合作及分享的品质已是当前教育的重要目标之一。幼儿将来能否积极地适应各种环境，能否协调好与他人和集体的关系，能否勇敢地担起社会责任，能否乐观地对待人生等，取决于幼儿期的生活积累和受教育情况。而幼儿阶段的教育比传播知识、训练技能更重要、更根本的任务，就是培养幼儿积极乐观的生活态度、活泼开朗的性格和良好的社会品德，增强社会性,提高幼儿社会适应和交往能力。因此,在幼儿园教育中教师应加强对幼儿交往能力的培养,使幼儿成为顺应时代发展的人。

第二节 一日生活各环节的指导

  生活、工作、学习倘使都能自动,则教育之收效定能事半功倍。所以我们特别注意自动力之培养,使它关注于全部的生活工作学习之中。自动是自觉的行动,而不是自发的行动。自觉的行动,需要适当的培养而后可以实现。

——陶行知

一、入园指导

(一)入园前

教师要对活动室的卫生、安全进行检查,准备图书或玩具。

(二)入园时

(1)教师要主动、热情、礼貌地迎接幼儿及家长;有针对性地向家长了解幼儿的情况。

(2)清点幼儿的出勤情况,做好记录;及时与未到园家长取得联系,了解原因。

(3)鼓励幼儿按时、愉快入园,有礼貌地向老师、同伴问好,与家长告别。

(三)入园中

(1)观察幼儿身体、情绪和精神面貌;鼓励幼儿接受晨检,身体不适能告诉保健老师;察看幼儿晨检牌或晨检记录,及是否携带不安全物品。

(2)提醒幼儿着装整洁舒适,便于活动。

(3)要求幼儿带齐当日所需的生活和学习用品。

(四)入园后

(1)有计划地组织晨间活动,让幼儿参加自己喜欢的活动。

(2)鼓励幼儿主动参加晨间活动,遵守活动规则,活动结束将玩具放回原处,摆放整齐。

二、餐饮指导

幼儿园日常生活中的进餐包括吃饭、点心和水果。教师要创设安静整洁、轻松愉快的进餐环境,制定各环节的程序要求,并统一执行,让幼儿在幼儿园吃得好、吃得卫生、吃得开心,帮助幼儿形成良好的进餐习惯。整个规程可以分为进餐准备、进餐过程、进餐结束三个环节。

(一)进餐准备

(1)物质准备。进餐前半小时左右结束角色和区域游戏,请幼儿收拾玩具,整理活动室。整理完毕后,教师组织幼儿如厕、洗手。对小班幼儿,教师应帮助他们卷衣袖,并认真仔细地指导他们如厕、洗手。可以请他们一边唱歌一边洗手,这样有利于他们掌握洗手的正确顺序和方法,帮助他们把手洗干净,避免玩水和洗不干净的情况出现。对中、大班幼儿,要求他们相互帮助卷袖子,并在洗手后擦干手上的水,不要胡乱抓一把毛巾就跑掉。教师要着重对他们进行提示和检查。提醒幼儿洗手后要保持手的清洁,不能乱摸其他东西了。餐前几分钟,教师安排餐桌,用消毒水擦餐桌,分发碗筷、餐巾。中、大班幼儿可以安排值日生协助老师分发餐具。

(2)心理准备。教师要掌握每餐食谱,在进餐前,向幼儿介绍当天的食物,以此来引起他们的食欲,帮助他们克服挑食、偏食的毛病,培养他们良好的饮食习惯。在等待进餐时,可以放一些优美、轻松的音乐或故事,也可以组织一些手指或语言的安静游戏,安抚幼儿的情绪,培养他们安静地等待同伴一起进餐的习惯。对于那些吃饭较慢的幼儿,可以让他们提前进餐。盛第一碗饭时,给他们盛得略少一点,鼓励他们来添饭。

(二)进餐过程

(1)教师要认真仔细地观察幼儿的进餐情况,及时调控与纠正。对于小班幼儿,注意培养他们独立进餐的习惯和进餐的技能;对中、大班幼儿则侧重进餐习惯的养成。

(2)对进餐情况不佳的幼儿,第一时间弄清原因,及时处理。

(3)对于身体虚弱、有特殊需求的幼儿(如生病、对某种食物过敏等),要及时告知厨房师傅,并做病号饭。

(三)进餐结束

(1)要求幼儿吃完饭再站起来,并清理好自己的桌面。

(2)餐后正确使用餐巾,用后放回规定的位置。

(3)餐后用温开水漱口。

(4)随机进行爱惜粮食、珍惜劳动成果的品质教育。

(5)要求幼儿餐后不要剧烈运动,若时间允许,可以有计划地组织餐后活动,如散步等。

(6)利用此间隙协助保健医生按时定量给幼儿服药、安抚幼儿。

三、盥洗的组织与指导

盥洗是幼儿掌握盥洗技能,养成良好盥洗习惯,培养幼儿自我服务能力的有效途径。因此,幼儿园要创设实用的盥洗设施,幼儿园教师要指导幼儿学会洗手、洗脸、刷牙等盥洗技能。

概括起来说,盥洗的指导表现在以下几个方面:

(1) 帮助幼儿养成良好的盥洗习惯,让幼儿随时保持手、脸清洁。饭前、饭后、便后、手脏时会自觉洗手。

(2) 教会幼儿正确的盥洗技能。如洗手、洗脸的程序。正确的洗手:卷袖子,双手向下把手淋湿—抹肥皂—搓掌心、手背、手指、手缝、手腕—冲净肥皂水—关好水龙头—在水槽里把手甩干—用自己的毛巾将手擦干。

(3) 教会幼儿使用便池,对中、大班幼儿,应培养他们在便后自己擦拭的技能。合理安排幼儿盥洗时间。

(4) 中、大班幼儿学会自己拧毛巾。

(5) 教会幼儿正确使用水龙头,用小流水洗手(不玩水,不浪费水),保持地面、服饰干爽。

(6) 在盥洗活动中,教师应对幼儿提出更明确具体的要求,如有秩序地排队如厕、洗手,不推不挤;不在盥洗室内大声喧哗吵闹,不妨碍他人如厕、洗手,不在盥洗室内追跑嬉闹等;盥洗完毕后,不要再玩水和肥皂,养成好习惯;洗手完毕要在水池中甩掉手上的水再离开,不把水甩到别人身上或地上。

另外,对于盥洗的设备制作、安装、维护都应按国家关于幼儿园设施规范标准实施:

(1) 盥洗室的安排要合理,要有较宽敞的场所。幼儿的洗手池、便池、毛巾架等要符合幼儿身高、体型。盥洗室内应常备肥皂、毛巾、卫生纸等物品,便池、水龙头的数量要足够幼儿使用。幼儿的盥洗设备、物品与成人分开。

(2) 盥洗室的地面要防滑,挂物品的挂钩、钉子应钉在幼儿够不着的地方,以防幼儿滑到、撞伤。洗衣粉、消毒水等物品的放置要安全、隐蔽,以防幼儿误碰误食等。

(3) 盥洗室要保证干净无异味,定期消毒。幼儿的毛巾等物品要常洗常晒常消毒。

四、午睡的组织与指导

午睡活动是幼儿园生活活动十分重要的环节之一。幼儿期正是生长发育的重要时期,对幼儿来说,身体潜能的开发、大脑发育的促进等都需要有充足的睡眠。因此,幼儿园午睡活动的组织和指导尤为重要,需要在三个环节上下足功夫,才能确保午睡活动落到实处:

(一) 午睡准备

在幼儿睡觉前,教师应做好准备工作,开窗通风换气、拉好窗帘、铺好床铺等,为幼儿创设一个舒适、安静、温馨的睡眠环境。午睡的准备活动具体来说可以分为以下两部分:

1. 物质准备

冬天和夏天可以打开空调适当调节室内温度,但一定要注意室内空气的流通。

夏天若打开窗户或电扇入睡,要注意风量适度,不让直接对着幼儿头部吹。在为幼儿准备床铺的时候,应根据季节和气温的变化适当调节被褥的厚薄。睡前应检查床铺上是否有杂物。禁止幼儿将小绳、橡皮筋、串珠、纽扣等物品带进寝室,以免造成不必要的伤害。提醒幼儿根据季节、气温变化穿合适的衣服入睡,如夏季穿短裤背心;春秋季穿一条毛裤和一件棉毛衫;冬季可以穿一件薄毛衣和一条薄毛裤。中、大班幼儿要自己脱衣服和鞋袜,并折叠整齐,摆放在指定的地方。小班幼儿则需要教师的帮助和个别指导。在睡前要提醒幼儿先大小便再上床睡觉。

2. 心理准备

睡前可以组织幼儿散步或进行一些安静的游戏活动。要保持他们情绪的稳定和安静。新入园的小班幼儿会有恋家、恋床、恋物等表现。如有的幼儿要抱着枕头或需要摸着成人的脸、耳、头发等才能入睡。对于这样需求的幼儿教师要给予特殊关照,允许他们一开始保持自己的入睡习惯,并陪伴他们入睡,慢慢帮助他们改变和克服这样的习惯。对于全托的幼儿,教师更应该帮助幼儿顺利度过睡眠这一关。教师不应用惩罚睡觉或独处睡觉来恐吓、惩罚幼儿。不应对幼儿说"你再不听话就让你去睡觉""你再不赶快睡觉,待会儿其他小朋友起床,你就不要起来了,爸爸妈妈来接你你也不要走"之类的话。

(二) 睡眠过程

在幼儿午睡过程中,教师要时刻关注他们的睡眠情况,如睡姿是否正确、是否盖好被子等。对于入睡晚和入睡困难的幼儿,教师应坐在他身边小声督促他尽快入睡。对于爱做小动作的幼儿,教师可以握住他的小手帮他入睡。注意不要让他影响到其他幼儿。对于生病的幼儿,教师尤其要悉心照顾。对于他们的体温变化、是否咳嗽、是否呕吐等情况要时刻关注,细心护理。对尿床的幼儿,要找出原因,如是否睡前太兴奋或身体不适等。不可因此斥责幼儿或表现不耐烦、厌恶等情绪,也不允许当众羞辱幼儿或说其他有损自尊的话,保障幼儿的隐私。

(三) 午睡结束

午睡结束后,小班幼儿可以逐个起床,让身体弱需要睡眠的幼儿和入睡晚的幼儿多睡一会儿。中、大班幼儿可以让他们在规定的时间内共同起床,并学习自己整理床铺。起床前,要提醒幼儿"今天外面风比较大,请你们多穿一件衣服""今天天气热,请你们不要穿长袖衣服了"等,请他们根据天气变化增减衣服。鼓励幼儿独立或在他人帮助下按顺序穿衣裤。先穿上衣,再穿裤子,最后穿鞋子。学会分清衣裤前后,会拉拉链、会扣纽扣。学会穿鞋,分清左右脚,拿好鞋后、脚伸进鞋、提起后跟、系好鞋带或粘好鞋扣。要鼓励先整理完床铺的幼儿帮助其他幼儿整理床铺,也可以请幼儿相互帮助整理衣物。起床后应先小便、喝水,稍做调整后,再组织幼儿进行户外活动。

五、离园指导

(一) 离园准备

(1) 教师要组织幼儿整理活动室环境和自己物品,检查幼儿服装穿戴是否整洁适宜。

(2) 稳定幼儿情绪,并对当日活动情况简单小结或交代次日活动准备和要求。

(3) 安排集体性或分散性的安静活动,让幼儿在自由活动中等待家长,教师也可利用这个间隙主动与幼儿交谈,进行随机教育。

(二) 离园

(1) 提醒幼儿有礼貌地向老师和小朋友告别。

(2) 根据需要用小黑板、便条、家园栏等方式向家长介绍幼儿当日在园情况或通知有关事宜。

(3) 按园方规定,严格确认幼儿的家长,遇到有陌生人来接或其他异常情况,必须采取电话或其他方式确认,确保幼儿绝对安全。

(4) 做好个别特殊幼儿的交接,如生病或其他异常情况的幼儿。

(5) 当幼儿在园内发生特殊的突发事件时,教师必须在第一时间主动与家长联系,客观地汇报幼儿的相关情况,积极主动地争取家长的理解与配合,保留好相关资料,认真地处理善后事宜。

学习小结

幼儿园生活活动是幼儿教育的重要途径之一,人的一生各种良好习惯的沉淀可追溯到幼儿期的习惯养成,幼儿园教师或幼儿教育工作者尤其要重视。各环节的具体实施都有规范,遵循幼儿身心特点和各年龄班不同的生活目标,适时施加教育引导,让生活活动的教育影响助力幼儿和谐发展,使科学的养育生命的理念扎根于教育者的头脑,幼儿教育实践更具理性。

幼儿园生活活动各环节相辅相成,其教育作用并无大小,在活动中不可偏颇。

复习与思考

1. 正确理解幼儿园生活活动的含义及特点。
2. 把握区分不同年龄班幼儿生活活动目标。
3. 讨论分析幼儿园生活活动各环节对幼儿教育的作用。
4. 在生活活动中幼儿隐私受到老师的尊重与保护,对幼儿身心发展有什么积极意义?

问题讨论

1. 幼儿园生活活动对幼儿一生发展的影响。
2. 幼儿园生活活动对幼儿的教育需要专门的活动形式、时间、场地等才能实现,为什么?

思维练习

1. 幼儿园生活活动各环节的实施都有规范,请你列举其中一个环节的实施规范,结合自身实习实践经验,谈谈自我感悟。
2. 保育是每个幼教工作者再平常不过的工作任务了,职业倦怠是难免的,新形势下组织幼儿园生活活动如何消除这种职业倦怠?

知海拾贝

日本的幼儿教育为何让人震惊?我们到底缺失了什么?

一位中国妈妈的记录:令人惊叹的日本幼儿教育

1. 无数大大小小的包

办理入园手续的第一天,幼儿园就要爸爸妈妈准备若干个大大小小的包。书包(统一)、装毛毯的包、装餐具的包、餐具盒、装备用衣服的包、装换洗衣服的包、装换下来衣服的包、装鞋子的包,然后A包多少厘米长,B包多少厘米宽,C包放在D包里,E包放在F包里。

经过两年,我们都对此已经非常驾轻就熟了,孩子也可以非常有条理地分门别类。

我想日本人可以对垃圾精细分类处理而不觉其烦,是否与从小所受教育有关?

2. 大人空着手,所有的包都孩子自己拿

这是很震动我的一个场景:早晚接送孩子的时候,日本家长,无论是爸爸妈妈,还是爷爷奶奶,手里一律空着,而上面所说的那些少说也有两三个大包外加书包都由那些"花朵"们肩背手拿着,而且还都跑得飞快。

日本皇太子妃与皇太子陪同小公主、小王子上幼儿园。即使下雨天也是孩子自己拿包包。为什么?是不是因为我们中国人爱孩子更多一点呢?

3. 一天多次脱换行头,有条不紊

2—3岁的孩子,每天都要重复那么一套换衣程序,日本的妈妈们都是站在一边看着孩子,从不伸手帮忙。慢慢体会到,日本幼儿园就是通过这个每天的穿衣换衣,让孩子练习独立生活的能力。通过每天到校后,换衣服、放联系手册、贴当日的 sticker,挂手绢等从两三岁就开始的训练,孩子们养成有条不紊做事的习惯。

4. 运动会没有个人冠军

不到 1 岁的孩子入托,也要参加运动会。

娃娃哭着拼命向前爬,还是有点打动人的力量的。运动会,只有团体赛,没有个人单项比赛,最终只有胜利的团队,没有胜利的个人。强调参与,不鼓励相互对比。

5. 完全混班教育

在 9:30 之前、3:30 之后,全园的孩子都在一起玩,而且在院子里,大孩子抱小孩子,小孩子追大孩子,玩得很疯狂。孩子们真正能体会到哥哥姐姐、弟弟妹妹的感觉。孩子们的成长感特别明显。

6. 教育是为了教孩子"笑"和"感谢"

幼儿园似乎完全不重视孩子的知识教育,孩子们没有课本,只有每月一册的绘本。学校的教学计划中,完全没有数学、假名、绘画、音乐这些项目,更别说英语、奥数了。幼儿园里学不到轮滑,也不教游泳。教什么?答案永远也想不到!"教孩子们学会笑眯眯!"在日本,无论走到哪里,无论和谁说话,"笑眯眯"最重要,一个笑眯眯的女孩子最漂亮。还教什么?"教学会说谢谢",3 年间,看见孩子在音乐、美术、阅读等方面同样在进步,而收获都是经由综合教育的方式获得的。

7. 重视"食育"

在幼儿园,中国老师会鼓励孩子吃饭快。相比之下,日本更重视"食育",提倡细嚼慢咽,在"食育"中,丰富的心灵是重要的一环,它包括快乐的进食过程、感谢的心和参与意识,不仅教孩子正确的吃,还要从吃中体会出感恩、环保和节俭的内涵来。

8. 断食培养自控力

日本的断食文化,据说起源于日本佛教,传至今日,日本国内仍然有大量断食疗法的机构存在,可算是一种盛行的排毒、减肥的养生方式。

在日本,除了备孕、减肥、有慢性疾病的人会断食以外,有健康意识的中产阶级,会定期奔赴坐落在风景区的断食疗法机构,排毒疗养,调节身心,连孩子也一起去。连续 7 天不粘美食,只喝专门断食喝的产品。虽然断食排毒不会饿,但是孩子要忍住馋,就很不容易。日本人认为无论对自己还是孩子,这都是对自制力、坚强度绝好的培养。这样的教育,必须是富裕与境界兼有,才可以做到。

9. 大便从娃娃抓起

日本有大便教室,教师扮成大便先生到各学校登门授课,告诉孩子们大便与人体健康的关系,还带着孩子们用粘土做的各种形状的大便,告诉他们:哪种大便健康,哪种不太健康,应该在饮食上注意什么等。1 岁半就开始进行使用便器的训练。在孩子专用的厕所,放着一排冲水便器,孩子一入托就通过保育人员人盯人的训练,学习正确使用厕所和清洁身体的方法。

10. 大冬天穿短裤

　　日本幼儿园的孩子,冬天无论多么冷的天都穿非常短的短裤上学。不用说,刚入园那时候,三天两头就冻病了。和日本妈妈交流,答案又叫人目瞪口呆:"是啊,孩子送幼儿园就是来让他们得病的"。半裸上身的小朋友,即使在冬天也很有活力地在玩。看看一个个像小炮弹一样冲到我面前说"你好"的孩子,那个结实劲儿,我深深感慨,我们是否太精贵孩子了?

　　关于我国幼儿教育缺失的是什么,或许从这位中国妈妈的叙述中可以体悟到,遗憾的是我们的幼儿教育每天还在重复一些错误的做法,那么我们就来一起讨论幼儿园生活活动对幼儿的影响。

(跨世纪教育)

第四编

学前教育机构内外

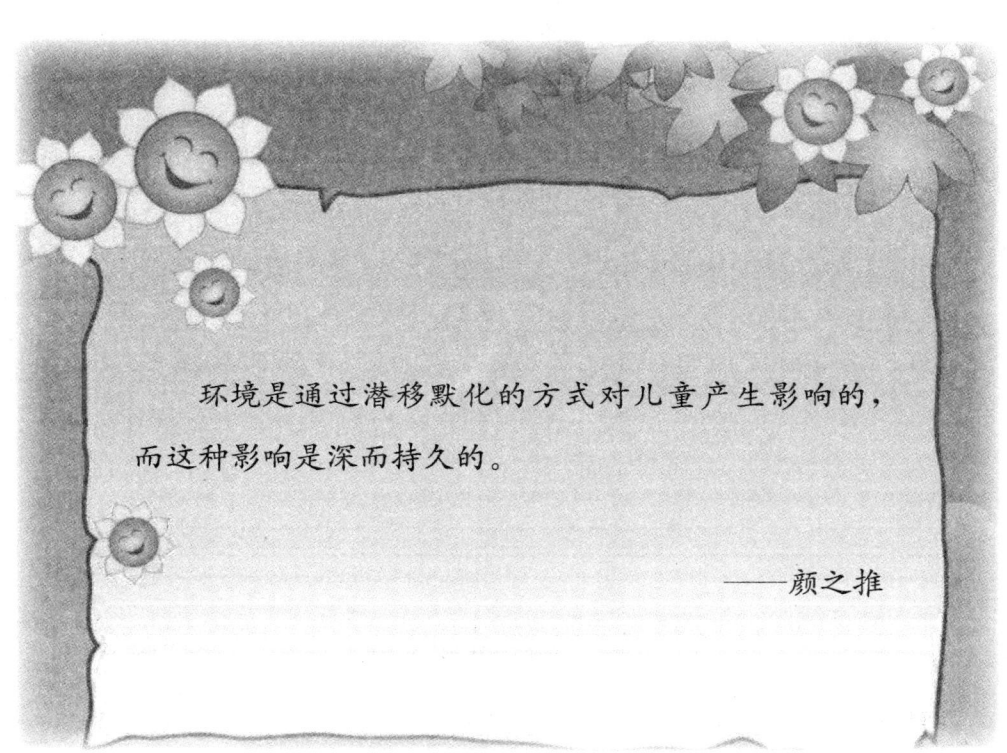

环境是通过潜移默化的方式对儿童产生影响的,而这种影响是深而持久的。

——颜之推

第十三章　幼儿园环境创设

微信扫一扫
观看微课
线上练习

本 章 导 学

幼儿园环境是教育的客体因素,是师幼共同依存和作用的对象,是师生发生联系的重要纽带。教师的观念和行为不仅是构成环境的重要因素,而且是影响环境质量的决定因素。教师将教育意图隐含在环境中,让丰富多彩的环境引发幼儿相应的行为,使幼儿主动与环境相互作用,从而实现教育的目标,促进幼儿的发展。

学习目标:

1. 理解幼儿园环境的含义、类型和功能。
2. 理解幼儿园环境创设的原则。
3. 把握教师在幼儿园环境创设中的作用。
4. 根据环境创设的原则、教育活动的需要因地制宜地创设能促进幼儿发展的环境。

关键概念:

幼儿园环境;幼儿园环境类型;幼儿园环境创设

幼儿园的环境是指幼儿园内幼儿身心发展所必须具备的一切物质条件和精神条件的总和。幼儿的成长离不开环境,环境对幼儿发展的影响是极其深远的。

我国古代对此就有精辟地论述,如"近朱者赤、近墨者黑",就是强调环境对人的感染作用。又如"孟母三迁"的故事又说明培养人才要重视环境的选择。在幼儿园的教育活动中,环境作为一种"隐性课程",在开发幼儿智力,促进幼儿个性方面,越来越引起人们的重视,环境创设已渐渐成为幼儿园工作的热点。在新《纲要》的学习及实施过程中,我们越来越深刻地领悟到:环境作为一项重要的教育资源,它是幼儿每天所接触的,幼儿的身心发展、社会化发展以及个性发展,无一不受到它的影响。因此幼儿园环境对幼儿园的日常教育活动起着重要作用。当瑞吉欧的教育方式吸引了全世界的目光时,我们开始接受和尝试"墙壁会说话"的理念。它是一种全新教育思想及教育方法的具体展现,它是对我们已往的环境创设的挑战;它让我们对环境创设的目标、原则、策略进行了新的审视。为此,我以班级环境创设为切入点,探索环境创设与课程、教学,幼儿以及家长之间的多元互动,来实践"墙壁"对家长、幼儿的"对话"。

1. 环境创设与课程之间的互动

瑞吉欧认为:"环境生成课程,课程主题来源于幼儿与环境的互动作用。"幼儿园环境已不再局限于幼儿园内,它还包括幼儿园外的一切自然环境和社会环境。幼儿处于这么大的环境中,必然会对各种各样的新鲜事物产生疑问,这时教师应从与幼儿的交谈中,及时捕捉幼儿的这些疑问,从中提炼课程的主题。刚开学时,看到设施齐全、装饰一新的幼儿园,结合中班入园教育,我们从幼儿的兴趣点出发,确定了"我喜欢……"的主题,让幼儿从认识自我、喜欢自我,到喜欢新的幼儿园,喜欢新的同伴、新的老师,进而延伸到喜欢周围的人、事和物。新的环境产生了新的主题,而新的主题又创设了新的墙饰:幼儿在介绍自我的过程中,将自己的照片带来。我们共同制作了拥有十二根树枝,代表十二个月份的"生日树"。按照孩子们的生日月份,将照片挂在树枝上,并在他们的照片下贴上一颗红红的鸡心,里面记录着孩子们的心愿。当孩子们兴高采烈地介绍着各自的生日照时,他们还讲述着自己的亲朋好友以及喜欢的玩具和动物。

2. 环境创设与教学的互动

秋天来临,我们让幼儿关注周围环境的变化,并带领幼儿到"芳草园",大家欣赏着五彩缤纷的秋菊,看着落叶如蝴蝶般飘落,研究着叶子的色彩变化……"多彩的秋天"主题便应运而生。孩子们有了丰富的感性知识,他们用棉签画着五颜六色、姿态各异的菊花;用红色皱纸卷制细巧的一串红,并用绿色彩纸剪成鸡心形装饰成叶;又用油画棒画了鸡冠花,还不忘在上面点上黑色的"花籽宝宝"……大家共同创造了"秋天的公园"。主题墙饰成了艺术活动不可分割的一部分,有时是艺术活动的起始,有时则是延伸。当我们学了儿歌《七个阿姨摘秋果》后,孩子们建议将阿姨和秋果贴成"秋天的果园",可是秋果不多,大家一起用彩纸撕贴了苹果、梨、香蕉、橘子等,一棵棵果树跃然墙上,在环境创设与教学的互动中,两者互为一体又互相促进。

3. 环境创设中的师生互动

每一个班级环境的创设,不仅是课程内容的体现、教学活动的反映,更是幼儿学习过程和结果的记录。在瑞吉欧的教育理念中,环境就像一个"会运动的生命体",和幼儿的身心发展一样,它也会随幼儿的心智变化而改变。这就要求幼儿能与环境进行"对话"。因此,我们应努力创设不断与幼儿相互作用的主题环境,让幼儿名副其实地成为环境设计的主动者。

4. 环境创设与幼儿、家长之间的三维互动

在"家园合作、同向同步"的幼儿园环境创设过程中,我们认识到只有让家长参与到环境创设富有创意的活动中去,才能让家长认识到环境对幼儿发展的意义,成为环境教育的支持者、理解者、欣赏者,响应者,参与者和创造者。

风靡全球的瑞吉欧学前教育研究者曾提出应将环境看作一个"可以支持社会、探索与学习的容量",这一理念告诉我们,将幼儿的主体地位放在首位,从幼儿的认

知发展规律和年龄特点出发,让课程的价值在幼儿与环境的互动中得到体现,把环境创设作为一种教育理念和课程模式的建构要素,让环境与幼儿的发展互动起来。

第一节　幼儿园环境概述

人的潜力行为就是适应能力,环境是儿童发展最重要的因素之一。

——皮亚杰

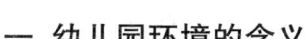

一、幼儿园环境的含义

环境一般是指生物有机体生存空间内各种条件的总和。

广义的幼儿园环境是指幼儿园教育赖以进行的一切条件的总和。它既包括人的要素,又包括物质的要素;既包括幼儿园的内部小环境,又包括园外的家庭、社会、自然、文化等大环境。

从狭义的角度来讲,幼儿园环境是指在幼儿园中,对幼儿身心发展产生影响的物质与精神要素的总和。幼儿园教育不仅要考虑幼儿园内的小环境,更要从整个社会系统来考虑幼儿园教育的大环境。

幼儿园的内部环境是幼儿在幼儿园内直接参与和体验的特定环境,是影响幼儿活动和幼儿园教学质量的重要因素。幼儿园的外部环境是指幼儿园之外的、影响幼儿在园活动的一切外部条件的总和,包括来自家庭、社会、自然、文化、政治、经济、国家的教育政策及其大众传播媒介等的影响。这些外部环境虽然存在于幼儿园之外,但难免直接或间接地影响着幼儿的在园活动。

通常,幼儿园较重视园内小环境的创设,而对园外大环境的影响不够重视。幼儿园内部环境和外部环境是相互作用、相互转化、相互渗透的。教师应从广义上去全面理解和把握幼儿园环境的概念,既要加强园内环境的创设,又要重视与幼儿教育有关的园外环境的建设,充分发挥不同环境对幼儿成长的有利影响。只有将两者有机整合,才能彰显出幼儿园环境创设的真正价值,从而促进幼儿的健康发展。

二、幼儿园环境的类型

(一) 物质环境

广义的物质环境:对幼儿教育产生影响的一切天然环境与人工环境中物的要素的总和。如自然风光、城市建筑、社区绿化、家庭物质条件、居室空间和装饰等。

狭义的物质环境:幼儿园内对幼儿发展有影响作用的各种物质要素的总合。如园舍及装饰、设备材料、幼儿园空间的设计与利用、各种游戏材料和教具等。

（二）制度环境

幼儿园的制度有面向成人和面向幼儿两大类。

面向成人的制度环境：各岗位职责、行政管理制度、安全工作制度、教育教学工作制度、卫生保健制度等等。

面向幼儿的制度环境：生活制度、常规要求等。

（三）精神环境

广义的精神环境：对幼儿园教育产生影响的整个社会的精神因素的总和。如社会政治、经济、文化、艺术、道德、风俗习惯、人们生活方式、人际关系等。

狭义的精神环境：幼儿园内对幼儿发展产生影响的一切精神要素的总合。如幼儿园中教师的教育观念和行为、文化氛围、师生关系等。

幼儿园物质环境和精神环境对幼儿发展都起着重要的作用，相对而言幼儿园精神环境对幼儿的影响更为深远。

三、幼儿园环境的作用

《孟母三迁》的故事告诉我们，良好的环境对人的成长和生活而言是十分重要的。而幼儿园是幼儿长期生活、游戏和学习的场所。在幼儿园，幼儿的身心发展不仅有赖于系统的教学，更受到周围环境潜移默化的熏陶和影响。环境是重要的教育资源，是一位不会说话的老师。我国古代对此就有精辟的论述。如"近朱者赤、近墨者黑"，就是强调环境对人的感染作用。

由此可见，环境对幼儿的发展作用是重要的，不可替代的。那幼儿园的环境究竟有什么作用呢？

首先，环境创设可开发幼儿智力。马克思说："人创造了环境，同样环境也创造了人。"墙面、活动区等是课程实施中环境的一部分，它们以直观形象的方式和材料记录下已经和正在实施的课程的种种，使课程不断延伸。如让孩子们在活动中不断发现问题，进而解决问题，使旧问题的解决产生出新问题，因此不断地创设和完善环境的过程也就是不断地拓展、延伸课程。例如，根据教学目标创设的《大自然的语言》这一主题中，教师在教室墙上布置了天气记录表，幼儿通过观察记录每天的天气，于是他们就生成了"为什么会有雨？风是怎么样形成的？"等疑问。

其次，环境创设可激发幼儿探索兴趣。提供大量的废旧物品，供幼儿操作，激发了幼儿学习的愿望和动手的欲望。在科学探索区配置多种多样的、适合幼儿发展的材料和工具，这些材料和工具能激起幼儿的好奇心，使他们轻松、愉快地主动参与到有趣的科学探索活动中去。在美工区，提供蛋壳、颜料、废旧的瓶罐，促使幼儿与环境相互作用，以获得丰富的直接经验，寻找事物之间的联系，对科学产生浓厚的兴趣。在班级向阳的走廊处，放一些植物，如可发芽的土豆、黄豆、稻谷、大蒜等，这些自然角的秘密常常会让孩子们不由自主地去发现、去探索、去寻找答案。总之，让孩子们感受到创造的意义和价值，从而乐于创造，乐于探索。孩子以后每逢碰到废旧物品，他们就会说,我们来做一个东西,然后绞尽脑汁。这样,既发挥了幼儿的想象力,又提高了幼儿的动手能力。

最后,环境创设可培养幼儿小主人的精神。以往幼儿园的环境一般都是由成人为幼儿提供,幼儿处于被动地位,无法参与到环境布置中去,结果影响了幼儿的思维和创造的发挥。现在幼儿园注重为幼儿提供获取新知识经验、锻炼双手技能的机会,这样,可使幼儿对自己亲自动手、动脑布置的环境产生一种亲切感和满足感,从而更加爱护珍惜环境,成就感又得到鼓励,更激发了幼儿与环境相互作用。尤其活动区更是设计、提供了符合幼儿年龄特点,与教育课程要求相适应的操作材料,材料和工具的摆放,方便幼儿取放,培养幼儿使用后放回原处的好习惯。由于幼儿喜欢介入环境,体验自身的行为过程,教师在创设环境时,要注重环境设计过程的指导,让幼儿在参与环境的过程中,不断锻炼、增长才干、发挥幼儿在环境创设中的主体作用。幼儿是环境的主人,他们按照自己的意愿和想法来设计创设班级的环境,这样的环境对幼儿来说也更具有意义。在幼儿参与布置的过程中,充分发挥他们的主体作用。

第二节　幼儿园环境创设的原则

教育的基本任务是让幼儿在适宜的环境。

——蒙台梭利

一、安全性原则

安全性是幼儿园环境创设的基本原则。安全性原则是指幼儿园环境创设要保证幼儿园物质材料及幼儿心理的安全。在设置环境的过程中,教师必须考虑幼儿身心两方面的安全。首先是身体安全,主要指幼儿园内的玩具材料、设施设备、室内采光等物质材料必须保证安全卫生。例如,幼儿使用的玩具材料应定期清理、消毒;室内的活动器具、家具、墙角等均采用圆角形状或加上软性包装;园内建筑、设备等应坚固、安全,以防事故的发生。其次是心理安全,旨在为幼儿营造温馨、和谐、平等、自由、尊重的幼儿园心理环境,使幼儿在幼儿园中愉快地成长。

二、适宜性原则

幼儿正处在身体、智力迅速发展以及个性形成的重要时期,有多方面的发展需要。幼儿园环境创设应与幼儿身心发展的特点和发展需要相适宜。在幼儿园环境创设过程中,应遵循适宜性原则。例如,幼儿天性好奇,有强烈的探索愿望,教师就可以为幼儿创设问题情境,使幼儿能学习发现问题、解决问题,提高思维水平和动手能力;幼儿知识经验少,需要学习感性知识,如需要感知雨,就可以给幼儿准备雨伞或雨衣、雨靴,下雨时,幼儿可以在雨中散步;需要感知春天,就可以组织观察活动,让幼儿观察春天的动物、植物、人们生活、生产方式的变化;幼儿需要阅读,就应提供各种各样的图书,开阔他们的眼界。

三、参与性原则

参与性原则是指幼儿园环境创设应该以儿童为中心,尊重幼儿在环境创设中的参与权。很多幼儿园环境创设往往是教师在孤军奋战,从设计到布置,再到评价,都是由教师独立完成。教师是环境创设的总策划师,体现的是教师的主导作用。虽然有时候教师也让幼儿参与环境创设,但象征性较强,主要是配合教师完成预设任务。比如,某幼儿园要开展环境创设评比活动,教师要求每位幼儿从家里带来一盆植物。为什么带植物,幼儿只是听从教师命令而已。至于带来的众多植物如何摆放等问题,幼儿更是无权过问。幼儿只是环境的被动参与者和适应者,因此,对环境的改变也没有太大的热情和关注。幼儿园环境的创设需要给予幼儿充分的参与权,尊重幼儿在保教工作中的主体地位。

四、一致性原则

在创设幼儿园环境时,要考虑它的一致性,应使环境创设的目标与幼儿园教育目标相一致。环境创设要有利于教育目标的实现,在环境创设时对幼儿体、智、德、美的教育不能重此轻彼。若教师仅仅注重幼儿的认知活动,设置读写算等区域,而缺少幼儿健康、社会、审美教育等环境,就不利于幼儿的全面发展。

幼儿园环境创设的重要价值,在于尽可能地挖掘和利用日常生活中现有环境中的教育功能,让环境说话,对幼儿进行生动、直观、形象的教育。作为一名教师,应注重利用环境中有价值的教育因素,将教育内容渗透到环境中,力求园舍环境优美化、室内外环境主题化、活动区角环境层次化、专项活动室特色化,规划出一个处处充满爱的校园环境。

五、经济性原则

幼儿园环境创设应考虑实际情况,坚持"低费用、高效益"的经济性原则。幼儿园环境的好坏不在于是否高档、豪华、精致,而在于其教育功能的丰简与优劣。

教师在创设环境的过程中,可以请幼儿一起收集废旧物品,参与制作过程,既满足幼儿活动需要,又培养了幼儿的动手能力和主动性与积极性。如可用瓦楞纸、废旧挂历纸等代替吹塑纸、纸绒纸;可用一次性纸杯、果冻盒做花篮、风铃等装饰节日环境;农村可用自然材料,如高粱秆、竹片、麦秸秆等装饰环境。

六、特色鲜明原则

特色鲜明原则是指创设幼儿园环境时要尽量凸显地方特色、文化特色。如山东省利津县结合自身的条件和多年的实践探索,形成了较为成熟的寓教于乐的环境系统。其中户外体育及儿童游戏声名远扬,室内环境的创设尤其注重孩子的参与性,甚至被南京师范大学虞永平教授给予"南有浙江安吉,北有山东利津"的美誉。每一所幼儿园都应该有自己独特的园所文化,这就要求幼儿园在环境创设上注重特色鲜明。

七、真实性原则

真实性原则是指幼儿园环境创设要尽可能多地采取实际生活中所遇到的实物进行创设,减少替代物的出现。真实性原则能保证幼儿在幼儿园里所看到的环境与现实生活环境的一致性和统一性。

第三节 幼儿园物质环境创设

在教育上,环境所扮演的角色相当重要,因为孩子从环境中吸取所有的东西,并将其融入自己的生命。

——蒙台梭利

一、幼儿园物质环境创设的含义

我国历史上有"孟母三迁"的著名典故,俗语中也有"近朱者赤,近墨者黑"的说法,所有这些都表明一个人周围的环境对他的成长是有很大影响的。可以说,环境对人的生命全程都有影响,但在不同的阶段其作用的大小也是不同的。越年幼的人,环境对他们的影响越大。在成人中似乎还存在"出淤泥而不染"的情况,但在幼儿时期却是"染苍则苍,染黄则黄",也就是说环境对幼儿的影响作用是双重的,无论是积极的还是消极的,其影响都是巨大的。因此,我们必须根据教育目标和幼儿的年龄特点及其心理发展规律,为幼儿创设一个良好的、适宜于他们发展的物质环境,让幼儿获得充分的学习和大量的自主活动和探索的机会。怎样创设一个与幼儿教育相适应的幼儿园物质环境呢?这样的环境创设又会对幼儿有哪些影响呢?

首先,我们要知道幼儿园物质环境的含义到底指的是什么呢?幼儿园的物质环境是指幼儿园内影响幼儿身心健康发展的物化形态的教育条件。主要包括:园舍建筑、设施设备、活动场地、教学器材、玩具学具、图书声像资料、环境布置、空间布局以及绿化等有形的东西。幼儿园的物质环境是幼儿园整个教育环境的重要组成部分,它是开展各项工作的前提条件和基础。大到每面墙的设计装饰,小到每个角落的利用,都是物质环境创设的内容。

二、材料(素材)的选择

幼儿园物质环境的创设除了前期的设计,更重要的是材料的选择。它会影响整个物质环境创设的效果和作用。有些幼儿园的物质环境创设仅仅局限于美观,对孩子们的成长发展起不到实质性的影响作用,而且还花费了大量的人力、物力、财力。这种情况需要我们认真思考怎样的材料选择是既实惠又实用的。

(一)安全性

毋庸置疑,安全是所有幼儿园物质环境创设的关键点。任何一处地方的装饰设计,物品的选择和使用都离不开"安全"二字。材料的选择如何做到安全呢?材料要以圆角、塑料为主。在幼儿园里孩子们都喜欢到处玩耍,经常与物质材料发生互动,如果材料是以圆形、塑料为主,可有效降低孩子受到意外伤害的风险。此外,塑料的材料孩子们拿起来比较容易,而且易于清洁,材料的卫生安全也得到了保证。

(二)实用性

幼儿园物质环境创设的材料选择除了安全美观,很重要的一点是实用性。物质环境不是只用眼睛看就够了,而是能有多种用途的才是好的物质环境。因此,材料的选择应该贴近孩子们的生活,是他们经常看见和接触的东西,并且具有教育意义和价值。除了是在教学中能用到外,在一日生活的各个环节中都能对孩子们起教育作用,同时能让孩子们自主操作,满足他们动手操作的欲望,这才是好的材料。比如,小鱼吐泡泡,可以将它设计为一个美术活动,也可以将它用于生活中。每个小朋友上贴一条小鱼,每次喝完水就给小鱼贴一个泡泡。这样既知道孩子喝了多少水,也满足了他们动手的欲望,而且整个过程很有趣味性,让喝水这件事不再枯燥乏味。

(三)新颖性

材料选择的新颖性能吸引孩子们对周围环境的观察注意,培养孩子们的观察能力。让孩子们更愿意、更快乐地在幼儿园生活。

在我们生活中有很多随手可得的自然资源和废旧物品,用这些材料做出来的东西既节约物力财力,又有新鲜感和新颖性。孩子们会很好奇自己平时用过的东西竟然变得这么好看,这么有趣。新颖性还应该是充满童真童趣的材料。它既有安全性又有实用性,是将两者完全结合的材料。比如,幼儿园里桌子的桌脚,是做成小鸭子的脚一样,这样既安全又有教育意义,让孩子们知道小鸭子的脚是什么样子的,从自己的生活的经验中获得了知识,这样的材料才是新颖的。

三、物质环境创设的方法

(一)教育性与趣味性的整合

在幼儿园环境创设的过程中,掌握一定的环境创设的方法必不可少。环境是为教育服务的。幼儿园的物质环境创设应从空间安排、设施材料,到墙面布置都要对幼儿有教育意义,对孩子起着潜移默化的影响。同时材料的提供应是幼儿感兴趣的、好奇的,对他们有吸引力的,从而促使他们探索和了解世界。

(二)可操作性与创造性的整合

在幼儿园的区角物质环境创设上要注重孩子们动手操作的能力及其创造性的发

展。区角物质环境的创设要能吸引孩子,激发他们自己观察,满足他们的好奇心和求知欲。所以可操作性和创造性的结合才能达到锻炼孩子的效果。

(三)重视幼儿的参与

整个幼儿园的物质环境创设,不是老师全部做完做好就行,应该尊重孩子的想法。物质环境创设的过程应是幼儿与教师共同参与合作的过程。

幼儿园是孩子们接触到的第一个外界社会,是他们认识和感受外面世界的第一步。幼儿园的环境是孩子们每天所接触的。所以幼儿园的环境创设会直接影响孩子的身心发展。特别是物质环境的创设,孩子们来到幼儿园,除了养成各种良好的生活、学习习惯外,更多的是自己感受和认识周围的事物。这个时候物质环境的创设就显得特别重要。它能帮助孩子们认识和了解世界,激发孩子们的好奇心和探索周围世界的兴趣,能为以后的学习生活打下基础。同时幼儿园物质环境的创设也能为教师的教育、教学提供便利。从幼儿周围的生活环境入手进行教育、教学,幼儿也会更感兴趣,能增强师幼互动,达到事半功倍的效果。

第四节 幼儿园心理环境创设

> 儿童的心灵是敏感的,它是为接受一切好的东西而敞开的。如果教师诱导儿童学习好榜样,鼓励仿效一切好的行为,那么,儿童身上的所有缺点就会没有痛苦和创伤地不觉得难受地逐渐消失。
> ——[苏联]苏霍姆林斯基

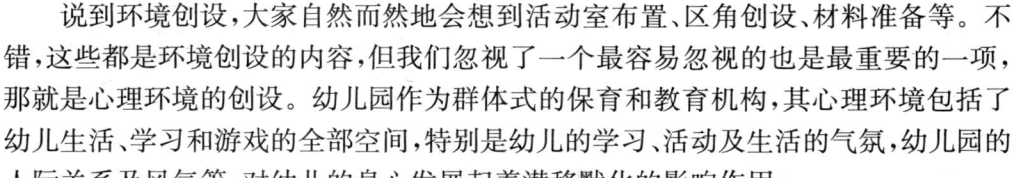

说到环境创设,大家自然而然地会想到活动室布置、区角创设、材料准备等。不错,这些都是环境创设的内容,但我们忽视了一个最容易忽视的也是最重要的一项,那就是心理环境的创设。幼儿园作为群体式的保育和教育机构,其心理环境包括了幼儿生活、学习和游戏的全部空间,特别是幼儿的学习、活动及生活的气氛,幼儿园的人际关系及风气等,对幼儿的身心发展起着潜移默化的影响作用。

幼儿园的心理环境,主要体现在幼儿园的人际关系方面,它虽然看不见、摸不着,但却是可感受、可体验到的。幼儿对幼儿园心理环境的感受,影响着幼儿对于幼儿园的态度,影响着幼儿在园生活的质量和幼儿身心各方面的发展。怎样为幼儿创设一个良好的心理环境呢?

一、尊重和满足幼儿的基本需要

良好的师生关系应当具有温馨的情感色彩。教师应当能够使自己与幼儿发生积极的、正向的情感联系,使幼儿在幼儿园里不紧张、不害怕,感到安全自由。幼儿的年龄虽小,但他们与成人一样也有各种各样的需要,包括生理方面和心理方面的需要。

尊重幼儿就要尊重并满足幼儿的各种需要。只有当幼儿的各种需要被满足,幼儿才能建立起对外部世界的安全感与信任感,才能对看护与教育他们的成人产生情感上的依恋。在幼儿园,教师替代了母亲的角色,教师应当通过适当的身体接触,来满足幼儿的这种情感需要。师生之间有无适当的身体接触,可以反映幼儿园班级心理环境的质量。

二、积极主动地与幼儿交往

交往是人们发生联系,形成特定的、带有情感色彩的人际关系的过程。为了建立良好的师生关系,教师应积极主动地与幼儿交往。在与幼儿的交往过程中,教师切忌以居高临下的姿态对待幼儿,强制幼儿服从是对教师权威的滥用,不可能真正得到幼儿的信任与尊重。在师幼交往过程中,一个亲切的微笑、一个理解的眼神、一个充满爱心的搂抱远胜过教师的千言万语。严肃、冷漠、不苟言笑,只能使幼儿害怕,望而生畏,而不能形成真正的教师权威。有这样一个场景:在一次美术活动时,教室里静悄悄的,孩子们一个个正在认真作画,老师在巡视着。"老师,希希画了个黑太阳。"安静的教室里突然响起了昊昊的声音。老师快步走过去,果然,在希希的画纸上有一个大大的黑太阳。黑太阳正笑眯眯地挂在天空。老师蹲下身子望着他说:"希希,能告老师你为什么想画个黑太阳呢?""我想让乌云挡住太阳,没有了太阳,乌云就会下雨,老师你不是说,春天种在地里的种子喝了雨水后就能发芽嘛,我想让种子快点发芽。"哦,原来是这么回事,春天里,希希和妈妈一起种了向日葵,希希是想让种子快点发芽,才画了一个黑太阳,这个想法真是太妙了。老师马上把希希的想法解释给小朋友们听。这时的希希是一脸的兴奋、骄傲和自信。

幼儿在这样的心理环境中能感到奋发向上,有自豪感,在精神上也能获得愉悦,思维也得到了拓展。

在日常的教学和生活中,给孩子创造一个良好的心理环境至关重要。就拿一节课来说吧!外界的环境创设再好,教具再多,准备再充足,如果没有良好的心理环境,就等于一个人穿着华丽的外衣却没有灵魂。试想:孩子的学习兴趣不高,精神处于一种压抑的状态,学习效果如何呢?结果可想而知。那应该为孩子创造一种怎样的心理环境呢?我认为,这种心理环境应该是宽松的,自由的,无拘无束的,互相尊重、互相关心的、允许失败、允许犯错误的。作为幼儿教师,时时刻刻提醒自己要以一种积极的情绪带动幼儿,努力完善自己的人格,以便能给孩子健康的影响。每一天都让孩子在一种宽松自由的氛围中畅所欲言、尽情表现。让孩子在快乐中求知,在自由中成长。

第五节　幼儿园制度环境创设

怎样的环境刺激,得到怎样的印象。

——陈鹤琴

幼儿园是幼儿游戏、学习、生活的园地,幼儿园的环境创设对幼儿的教育有着重要的影响。幼儿教育重在初步培养幼儿的良好习惯,帮助幼儿"学会做人、学会做事、学会共处、学会生存",这一目标的实现需要创设良好的幼儿园制度环境,具体体现在幼儿园生活制度和常规要求的创设。

一、创设合理的生活制度

幼儿园制度环境的创设需要为幼儿建立合理的生活制度。所谓合理,应该是根据幼儿年龄的特点,将幼儿一日生活的主要内容,如睡眠、进餐、游戏和作业等每个生活环节在时间上、顺序上、次数和间隔时间上安排合理。创设合理的生活制度不仅能促进幼儿神经系统的正常发育,保护幼儿消化系统的功能,而且能培养幼儿良好的生活习惯。

在创设合理的生活制度时,要遵循以下三个方面的要求。

首先,幼儿园生活制度要根据幼儿神经系统活动的规律来创设。幼儿经过一夜的休息,上午十点前头脑清醒,精力最旺盛,此时学习知识、技能,接受教育最好,所以应该将上课或作业时间安排在上午九点到十点之间。十点以后神经系统的兴奋逐渐降低,此时安排轻松的游戏可消除疲惫。午餐后神经活动已降至最低潮,需要睡眠休息,不宜安排其他活动。午睡后精神恢复,神经的兴奋程度又逐渐增高,但不如上午旺盛,不宜再安排智力紧张的上课,可让幼儿画画或游戏等。晚上宜安静,应以轻微的活动为主,不要使其太兴奋而影响睡眠。

其次,幼儿园生活制度要根据不同气候及季节来创设。冬季昼短夜长,早晚气温低,休息时间多,午睡的时间可缩短为一小时,以便利用阳光充足的时间进行户外活动;夏季昼长夜短,早晚休息的时间较少,中午炎热,午睡时间可延长一个小时。

再次,合理的生活制度还需要持之以恒地执行,这样才能起到促进幼儿身心健康发展的作用。

二、建立良好的常规要求

幼儿园环境的创设需要为幼儿建立良好的常规要求。

首先,良好的常规要求可以促进幼儿良好行为习惯的养成。

良好行为习惯是德育教育在幼儿园教育的集中体现。主要培养幼儿从小热爱祖国、热爱集体、尊敬长辈、互相团结、互相帮助、爱护花草树木、勤俭节约、遵守秩序等。在这一主题下开展的教育教学活动做起来较为困难。首先,内容较为抽象,给幼儿解释的时候没有特别准确的标准。其次,幼儿在入园前已经养成了一些不良的习惯。现在的幼儿大多数都为独生子女,家里娇惯,是"小皇帝""小公主",蛮横、独霸。再次,幼儿读本中没有较明确的内容。教师在对幼儿进行德育教育时,可结合环境设计进行,如在花园旁边张贴"花儿好看我不摘"的画和儿歌提醒幼儿爱护花草树木;在幼儿的大型玩具旁画"一个一个来",在楼梯上分别画上下的小脚丫,这样能防止幼儿游戏及上下楼时的拥挤,也能让环境潜移默化地对幼儿进行秩序感的培养;在水管旁画"水龙头哭了"的夸张画,在教室的墙面上布置"锄禾"的场景画,培养幼儿勤俭节约的好习惯。通过这些细小的环境可随时随地提醒幼儿,促进幼儿养成良好的行为习惯。

其次,良好的常规要求可以提醒幼儿养成较好的卫生习惯。

幼儿卫生习惯的养成也是幼儿教育里很重要的一部分。好多小朋友不能坚持饭前便后洗手,教师可在盥洗室的龙头前装一块小镜子,利用幼儿喜欢照镜子的爱好,吸引他们去洗手;幼儿园实行"一人一杯、一人一巾",可刚入园的幼儿记不住自己的号码,教师就和幼儿一起画自己的"号",可以是自己喜欢的小动物,也可以是一个水果,任何一个属于自己的图形,贴在毛巾挂钩处和口杯的上面;有些小朋友的小指甲总是忘了修剪,教师可以在墙面较低的地方布置了"漂亮的小手",做了两只干净的小手,告诉小朋友可以将自己的手贴到"小手"上去比一比,提醒幼儿发现自己的指甲长长了,该剪了,等等。

再次,良好的常规要求有助于培养幼儿良好的学习习惯。

幼儿园教育要初步培养幼儿养成良好的学习习惯。为了适合幼儿年龄、认知发展的特点,小中班不写字,只是认识简单的字,那么培养小朋友正确的读写姿势就成了教学的重点,除了教师经常提醒,背儿歌纠正之外,张贴一张标准的有童趣的读书写字姿势图是有必要的;为了养成幼儿整理图书,图书归类放整齐的好习惯,在幼儿图书架上贴上每本幼儿用书的外皮,请幼儿看完后放回原处,由小朋友轮流整理图书。

总之,幼儿园制度环境的创设蕴含着幼教工作者对幼儿身心发展特点和水平的理解和尊重,也倾注了幼教工作者的爱心和智慧,最终为有效促进幼儿的健康成长和终生学习奠定良好的基础。

学 习 小 结

在幼儿园的教育活动中,环境作为一种"隐性课程",是幼儿每天所接触的,幼儿的身心发展、社会化发展以及个性发展无一不受到它的影响。幼儿园的环境创设既要强调"美化、绿化、净化",更应该是幼儿与环境互动的结晶。幼儿园的环境创设应以幼儿发展的需要为目的,应充分发挥幼儿的主体作用,调动幼儿参与的积极性,引导幼儿与环境积极互动。每一个幼儿园都有其自身发展的优势,树桩,轮胎,原木也是环境创设的材料,充分利用这些自然资源,发挥自己的优势,才是正确的环境创设理念。

复习与思考

1. 在创设幼儿园环境的过程中应如何把握环境创设的情景性?
2. 为什么幼儿园教育中要强调创设良好的幼儿园环境?请联系实际说明情况。
3. 幼儿园环境中大量的生活废旧材料的运用,如报纸、草席、牛奶盒等,对幼儿发展的促进意义表现在哪些方面?
4. 如何理解并践行幼儿园物质环境的创设原则?
5. 你觉得什么样的环境材料能真正地支持幼儿的自主学习?幼儿园物质环境创设有哪些策略和方法?
6. 请结合实际情况,谈谈如何创设幼儿园节日活动的环境。
7. 分析教师在幼儿园精神环境创设中所起的作用。
8. 如何理解并践行幼儿园精神环境的创设原则?
9. 《指南》中强调,让环境教育融入各大领域的学习活动中,提供充足的、操作性强的环境,让孩子与主题互动起来。为什么要强调互动性?
10. 请结合自身经验,设计一份幼儿园生活制度的制度标准。

1. 你认为目前幼儿园环境创设中存在的主要问题有哪些?提出相应的解决措施。
2. 请描述幼儿园的环境中怎样渗透着教育的因素。
3. 简单描述不同年龄班环境创设的区别与联系。

1. 结合自身见习经历,分析你所看到的幼儿园环境创设遵循了哪些原则?
2. 关于幼儿园物质环境和精神环境的创设,你有哪些想法和建议?

知海拾贝

"基于儿童"的幼儿园环境创设

随着近些年社会对学前教育重视程度的提高以及2012年《3—6岁儿童学习

与发展指南》的颁布,幼儿园环境创设逐渐成为学前教育不可或缺的一环。它不仅是幼儿园进行高水平游戏与活动的前提条件,也是了解幼儿兴趣与特点的窗口。但是在环境创设中,人们总是被"美景"吸引,而忽略了环境创设对幼儿的影响与作用。环境创设的最终目的是支持幼儿活动,让环境与教育相融合。因此,幼儿园环境创设在"基于儿童"的理念上有利于幼儿的发展与教育。

一、基于儿童的内涵

"基于儿童"是在"为了儿童"的基础上提出的。"为了儿童"是我国本土化的理念,在教育中经常出现"我们这么做都是为了你好"这样的表述,一直以成人的视角去裁剪儿童的世界。所以,"为了儿童"仅仅是"以儿童为本"的一个表象。而"基于儿童"是把教育的起点锁定在儿童,是"以儿童为本位"的价值取向。"基于儿童"的内涵主要体现在以下3个方面。

（一）基于儿童的体验

在进行教育活动时,教师所凭借的往往是来自各个教育专家所写的幼儿园教材为唯一资料以及依据。他们依照书上的理论关注了儿童发展的年龄阶段特征以及动作技能、情绪发展、社会性技能、读写能力和数概念等方面的发展特点。这些也的确是"基于儿童"的应有之义,但是仅以此为教育的出发点,而忽视了每个儿童在教育活动中的体验,就变成了"教条主义""本本主义",而不是真正的"基于儿童"。因此,学前教育应以儿童为本位,以儿童的体验为本体价值,他们所有的发展都应基于体验的基础上,让他们在体验的过程中成长。

（二）基于儿童的视角

研究者把儿童的视角分为两类,一类的主体是成人的教育者。成人的教育者具体来说就是指眼里有儿童,在教育活动中能够设身处地地站在儿童的立场上关注与理解儿童,那么这样的教育者就是具备儿童视角的表现。而另一类的主体则是儿童,具体是以儿童自己的感受、体验以及观察周围世界的角度和立场为主。相比而言,"成人的教育者"所表征的是教育者"自外而内"地探寻和理解儿童内在体验的自觉意识,"儿童"所表征的则是儿童自己"自内而外"地认识和体验外部世界的主观能动性。

（三）基于儿童的社会文化处境

每个儿童来到世界都存在于具体的社会文化处境中,自然而然地也就接受了这种社会文化所带来的一切。这种社会文化处境,不仅是每个儿童生活和发展的背景,也是直接造就儿童一切的社会基因。如在我国,儿童天性活泼好动,同时其情感较为简单,对于是非对错还没有很强的分辨能力。在幼儿园生活中,难免会出现行为错误,这就需要教师采用一定的惩罚手段来端正儿童的认知,培养正确健康的行为习惯。但是国外学者认为在儿童教育时会面临着一定的矛盾,惩罚手段对儿童的心理造成一定的损害,容易让儿童意志消沉,并产生叛逆的心态。因此,教师在教育过程中一定要注重文化的差异性,注重每一个儿童所生活的社会文化处境,并基于这种差异性因材施教。

二、幼儿园环境创设中存在的问题

(一)误判幼儿园环境创设中的"主人翁"

幼儿园是幼儿生活以及学习的场所,一切的幼儿园环境创设都应围绕"以儿童为本"的理念。而在当前幼儿园环境创设的实际操作中,教师为了节省时间和精力,以自己的兴趣爱好为出发点对环境进行创设,幼儿只是成为教师在创设实施中的"工具",完全忽略幼儿的想法、兴趣以及对环境的接受能力。如在粘贴幼儿的作品时,只考虑了专家和家长这些成人的因素,而忽略了幼儿的身高条件以及所创设环境的最初与最终的目的与意义,从而影响了教学效果的最大化。幼儿在环境创设中的主体性得不到体现,幼儿的选择权自然也不会存在,而教师的决策权却越来越高。

(二)忽视幼儿园环境创设中的"教育"

幼儿园环境创设包括物质环境和精神环境。物质环境是静态的,包括场地、设施以及自然条件等;精神环境是动态的,包括师幼互动、同伴关系等。而在当前幼儿园环境创设的实际操作中,幼儿园重视物质环境,而忽视精神环境。除此之外,在物质环境创设中,由于对其认识不清,只能具备物质设施,而不在意每个环境构设的不同意义。因此,环境的创设效果也得不到发挥。精神环境更是因为不直观、看不见、摸不到等特点,幼儿园从而不会投入过多的时间、精力以及金钱对幼儿的心理健康方面考虑。

(三)误解幼儿园环境创设中的"美"

幼儿园环境创设除了对幼儿有教育作用,还要培养幼儿美感。而当前幼儿园环境创设的实际操作中,不能将二者兼顾。要么过于注重教育,要么过于注重美感,二者都会降低幼儿对环境的接受能力。如幼儿园经常用多种明亮的颜色来装饰幼儿园,主观上认为幼儿喜欢。但是事实上,过多颜色会使儿童的视神经和情绪始终处于兴奋状态,进而引发审美疲劳,降低儿童的学习效率。还有一种方式是把幼儿园的墙体以及教室的空间填满,主观上认为提供的设施与材料齐全以及美观。实际上,这种"美观"从本质上,不是为幼儿服务的,而是为专家和家长服务的,是为宣传自己的园所服务的。

三、基于儿童视角的幼儿园环境创设

(一)基于儿童视角的幼儿园环境创设中的"主人翁"

基于儿童视角的幼儿园环境创设要尊重儿童的主体性,保持游戏和情感的互动,幼儿园可以增设故事表演的环境因素引导,让儿童自发组织游戏,增强彼此之间的情感交流,让每一个儿童都开心地参与游戏。除此之外,还可以让儿童自主摄影,用相机拍下幼儿园中自己喜欢的地方;或者让儿童用画笔画出自己喜欢的地方;再或者让儿童扮演导游角色,带领客人老师参观幼儿园,自由决定参观内容、地点等,并做出介绍。这些方式可以很容易把环境创设中儿童的视角表现出来。

（二）基于儿童视角的幼儿园环境创设中的"教育"

1. 为儿童营造良好的教学环境。幼儿园环境创设要展示其教育意义，儿童对于新生事物有着很强的好奇心，科学的环境元素搭配可以挖掘儿童的想象力和创造力，让其融入环境空间中，并主动思索环境中蕴含的人生道理。幼儿园环境创设还讲究色彩、游戏、物品摆放、标语设计的统一，儿童游戏过程也是一个学习的过程，长期的物质或者言语暗示会潜移默化影响其思维习惯和生活习惯，很多幼儿园环境创设都采用标语或者图画进行点缀装饰来展示其教育意义，例如可以在低于一米的墙壁上张贴孔融让梨的连环图画，并让儿童以游戏的方式来进行人物角色扮演，以游戏的方式向儿童讲述一个尊老爱幼的故事，其所展现的教育意义远远高于口头讲述的故事。另外，儿童在游戏中会经常接触到这些标语和图画，从而不知不觉开始模仿这些健康向上的行为，有利于儿童良好道德品质的塑造。

2. 为儿童提供心理安慰。幼儿园环境创设不仅仅要为儿童提供学习、游戏、玩耍的空间，同时也应当重视儿童心理安慰的需要，让儿童在环境中感受到安全、自然、温暖，从而带给儿童心灵修复的港湾。幼儿园环境元素设置应当尊重儿童的意愿和想法，合理协调物质环境和精神环境的安排。所谓的物质环境包括积木、家庭元素、书籍、乐器、沙盘等，这些环境元素要保持多样化，可以让不同兴趣的儿童参与游戏，让儿童沉醉在自我的小世界内，有助于其情绪的表达和情感的宣泄。幼儿精神环境则是要为儿童提供设计故事表演、集体游戏等，让儿童感受到真挚的同伴情感，在游戏中相互帮助、相互鼓励，达到安慰儿童心理的作用。

（三）基于儿童视角的幼儿园环境创设中的"美"

幼儿园环境创设要重视色彩的搭配，通常而言，不同色彩带有不同的情绪暗示，红色代表着激情火热、绿色代表生机盎然、蓝色表示忧郁的情绪等，环境创设要实现多元化组合，着重打造温馨、浪漫、安全的色彩空间，用色彩世界来展示情感世界的多样性。环境色彩搭配还具有美感激发作用，有利于培养儿童美术修养和色彩感，教师在环境色彩设计时要从幼儿的视角出发，让儿童进行环境布置，尊重儿童个性色彩偏好，这样既能用色彩缓解儿童的情绪，还能培养其色彩感知能力。

除此之外，幼儿园环境创设并非越满越好，而应给幼儿"留白"的空间。"留白"可以激发幼儿的想象力与创造力，充分发挥幼儿的主动性进行选择和创作。因此，幼儿园在环境创设中应让幼儿在"留白"处大胆"补白"。

综上所述，基于儿童视角的幼儿园环境创设要尊重儿童的个人意愿和兴趣，重视儿童心理安慰的需要，强化环境色彩的搭配协调，把环境游戏性和教育性结合在一起，寓教于乐，保持儿童之间、师生之间的情感互动，缓解儿童不良情绪，为其健康成长创造条件。

（吕卓健:《黑龙江教育·理论与实践》2016年12期）

第十四章　幼儿园班级管理

微信扫一扫
观看微课
线上练习

本章导学

幼儿园管理的基本单位是班级,班级管理对于幼儿的成长发展起到重要作用。教师在管理幼儿班级的过程中,要根据幼儿的身心发展规律与个性差异,采取科学合理的管理策略,鼓励幼儿主动学习、体验生活,促进幼儿健康快乐地成长。幼儿园是人们接受学校教育的第一步,也是促进幼儿性格发展、人格养成的重要阶段,在幼儿园班级管理中采用科学、合理的班级管理策略,营造良好积极的班级管理氛围,使幼儿合理地发挥主体地位,能够让他们更积极地学习讲文明、守纪律,更好地学会自我照顾、自我管理,丰富幼儿生活经验,达到促进幼儿身心健康发展的最终目的。

学习目标:
1. 理解并掌握幼儿园班级管理的内容、方法和原则。
2. 了解班级一日生活常规工作的内容、流程与工作技巧。
3. 结合幼儿园各年龄班幼儿心理的特点制定幼儿园班级管理的方法。
4. 能够利用班级各项特色教育资源开展班级特色创建工作。
5. 树立科学管理的观念,养成良好的工作习惯。

关键概念:
班级管理;班级常规管理

班级是幼儿园的核心单位,是幼儿学习、游戏的主要场所。幼儿日常行为习惯的养成,一日活动的组织都是依托班级而进行的。幼儿园班级的管理水平直接影响着幼儿园教育教学活动的进行。《幼儿园教育指导纲要》中指出:"幼儿园应尊重幼儿身心发展规律和学习特点,充分关注幼儿的经验,引导幼儿在生活和活动中生动、活泼、主动的学习。"

在寒冷的冬季,家长给小朋友们穿得又棉又厚,就像一个大粽子。衣服一多,麻烦就来了,孩子的上衣和裤子常塞不妥帖,这样一来很容易感冒。在检查中张老师发现经过训练的孩子已基本学会了塞裤子,只不过常常一股脑儿将所有的内衣内裤不理整齐就塞在外裤内,看上去塞好了,但摸上去鼓鼓囊囊的,一弯腰就又脱落出来了。怎么办呢?

张老师突然想到"找朋友"这个游戏,心想何不利用它呢!于是张老师拿出一件毛衣,告诉幼儿毛衣哭了,因为找不到它的好朋友毛线裤了,你们快来帮帮忙呀!

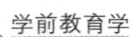

> 看到小朋友热心帮助寻找时,张老师连忙拿出毛线裤,告诉孩子快点把自己的毛衣塞进毛线裤里,让两个"好朋友"碰碰头,拉拉手,这么一来毛衣就不会哭了。接着又用此方法教会了幼儿让棉毛衫、棉毛裤找朋友。就这样,在形象的比划及讲解下,幼儿很快掌握了塞好衣裤的要领,每次起床及小便后,值日的小检查员一问,被检查的孩子会立即掀起外套,骄傲地告诉他:"我的好朋友找到了。"

第一节 幼儿园班级管理概述

集体生活是儿童之自我向社会化道路发展的重要推动力;为儿童心理正常发展的必需。一个不能获得这种正常发展的儿童,可能终其身只是一个悲剧。

——陶行知

一、幼儿园班级管理的含义

1. 班级

在特定时空条件下,师生以课程为中介相互作用而形成的特殊人际心理环境。

2. 班级管理

教师为实现教学目标而对课堂中的人、事、时、空等因素进行协调的过程。

3. 幼儿园班级管理

教师鼓励幼儿形成良好课堂学习行为的活动,即教师为了有效利用时间、自然环境等诸方面因素,设置愉快、富有建设性的学习环境以减少行为问题,且采用适当方法组织日常活动、教学。

二、幼儿园班级管理的内容

幼儿园班级管理一般由生活管理、教育管理、家园交流管理等几方面组成。其他方面的管理工作均服务于幼儿的生活、教育管理。

1. 生活管理

幼儿园班级生活管理是为了保证幼儿的身体正常发育,心理健康成长,保教人员围绕幼儿在园内的起居、饮食等生活方面的需要而进行的管理工作。

2. 教育管理

班级保教人员对教育过程精心设计组织,对教育结果进行细致评估,在班主任教师带领下对班级幼儿进行调查研究,这一系列的工作称为幼儿班级教育管理。

3. 家园交流管理

《幼儿园教育指导纲要》明确指出:"家庭是幼儿园重要的合作伙伴。应本着尊重、平等、合作的原则,争取家长的理解,支持和主动参与,并积极支持、帮助家长提高教育能力。"由此可见,在幼儿园班级管理工作中,幼儿教师与家庭的沟通交流是必不可少的一部分内容,家园交流时除考虑幼儿的独特成长环境外,还要掌握一定的交流方法与技巧,如面对祖辈家长时,要保持对他们的高度尊重,善于倾听他们;面对不同学历家长时,教师也要有所区别,对待高学历家长,交流时要表现出自己的专业性,展现自身良好素养,对待低学历家长,要主动与他们交流并经常性地给予一些指导等,这些都属于家园交流管理的内容。

三、幼儿园班级管理的意义

(一)创设宽松、有温度的班级管理氛围,是保证各种活动顺利进行的基础

首先,班级是幼儿学习、生活的地方,幼儿大部分时间都待在这里,于是创设一个宽松、有温度的班级氛围显得格外重要。古人云:"亲其师,信其道。"只有创设宽松、有温度的氛围,才能让幼儿拥有一个愉快学习的环境。尤其对于小班的幼儿来说,班级管理氛围显得更为重要。众所周知,3—6岁是幼儿养成各种行为习惯的关键期,这个阶段的幼儿对成人具有较强的依赖感,于是这就需要创设宽松、有温度的环境,来满足孩子们的情感需要,以便尽快适应幼儿园的集体生活,养成良好的行为习惯。而在中大班阶段,我们除了创设宽松、有温度的班级管理氛围外,还要注重幼儿创造力的培养。如区角如何摆放,墙面如何布置,都充分尊重幼儿,让幼儿积极参与,共同商量、共同创设。这样在提高幼儿的兴趣和创造性的同时,还培养了幼儿的成功感和责任感。

其次,创设宽松、有温度的班级管理氛围,也是培养幼儿养成各种良好习惯的重要保障。试想,如果一个班级是乱糟糟的环境,待在这个集体中的教师开展活动时没有干净的空间和场地,又怎么去很好地培养她们的良好行为习惯呢?反之在宽松、有温度的班级管理氛围中,创设适宜孩子学习生活的环境,更有助于孩子行为习惯的养成,因为环境是无声的教师。总之,良好的班级管理氛围,是保证各种活动顺利进行的前提。

(二)树立正确儿童观,优化师幼之间的关系,是做好班级管理工作的保障

班级管理工作要有一定的方法,特别要注重师幼之间的关系。关系处理好了,班级管理工作就会水到渠成;反之,很难开展各项活动。作为教师,我们应时刻主动关注每一位幼儿,了解幼儿所想,了解幼儿所需。只有做好了这些,幼儿才会跟教师亲近,与教师建立和谐师幼关系。

第二节 幼儿园班级管理的目的、任务与原则

> 即使是最好的儿童,如果生活在组织不好的集体里,也会很快变成一群小野兽。
>
> ——马卡连柯

一、幼儿园班级管理的目的

班级管理是搞好幼儿园管理的基础工程,是提高保教质量的基本保证,因此必须予以高度重视。幼儿园班级管理的内在目的,是把幼儿培养成个体生活和社会生活的主体。幼儿园的发展必须通过班级管理来实现。

二、幼儿园班级管理的任务

班级管理工作可分为4个环节:

(1) 幼儿园班级工作计划的制定。制定科学的、切实可行的班级计划是班主任工作的重要内容。一份好的班级计划,,对于班级教师而言,其作用是显而易见的:一方面,可以使教师全面掌握班级情况,心中有蓝图,明确班级儿童发展的目标;另一方面,可以提高教师管理班级的有效性,使班级保教人员明确任务要求,统一步调,协调配合,保证教养任务的完成,提高保教质量和工作效率。[①]

(2) 幼儿园班级工作的组织与实施。组织是指安排分散的人或事物,使之具有一定的系统性或整体性;实施即实行。幼儿园班级工作的组织与实施是指将班级中的教师、幼儿、材料、物品、空间、时间等要素进行合理安排,使之具有一定的系统性和整体性,并加以实行。

(3) 幼儿园班级工作的检查与计划调整。

(4) 幼儿园班级工作的总结与评估。总结的过程也是一个对以往工作进行全面检查、分析和研究的过程。

三、幼儿园班级管理的原则

(一) 主体性原则

主体性原则蕴含了两方面的含义:第一,教师作为管理者具有自主性、创造性和主动性;第二,幼儿作为学习者具有主体地位。因此在贯穿运用该原则时应注意以下

[①] 宋丽芳.浅议制定班级计划的意义[J].华夏教师,2014年9月15日。

几个方面：

1. 明确教师对班级管理的职责和权利

幼儿教师应不断地发挥主动性和积极性，不断地开拓班级管理的新举措，最大限度地满足幼儿的愿望和要求，从而调动幼儿学习的主观能动性。

2. 教师应充分了解并把握班级的各种管理要素

对班级各种要素了解把握，合理调配，并予以驾驭和协调，是对班级进行良好管理的必要前提。这些要素不仅包括每一个幼儿，也囊括了家长、环境设施等一切可以为教学和管理服务的资源。

3. 教师应正确理解和处理与作为被管理者的幼儿之间的关系

教师是班级管理中的管理主体，幼儿则是客体或者说管理的对象，所以我们在管理幼儿时既要发挥自身的指导作用，又要保证幼儿学习自主权，对这一点的控制和把握是十分重要的。

（二）整体性原则

整体性原则是指幼儿园班级管理应是面向全体幼儿并涉及班内所有管理要素的管理。

整体性原则具有以下几点要求：

第一，教师对班级的管理不仅是对整体的管理，也是对每个幼儿个体的管理。幼儿教师在班级管理中经常出现"抓两头，忘中间"的现象。过分地偏爱优秀的幼儿，或者一味地关注问题小朋友，而忽视掉默默无闻的孩子，这是违背整体性的要求的，教师应该把目光放到整个班级中的每个幼儿身上，在此基础上根据幼儿个体的特点和水平进行管理。

第二，教师应该充分利用班级作为一个集体的熏陶作用和约束作用。

第三，班级管理不只是人的管理，还涉及物、时间、空间等要素的管理。

各种要素要全方位贯穿，联系物质、时空等因素来使每个幼儿参与活动，接受教育。

（三）参与性原则

参与性原则指教师在管理过程中不以管理者身份高高在上，而是要以多种形式参与到幼儿的活动中去，民主、平等地对待幼儿，与幼儿共同展开有益的活动。

对于这一原则的贯彻我们应该注意以下几点：

第一，教师参与活动应注意角色的不断变换，以适应幼儿活动的需要。

第二，教师参与活动要根据幼儿的需要，取得幼儿的许可。

第三，在有些角色游戏中，幼儿角色已经分配好，教师再强行介入，就会适得其反。

第四，教师参与活动中，指导和管理要适度。

（四）高效性原则

高效性原则是指以最少的人力、物力和时间，尽可能地使幼儿获得更多、更全面、更好的发展。也可以理解为灵活性原则。

高效性原则具有以下几点要求：

第一，班级管理目标的确定要合理，计划的制定要科学。要充分考虑幼儿的身心发展特点、所处年龄阶段，还要考虑不必要的人力、物力等资源的耗费。

第二，班级管理计划的实施要严格和灵活。这主要是针对幼儿群体活动多变、不稳定、突发状况多而提出的。

第三，班级管理方法要适宜，管理过程中重视检查反馈。

第三节 幼儿园班级常规管理

教育是什么，往简单方面说，只有一句话，就是养成良好的习惯。

——叶圣陶

俗话说："没有规矩，不成方圆。"在幼儿园中，一个班级常规的好坏直接影响幼儿的成长和教师组织一日生活的质量。如果常规没有建立好，幼儿就没有好的习惯，在教学中教师要分散精力来维持秩序从而影响活动的质量；反之，一个班级建立了细化、完善的常规，形成一个自然有序的学习、生活环境，不但为幼儿良好习惯的形成奠定了良好的基础，同时也有利于教学活动的组织与开展。常规培养是教育活动中不可忽视的一部分，也可以说幼儿园一日常规是幼儿成长、学习的基础前提。常规不仅是幼儿一日活动正常开展的保证，更是幼儿健康成长的保证。

幼儿园的集体生活是幼儿从家庭迈向社会的一个小小驿站，也是幼儿走向社会的第一步。幼儿从熟悉、自由、宽松的家庭环境进入到陌生、有纪律约束的集体环境之中，难免有些不适应。他们不能像在家里那样随心所欲，想干什么就干什么，而要受集体规则的制约。因此从入园的第一天开始，我们就要重视对幼儿进行一日常规的培养，由浅入深，循序渐进，让幼儿逐步理解并遵守日常生活中基本的社会行为规则。

一、幼儿园一日常规的含义

一日常规是指需要幼儿经常遵守的规则和规定，是幼儿在幼儿园一日生活的各种活动中应该遵守的基本行为规范，主要包括三方面含义：

（1）一日活动的时间及顺序的规定。

（2）一日活动各环节具体要求的规定。

（3）幼儿园的一般行为规范。

二、幼儿园一日常规的重要性

常规培养对幼儿园教育有着非常重要的意义，主要体现在以下几个方面：

（1）一日常规帮助幼儿适应幼儿园集体环境。
（2）一日常规帮助幼儿学习在集体中如何生活。
（3）一日常规可以维持班级活动的秩序。
（4）一日常规可以帮助保教人员组织班级活动。

三、幼儿园一日常规的培养

（一）建立良好的生活常规

生活常规是幼儿园为了培养幼儿良好生活习惯和生活基本能力，确保幼儿健康成长而制定的幼儿园生活各环节的基本规则与要求。《幼儿园教育指导纲要》明确指出："幼儿园日常生活组织，要从实际出发，建立必要的合理的常规，坚持一贯性、一致性和灵活性的原则，培养幼儿的习惯和初步的生活自理能力。"

从入园的第一天起就要有目的地培养生活常规。幼儿园生活常规对幼儿每天生活活动的内容、时间、程序等均要有明确的规定，使幼儿一日生活能保证在一定的节奏、秩序和规律中进行，以培养幼儿良好的生活习惯和基本生活自理能力。建立良好的生活常规是实现幼儿园良好的一日常规的重要保证。

（二）建立良好的集体活动常规

我们在组织集体活动时，要让幼儿按照一定的要求，遵守集体活动规则，让他们明白自己不能扰乱集体活动。

集体活动常规内容：

第一，集体活动常规主要体现在良好的学习习惯上，良好的学习习惯是学习知识、技能的必备因素。

第二，集体活动常规还包括幼儿要顺应集体指令。集体指令是让幼儿在日常生活中逐步形成的集体活动常规。

第三，集体活动常规还有语言常规、操作常规等。认真地倾听、大胆地表达都是培养语言常规的基本方法。操作常规包括教师提供的一切学具和游戏材料，知道正确的运用和保管。

第四，集体活动常规需要我们用灵活多样的方法去逐步培养。

第五，任何事情都是从点点滴滴做起的。引导孩子逐步从依规则控制自身行为到形成动力定形，达到我们所说的"习惯成自然"，做到从他律走向自律。

（三）建立良好的游戏常规

《幼儿园教育指导纲要》中指出："尊重幼儿身心发展的规律和学习特点，以游戏为基本活动。"游戏是幼儿最喜欢的活动，也是幼儿园对幼儿实施教育的主要形式。游戏的开展在幼儿园中运用之多，大家也是清楚的，为此建立良好的游戏常规也是很必要的。

幼儿喜欢玩游戏，有时玩得高兴时，不能控制自己的情绪，玩得投入时，不能控制玩的时间。针对不同的游戏提出具体的要求，并且强调没有遵守要求带来的后果。

制定必要的游戏规则,建立良好的游戏常规,才能使游戏活动在宽松、友好、愉悦的氛围中进行。

第四节　托班的管理

多蹲下来听孩子说话,你看到的将是一个纯真无暇的世界!

——阮庚梅

托班是目前在幼儿园设立的0—3岁的班级,托儿所和亲子园也属于这种班级。0—3岁是人一生中身体和心理发展最为迅速的时期。在这一时期,婴幼儿动作发育迅速,从出生时完全依赖成人的个体,经过短短的一年,就会独立地完成人类的基本翻、坐、爬、走、跑等;这一时期也是语言发展的关键时期。总之,语言、动作、情感等各方面飞跃式的发展,成为托班幼儿的明显特征。同时,因为幼儿的体质柔嫩,极易受到各种因素,如营养、温度、环境污染、安全等影响,造成对身体健康的危害。因此,更需要对托班幼儿的身心进行精心的照顾和适宜的教育。

一、布置安全、卫生、富有童趣和教育意义的环境

托班所在的教室应选择一楼宁静、空气新鲜、光线充足的房间。室内的布置要适合幼儿的年龄特点和兴趣,如对比明显、轮廓简单的图片,颜色较鲜艳的实物等。布置的高低要适合幼儿的视线,并考虑他们在各种情况下,如躺下、坐起、爬、站、被抱起时,都能从不同角度看到一些室内布置。

要提供丰富多彩的玩具和游戏材料,按不同年龄特点配置玩具材料,如可为7个月的幼儿提供小球、拉推的小车、能爬的梯子等。为1岁半左右的幼儿可以提供操作游戏材料,如积木、套盒、拼图等;也可以提供画纸、彩笔、橡皮泥等手工、绘画材料,玩沙、水的材料,如小桶、小铲、小碗等;还可以提供玩具娃娃等角色游戏使用的各种角色游戏材料。

游戏材料要符合安全卫生的要求,不要提供过小的玩具,以免幼儿放进嘴里误吞;注意玩具表面要圆滑,不能有棱角和尖角,更不能含有有毒的化学物质。所有玩具都必须容易消毒和清洁。

二、制定和执行合理的生活作息制度

托班管理的重点是保育和保健工作,促进幼儿身心健康发展。同时,还要提供必要的活动刺激他们的大脑,丰富他们的生活,使他们多听、多看、多说、多问,逐步培养和促进其探索客观世界的能力。制定作息制度要考虑不同年龄孩子的需要差异和不同类型活动的动静差异,从而制定出合理的生活作息制度,科学地执行作息制度,才

能保证幼儿的睡眠，使其养成科学的生活规律，促进其健康发展。

三、精心照顾，保证幼儿的饮食和睡眠，科学指导幼儿的盥洗和排便

3岁前幼儿正处在一生中生理生长最快的时期，一方面必须补充每天活动中机体代谢所消耗的能量；另一方面，还要提供机体组织生长发育所需要的能量。因此，托班应按照幼儿生长发育的需要、幼儿的月龄或者年龄供给充分的热量和各种营养素。无论母乳喂养、人工喂养，都要及时增加辅食，补充维生素制剂和含铁食物。卫生部颁发的《托儿所、幼儿园卫生保健制度》中所附的《婴儿喂养参考表》以及《每日膳食中营养素供给量》为我们提供了参考。我们要培养幼儿良好的饮食习惯，使幼儿做到不挑食、不偏食等，保证营养素合理均衡的摄入。同时，培养幼儿逐步学会使用进餐工具，独立、安全、卫生进餐。

充足的睡眠能够保证幼儿消除一天中脑力、体力活动造成的疲劳，使神经系统、骨骼和肌肉、内脏器官等得到休息。尤其是睡眠时人体生长激素大量分泌，有助于促进幼儿身高的增长以及大脑皮层的发育。我们一方面要提供舒适温馨的睡眠环境，做到不睡软床，被褥清洁干爽，及时发现并更换尿湿的床单被褥；保证室内空气清新，光线、温度适宜、宁静、安全。另一方面要培养孩子独立入睡的良好习惯，对入睡困难的幼儿要耐心安慰和抚慰，允许他们抱着自己心爱的玩具入睡，切不可威胁吓唬。

托班幼儿生活自理能力差，大小便和洗手等问题看起来非常简单，但对他们来说，却是至关重要的大事。教师处理好这些小事，能够帮助幼儿减少在园的恐惧，增加对教师的信赖。教师在开始时要做到每天观察、记录每个孩子的大小便时间和次数，找出规律，以便以后能够及时提醒孩子，照顾他们。另外，为孩子准备与孩子小腿高度相同的便盆，固定便盆的位置，培养孩子及时排便，大胆向老师求助以及便后洗手等良好的习惯。

第五节　小班的管理

初期教育应是一种娱乐，这样才更容易发现一个人天生的爱好。
——柏拉图

古语有云："亲其师，信其道。"一个好的班集体，离不开教师的用心管理。特别是在小班班级管理中，教师更应该从"心"开始，用心去关心、关爱每一个孩子，凡事从孩子的角度出发，有助于形成积极向上的班风班貌，让孩子成为学习和生活的主人，让班级成为孩子各方面发展的有效载体。同时良好的班集体也能为孩子今后的学习和生活打下结实的基础。

一、"爱心"——常规管理的首要条件

对于小班幼儿来说,他们需要一个充满爱的环境。顺利开展各项活动的基础是,孩子能够真正地从内心深处接受与他们朝夕相处的教师,从而来改变自己的行为举止。如果教师对他们敬而远之,那么孩子也将对我们不理不睬。

对于刚离开父母,来到陌生环境的小班孩子来说,教师的一个眼神、一声问候、一次抚摸,都会让他们感到温暖无比。所以教师需要做到的是关爱每一个孩子,不偏爱,让每个孩子都能够感受到老师是喜欢他、爱他的。

孩子在园的一日生活是丰富多彩的,教师需要关注每个细节,让我们的爱更完美。在此基础上,孩子会更加愿意倾听、愿意和老师将心比心地交流,这也为建立常规打好了结实的基础。

二、"童心"——常规管理的有效手段

小班孩子的年龄特征告诉我们,他们和成人有着本质的区别,他们不会喜欢,也不会适应成人那种看似枯燥乏味的规则。他们所钟爱的始终是游戏,游戏是孩子最喜欢的一种活动方式。如果教师能够将游戏活动和常规管理有效地结合起来,相信我们的孩子能够养成非常良好的行为习惯。

幼儿心理学研究表明:积极主动的情绪可以提高活动效率,起正向的促进作用;而消极被动的情绪则会降低活动的效率,起反向的阻碍作用。也就是说,愉快的情绪往往容易使幼儿形成规则意识并愿意遵守规则,效果较好。在进行常规管理时,教师可以把一些常规要求编成短小的儿歌,和孩子一起来做一做、念一念,帮助孩子掌握、记忆。例如,对于入园不久的孩子们来说,有时会出现赖床、迟到,或者要爸爸妈妈抱进园的现象,这时教师就可以采用儿歌的形式帮助幼儿记忆:"小朋友,起得早,每天来园不迟到。自己走进幼儿园,不用爸爸妈妈抱。"因为儿歌朗朗上口,孩子很容易就能记住,并且他们会很愿意边念儿歌边照着儿歌里的内容做,从而逐步改善孩子的一些言行。

《纲要》中明确指出,游戏是幼儿的基本活动,幼儿园教育应寓教育于游戏之中。如果能够将游戏和班级管理联系起来,相信会收到事半功倍的效果。例如,一日活动中的排队,可以利用开火车的游戏形式,让孩子们又快又好地将队伍排好,每个孩子都是一节车厢,孩子们对这个比喻特别感兴趣,看看前头的"车厢"是谁,后面的"车厢"是谁,很快就能记住自己的位置,在户外做操结束后,老师的一句"小火车向前开咯",孩子们就能迅速将火车搭好,又快又齐。因此,借助情景游戏,我们的常规建立得有序又不乏乐趣。

三、"恒心"——常规管理的监督者

在建立起合理、有效的班级常规后,教师需要持之以恒地遵守,不能半途而废。蒙台梭利认为:"孩子们的工作习惯一旦形成,接着就必须做到严格监督。经验告诉

我们,在建立纪律的过程中,一定要按一定的原则和方法严格进行,按照不同层次、分阶段练习,不强制和用说教来达到目的。"

例如,在孩子奖罚方面,集到十颗五角星就能换取一个班级的标志牌,孩子们对此很感兴趣,大家会为了这个奖励努力把事情做到最后,如果教师中途没有继续遵守这个规则,那么可想而知,孩子们的情绪会受到影响,而他们为之努力的目标也失去了方向,就更加不能谈"常规"二字了。因此,常规管理方面,我们需要有"恒心",有了这个监督者,小班的班级管理将会井然有序。

四、"合心"——常规管理的助力

家长是幼儿园与社会联系的桥梁,是窗口,是宣传栏,教师需要争取每一位家长的配合。开学初,教师就需要和家长进行交流和沟通,把教师近期的工作安排向家长做简单的讲述,特别是在孩子的自理能力方面,教师希望家长能够适当放手,让孩子能够多动手,尽量自己的事情自己做,如穿脱衣物、整理自己的玩具等。同时,教师也可以通过家校路路通等形式,向家长传送一些相关的育儿知识等内容,希望能够对他们有所帮助。所以,良好的常规管理,离不开家园合力。

小班班级管理工作内容多而烦琐,需要教师用一颗真正关爱孩子的心,去解决工作中遇到的困难,帮助孩子疏理出一条明确、有价值的道路——班级的常规管理,让他们在一个自主、有序的环境中生活、学习,也为孩子将来各方面的发展奠定良好的基础。

第六节 中班的管理

> 对于儿童,做父母,做教师的责任,便是如何教导他们,使之成为健康活泼,有丰富知识,有政治觉悟和良好体现的现代中国儿童,现代中国人。
> ——陈鹤琴

幼儿园中班是幼儿三年幼儿园教育中承上启下的阶段,也是幼儿身心发展的重要时期。中班幼儿发展的特点主要表现在幼儿机体组织的发育进入一个相对平稳的增长阶段,各种活动能力都处在生长发育的阶段,但各方面都显得柔弱、幼嫩。他们运动的速度、灵活性和把握性有了一定的发展,精细动作进入快速发展的时期,能比较灵活地从事各项活动。而在心理方面,他们认知活动的具体形象性有了进一步提高,中班幼儿积极健康的情感和初步的情感能力得到发展,并且活泼好动的特点在中班幼儿身上尤为突出。

幼儿到了中班之后,随着经验的不断丰富,能力的逐步提高,他们在活动中表现出更多、更强的积极性与参与性。然而,在实际生活中,随着家长和老师对孩子要求的日益提高,他们所面临的实际心理压力越来越大。许多幼儿园已开设美术、舞蹈、电子琴、英语等兴趣班。由于自身能力的相对有限和外界要求的不断增强,许多孩子心理压力较大,情绪表现不够稳定,产生不少情绪、行为问题,如部分孩子行为退缩、胆小、任性等。因此对幼儿园中班的幼儿进行自我心理调节能力的培养十分重要。

怎样才能帮助幼儿进行良好的自我调节呢?对此需要进行有针对性的教育——帮助幼儿学习正确评价自己,树立一定的自信心。

作为一名幼教工作者必须深知,正确的自我评价是幼儿树立自信心的前提,也是幼儿能够适当进行自我调节的基础。有了对自己较为客观、正确的认识,幼儿才能对自我产生认同,了解自己的长处与短处,接受自己的地位与现状,建立初步的自尊与自爱。这样,在受到外界不良刺激影响时,幼儿就能够依靠对自己适当评价,及时调整心态,进行自我调节、自我激励,保持心理状态的稳定性。因此,教师的评价在幼儿的心目中尤为重要,这样就要求教师要真正做到爱护、尊重每个孩子,肯定幼儿身上的每一个闪光点。在对孩子评价时要十分注意自己的言行,尽可能多地用积极的态度评价幼儿。最大限度地来提高幼儿的自信心,使其产生自豪感、荣誉感,使幼儿开始重视自己在别人心中的地位与形象。

所以,在平时可以有针对性地开展了一些谈话活动,如平时利用晨间谈话或午餐后休息时间进行一些谈话活动:让幼儿通过讨论,了解自己的长处与短处,并经常采用个别鼓励与集体表扬等方式来帮助幼儿形成客观、正确的自我评价标准,以提高幼儿的自我调节能力。例如,中班幼儿贝贝在平时活动中表现突出,有一次,老师请他到办公室找另一位老师拿本书,但这位老师有可能不在,要在幼儿园里找一找。贝贝不愿意接受这个任务。在这样的情况下,老师首先肯定了他在各种活动中的突出表现,使其心中树立起"我是一个能干的孩子"的形象。然后老师再表示出对他能完成任务充满信心。在老师的鼓励下,他很快就高兴地去完成了任务。在这个过程中,我们看到,在教师的帮助下,幼儿有了正确的自我评价,培养了自我激励的精神,及时调整了自己的心理状态,顺利完成任务。

第七节 大班的管理

> 要永远觉得祖国的土地是稳固地在你脚下,要与集体一起生活,要记住,是集体教育了你。哪一天你若和集体脱离,那便是末路的开始。
> ——奥斯特洛夫斯基

凡是集体,总有一个坚强的核心,没有一个核心的群体,不会为一个共同的目标而采取共同的行动,必然是"一盘散沙"。一个幼儿园的班集体就是一个小社会,它包含了幼儿学习和生活的方方面面,这个小社会的核心必是班主任。一个优秀班集体的建立是来之不易的,它需要班主任运用很大的智慧和才能去管理,需要扮演好多重角色,既是引导者、协调者,又是服务者。

进入幼儿园大班,可谓是幼儿园最大的孩子了。看着这些爱学、爱问、个性初步形成的孩子,欣慰、自豪之感充满教师的心怀。这些处于学龄期准备阶段的幼儿还需一年的时间就要带着自豪和喜悦迈入小学的校门,做好入学准备工作是这一阶段教育的重要内容。那么幼儿在园的最后一年,班级工作如何来抓呢?

一、了解和关爱每一位幼儿,让孩子养成良好的习惯

孩子是班级的主体,我们的一切工作都是为了孩子的成长和发展。当然管理孩子不是为了限制孩子,而是给孩子一个足够大的空间,掌握应遵循的规则,养成良好的习惯,更好地去适应社会。

首先,让每一个孩子养成良好习惯,成为班级管理的自主管理者。大班孩子对自己的个性有了初步的自我意识,对于他们来说,幼儿园的一日生活常规都游刃有余,在班级集体生活中帮助每一个孩子建立内在秩序感,形成集体规范,从而养成良好的习惯是大班管理工作的重中之重。作为老师心中要有数,幼儿良好的习惯包括什么?明确大班年龄段的要求与侧重,大班就要培养孩子守时、守纪、爱学好问、自我评价与调控等方面的习惯。教师可与幼儿一起制定规范,在日常生活中加强练习。

一个好习惯的养成不是一朝一夕的事情,需要很大的坚持性,需要不断地强化。在这个过程中,很容易疲劳以至于忽视,从而使坏习惯卷土重来。如针对幼儿"拉扯小椅子"的现象,我们首先请他们观察磨损的椅子,然后讨论该怎么保护这些椅子,经讨论商定出共同的规则"轻搬轻放,倒下的椅子要及时扶起来"。在规则制定后我们就要训练孩子轻搬椅子、轻放椅子的正确方法,而后在搬椅子过程中检查督促幼儿的执行情况,对遵守规则的及时表扬肯定,而对于违反规则的教师应及时制止,并给予正面的引导。还有"上课时举手回答问题"这一规则也要多次重复才能被孩子们所领悟、执行。教师要把培养幼儿良好的行为习惯渗透于孩子们一日生活的各个环节中,内容要具体化、生活化、可操作。再如大班幼儿起床后要学会叠被子练习,哪怕是孩子叠一遍老师再拆开、返工重叠一次,也应该让孩子继续练习。总之,孩子良好习惯的培养以及良好班级氛围的营造,既来自持之以恒的规则意识,更形成于符合生命成长的科学关怀。和孩子一起生活,教孩子学会生活、学会学习、学会做人,让每一个孩子都是班级的自主管理者。

二、有效开展幼小衔接工作,把握好衔接的"点"和"度"

幼儿园的生活与小学的生活截然不同。幼儿园的教育是为孩子的一生打好基础,也为入小学做好准备。因此幼小衔接也是大班必须进行的一项工作。应进一步明确入学前准备是指儿童身心健康发展的全面准备,而不仅仅是知识与技能的准备。

(一)"点"的把握

解决好幼小断层的链接问题,是做好幼小衔接教育的关键。所以我们要关注幼

儿进入小学后的社会关系变化、学习形式的变化、行为习惯要求的变化、自主意识形态的变化、评价方式的变化等,正确地认识与对待幼小衔接问题,既要考虑认知内容的衔接,又要考虑身体、情感、技能、社会性等方面的衔接。

(二)"度"的把握

幼儿园教育是小学教育的奠基阶段,其活动形式以游戏为主,在快乐的童年生活中获得有益于身心发展的经验;而小学主要任务就是学习。因此教师可以通过开展"我要上小学"为主题的系列活动,以多种形式激起幼儿上小学的愿望,对小学产生向往的情感,培养幼儿的时间观念、规则意识以及人物意识需要得以建立。在活动开展时要注意把握好教育的尺度,遵循幼儿的年龄特点和身心发展规律,让幼儿平稳、顺利过渡。

学 习 小 结

班级是幼儿园的细胞,是幼儿园实施保教任务的小集体,班级管理的好坏直接影响幼儿园的管理质量。对幼儿来说,班级是具体的学习生活环境,幼儿的健康成长在很大程度上取决于班级保教工作的实施和管理。尽管幼儿园班级管理是一个老生常谈的话题,但因幼儿是鲜活的人,管理手段、方式方法也不是一成不变的,需要教师在科学方法的指导下做一个有心人,因此,如何有效地管理好班级仍然是一个值得探讨的课题。

复 习 与 思 考

1. 请简述幼儿园班级管理最主要的内容是什么。
2. 请用 3—5 个词形容在幼儿园班级管理中教师是什么样的角色。
3. 幼儿园班级管理方法有哪些?运用这些方法需注意些什么?
4. 幼儿午睡及起床前后,教师和保育员有哪些常规工作?请选择其中的 2 项谈谈你认为需要注意的有哪些方面。
5. 试述幼儿园班级一日常规管理的理念,谈谈自己的看法。
6. 试述对于幼儿一日活动中的安全隐患可以采取哪些相应预防措施?
7. 幼儿园托班的班级特征有哪些?假设你是一名幼儿园教师,这学期担任托班的班主任,谈谈你将如何开展对这个班级的管理工作。
8. 幼儿园小班的班级特征有哪些?假设你是一名幼儿园教师,这学期担任小班的班主任,谈谈你将如何开展对这个班级的管理工作。
9. 幼儿园中班的班级特征有哪些?假设你是一名幼儿园教师,这学期担任中班的班主任,谈谈你将如何开展对这个班级的管理工作。
10. 幼儿园大班的班级特征有哪些?假设你是一名幼儿园教师,这学期担任大班的班主任,谈谈你将如何开展对这个班级的管理工作。

第十四章　幼儿园班级管理

1. 试论述小、中、大班三个年龄阶段的幼儿的特点是什么。
2. 有人说幼儿园大班以集体教学为主，就能缩小"幼小"之间的差别，为幼儿入小学做好准备。你认为这种观点对吗？为什么？
3. 拟定一份组织大班儿童参观小学的计划。

幼儿园班级管理要兼顾效果与正义

这样的管理举措在幼儿园中非常普遍：早晨班级里第一个入园的小朋友可以获得一张小贴画，吃饭吃得最干净的小朋友可以得到一张小贴画，午睡第一个睡着的小朋友可以得到一张小贴画……

当幼儿获得5张小贴画时，就能够登上班级光荣榜，并得到一块橡皮或铅笔作为奖励。很多幼儿园都有这样的光荣榜。然而，这就使得一部分小朋友因为登上光荣榜而高兴，而另一部分则为没有登上光荣榜而烦恼。

诚然，在幼儿园班级管理中，教师利用光荣榜约束幼儿的行为是非常有效的。但是作为公共教育机构，幼儿园班级管理举措不仅要有效，还应符合正义的要求，而光荣榜本身的很多规定并不符合正义的要求。这是因为，幼儿园光荣榜在赋予一部分幼儿光荣的同时，可能也伤害了另一部分幼儿的心灵。而从幼儿健康、持续发展的角度看，类似的管理措施对于登上光荣榜的幼儿所产生的效果也是有限的，甚至是有害的。

教育不是竞赛，不需要过度宣扬竞争，更不能把竞争作为管理儿童的手段。而教育管理中的"第一"意识和"最好"意识不仅明确宣扬竞争，甚至还鼓励竞争。这样做的直接后果是破坏了教育面向全体幼儿、促进每个幼儿实现全面发展的民主氛围，而且强化了教师的权威意识和裁判员形象，不利于幼儿的自我管理和自我约束能力的培养，因为第一个入园的幼儿、吃饭吃得最干净的幼儿、第一个入睡的幼儿永远只有一位。这样的规则塑造了幼儿一种错误的认识，即自己必须超越别人、战胜别人才能获得荣誉。它使得幼儿将最初的荣誉意识建立在超越别人的前提下，而不是服从规则、形成秩序的普遍法则之下。

而且，一旦形成竞争意识，很容易将幼儿的注意力引向一个狭窄的关注空间。幼儿很容易被教师牵着走，幼儿更加广泛的兴趣、幼儿独特的发展需要也会被竞争意识所掩盖。幼儿的注意力和情绪聚焦在能否获得小贴画、能否登上光荣榜等问题上，而远离了那种因发现和探索而体验到的惊喜和兴奋。

可见,效果优先、正义缺位的班级管理规则对幼儿的发展是有害的。幼儿园班级管理要走出以"竞争"为核心的单纯追求效果的认识误区,更多地从正义的角度审视幼儿园班级管理规则。

第一,制定班级管理规则要坚守教师的职责。幼儿园是幼儿进行公共生活的第一个场所。公共生活的主要特征是合作、信任和互助。因此,幼儿从家庭走向幼儿园这个公共生活场所后,面对的最大挑战就是如何学会共同生活,如何与他人沟通、合作,如何建立信任和互助的关系,而教师的职责就是帮助幼儿面对这种挑战,形成和发展共同生活的品质与能力。如果教师在制定班级管理规定时忽视了这一价值,就很容易为了便于管理而看重竞争行为的效果。实际上,与合作、信任和互助等具有公共生活特征的品质相比,幼儿更倾向于通过竞争来展示自己的实力,而教师的职责是引导幼儿更多地认识差异、尊重差异,从单纯的比较和竞争意识中解放自我。

第二,制定班级管理规则要坚守教育的育人价值。作为教育机构,幼儿园的环境布置、教师的教育行为、园长与教师的管理行为都具有广泛的教育意义。也就是说,除了具体的教育活动之外,还应该看到幼儿园的管理、不同人员所发挥的角色乃至园所环境布置承载的教育功能。园长和幼儿园的每一名教师都应该形成这样一种意识:幼儿园的每一项工作都是具有教育意义的。

第三,制定班级管理规则要"因小见大",要服务于教育目的。幼儿园教师在制定班级管理规则时,一定要从幼儿园作为公共教育机构的属性入手,充分考虑管理手段是否符合职业伦理规范,是否能够充分发挥管理育人的功能等问题,保证幼儿园班级管理符合正义的要求。班级管理本身要发挥管理育人的功能,就要求幼儿园教师在选择和制定班级管理规范时,一定要做到"因小见大",明确管理是手段,不是目的。班级管理是通过制定规则来培养幼儿的规则意识,引导幼儿学会自我管理,而非管束幼儿。班级管理的服务对象是全体幼儿,应面向全体幼儿建立能够引导幼儿健康全面发展的规则和秩序。

幼儿园教师在制定班级管理规则时,一定要兼顾效果与正义。因为,很多时候,从正义的视角审视班级管理规则时,就是在坚守教育价值,就是坚守教师职业的初心。

(杨日飞:《中国教育报·学前周刊·管理》2019年5月5日)

第十五章 幼儿园与家庭、社区、小学的合作

微信扫一扫
观看微课
线上练习

本章导学

在现代,人们对教育生态日益关注,幼儿园已经不可能再关起门来办教育了。家长与社区居民素质的提高,以及家长对孩子早期教育的重视程度日益提高,使人们参与学前教育的意识越来越强烈,而且儿童自身发展的规律与特点也决定了家庭、幼儿园、社区之间的合作将更加有助于孩子的健康成长。因此,幼儿园教师需要了解与家庭和社区合作的意义、内容及途径。儿童离开幼儿园入小学后,许多父母发现,孩子在生活、学习中会有一系列不适应的表现,如不愿上学、厌烦做作业、不能遵守纪律,有的甚至想方设法不去上学。一般说来,人在生活发生重大转折的各个阶段,如上小学、上中学、上大学、参加工作的初期都会产生这样或那样不适应的状况,关键要看适应的困难程度,如果很难适应,就表明前期的准备工作有问题,未能帮助孩子做好迎接转变的准备。当然,衔接工作不是单方面的,对幼儿园来说,为儿童做好入学的准备是一种责任。

学习目标:
1. 能够理解幼儿园与家庭、社区合作的意义与目的。
2. 能够理解幼儿园与家庭、社区合作的内容与途径。
3. 能够理解幼小衔接工作的意义和任务。
4. 能够理解幼小衔接工作的内容与方法。

关键概念:
家园合作;幼小衔接

家园关系的本质是教育合作关系

家庭和幼儿园的关系,从社会关系的视角看是合同关系,是家长和幼儿园之间建立的有法律保障的社会关系。家长是需求方和出资方,根据自己对孩子保育教育需求选择不同环境、不同保育教育水平的学前教育机构。幼儿园是保育教育服务的提供方,根据国家规定,提供安全、合格的环境与设施和较高专业化水平的保育教育服务,让孩子在幼儿园受教育期间健康快乐发展;帮助家长提升科学育儿水平,为孩子提供良好的家教环境。

> 从教育关系的视角看,双方是合作关系。《幼儿园教育指导纲要(试行)》对家园关系的重要性及合作内容、做法做了明确阐述:"家庭是幼儿园重要的合作伙伴。应本着尊重、平等、合作的原则,争取家长的理解、支持和主动参与,并积极支持、帮助家长提高教育能力。"这一阐述明确指出了家园合作关系的指向是教育合作,其核心目的是促进幼儿健康成长。家长在参与教育合作中是不可或缺的教育力量和教育资源;幼儿园是实施教育合作的提供者和主动沟通者。
>
> 在家园的社会关系与教育关系当中,后者无疑占据绝对的主体地位。因为社会合同关系是毋庸赘述的,幼儿进入一所幼儿园,家园自然发生社会合同关系。但家园关系最核心的使命实际上是通过双方的共同努力,促进幼儿健康成长。因此,从这个角度来说,家园关系的本质是教育合作关系。

第一节 幼儿园与家庭、社区合作概述

没有家庭教育的学校教育和没有学校教育的家庭教育,都不可能完成培养人这样一个极其细微的任务。

——苏霍姆林斯基

信息时代的幼儿教育不再是单一的幼儿园教育,它是家庭、社会、幼儿园共同对孩子进行的教育,家庭是孩子的第一所学校,父母是孩子的第一任教师;社区是幼儿的学习和生活环境,它蕴藏着丰富的学习资源。家庭、幼儿园和社区作为幼儿教育过程中的三大重要影响因素,它们之间的合作具有重要意义,幼儿园、家庭、社区的教育能够优势互补,有利于教育资源的充分利用,协调相关的社会群体力量统整各方资源,形成教育合力,促进儿童健康的发展。近年来,人们已逐渐认识到这一点。美国、英国、加拿大等许多国家都将"家庭—幼儿园—社区"合作作为教育改革的重要组成部分。可以说,"家庭—幼儿园—社区"的合作是当今教育改革的一个世界性趋势。

一、幼儿园与家庭合作的重要意义

《纲要》指出:"家庭是幼儿园重要的合作伙伴。"虽然家庭是幼儿的第一所学校,但幼儿入园后,教育幼儿将变成家庭和幼儿园共同的责任。我国幼儿教育家陈鹤琴先生说过:"幼稚教育是一种很复杂的事情,不是家庭一方面可以单独胜任的,也不是幼稚园一方面能单独胜任的,必定要两方面共同合作方能得到充分的功效。"

(一)家园合作有利于幼儿身心健康发展

幼儿身心的健康发展深受家庭、幼儿园等多方面的影响。家庭是生活的第一个

场所,也是幼儿成长过程中最自然的生态环境,在家庭中幼儿可以获取来自父母最温暖的情感需求,并且家庭教育在时间上具有长期性,在实践中具有较强的感染性和针对性。幼儿园教师通过家长了解更多有关幼儿的成长信息,理解家长对幼儿园教育的期望,借助自身专业的幼儿教育知识与技能,以幼儿身心发展特点和规律为基础设计科学合理的活动促进幼儿的健康快乐成长。

(二)家园合作有利于家长树立科学的育儿观

家庭教育对幼儿发展的影响是比较深远的。但在现实生活中,大部分家长并不具备专业的教育知识与技能,经常在教育孩子的过程中感到心有余而力不足。因此,通过家园合作促使家长不断地学习相关育儿知识与技能是重要的方法。

一方面,通过家园合作,家长可以从幼儿教师那里获取相关育儿知识,也可以利用相关网络平台进行自主学习,增加自身育儿知识储备。另一方面,参加幼儿园开展的各项活动,可以更好地使家长认识到自己作为教育者的角色,增加教育的信心。

(三)家园合作有利于提高幼儿园教育质量

幼儿园教育是一项很全面很烦琐的工程,幼儿园教育的成功关系着每个孩子的未来,需要幼儿园与家庭开展合作,齐心协力,共同努力。通过合作,一方面,幼儿教师可以为家长提供更专业化、个性化的指导;另一方面,幼儿教师和家长可以进一步加深理解,增加家长对幼儿教师工作的理解、支持与肯定。

二、幼儿园教育需要社区的配合

社区是指比较完善的社会生活小区。幼儿园与社区合作,即幼儿园与其所处的社区、与幼儿家庭所处的社区密切结合,共同为幼儿的健康成长服务。社区是社会大环境中与幼儿园关系最密切、对幼儿影响最大的那一部分。

(一)幼儿园与社区合作是社会发展的要求和幼儿教育发展的必然结果

社会经济、文化、科技的发展,使社会对教育的影响越来越大,也使教育与社会的关系越来越密切。对幼儿来说,大众传播媒介,特别是电视的普及、家庭文化水准的提高、社会人际交往的发展,给他们增加了许多学习途径。媒介成了幼儿一个主要的学习促进者,幼儿园已经不是幼儿学习的唯一地方,教师也已经不是幼儿获取信息的唯一源泉,甚至不是主要的源泉。幼儿园必须在与社会的合作中去完成自身的教育任务,发挥教育在幼儿成长中的导向作用。无视外部的强大冲击,封闭在幼儿园围墙之中的教育是没有生命力的。此外,社会的发展对人的素质提出了前所未有的要求,这对包括幼儿园教育在内的基础教育的目标产生了很大影响,也对基础教育的办学模式提出了挑战。

(二)社区对幼儿园教育有重要的意义

幼儿园周围的社区是幼儿十分熟悉的地方。社区的自然环境和人文环境在幼儿的成长,特别是精神的成长中有着特殊的意义。幼儿园教育扩展到社区的大背景下进行,充分利用社会环境中富有教育意义的自然和人文景观、革命历史文物、遗迹等,不仅是教育空间的扩大,更是教育内容的丰富和深化。

1. 社区资源对幼儿园教育的意义

社区作为一个生产功能、生活功能、文化功能兼备的社会小区,能为幼儿园提供教育所需要的人力、物力、财力、教育场所等多方面的支持。幼儿教育事业的发展不仅需要广泛动员社会各方面的力量,而且幼儿园教育本身的发展也离不开社会力量的支持。社区的积极参与将使幼儿园教育变得更生动、更富有时代气息。

2. 社区文化对幼儿园教育的意义

社区文化无形地影响着幼儿园的教育,优秀的社区文化更是幼儿园教育的宝贵资源。一般来说,文化和文明程度较高的社区,幼儿园的园风相对较好,教育质量也相对较高,其中,社区的影响无疑是一个重要因素。

总之,幼儿园与家庭、社区的合作是社会发展对幼儿教育提出的客观要求,也是幼儿教育自身发展的内部需要。

第二节　幼儿园与家庭、社区合作策略

> 成功的家教造就成功的孩子,失败的家教造就失败的孩子。
>
> ——[美]泰曼·约翰逊

一、幼儿园与家庭、社区合作存在的问题

(一) 幼儿园与家庭合作存在的突出问题

在幼儿园与家庭的合作中,有两个问题是较普遍的,需要引起注意:

一是家园合作尚不够深入,较多地停留在表面,表现为"三多和三少",即家长虽然进入了幼儿园,但参观的多、参与的少;间接参与较多、直接参与较少,家长很少深入到幼儿园教育过程深层次的环节中;一次性的直接参与多,经常性的直接参与少。二是家庭和幼儿园的教育内容脱节,表现在家长来园参与活动往往是和幼儿一起游戏,而回家后不大可能把这些和家庭教育联系起来。

针对这些问题,幼儿园应当进一步开拓合作的广度和深度,让家园合作在幼儿园教育中发挥更大的作用。

(二) 幼儿园与社区合作存在的问题

在结合过程中主要的问题是:多流于形式,实质性的教育效果并不大;打乱了幼儿园的生活常规,加重了教师和幼儿的负担;将与社区结合的活动和幼儿园教育活动分离开来,不能有效地利用社区环境来深化幼儿园教育。另外,对与社区的结合还存在一些不正确的认识,如认为幼儿园周围的社区环境不好,所以不能合作等。

二、幼儿园与家庭、社区合作的策略

（一）多渠道促进家园沟通

家园合作过程中，幼儿园积极宣传，鼓励家长学习先进的教育理论，树立科学的家庭教育观，优化家庭教育环境。家庭是一切教育的第一场所，孩子首先接触到的是家庭教育，但很多家长还存在误区，认为教育是学校的专职，家庭只需提供物质及生活上的供给，对孩子仅停留在养育的层面，而有的家长缺乏科学的育儿经验，重视教育而不懂教育的现象比比皆是。因此，幼儿园应发挥主导作用，改变与家长沟通的模式，建立起情感交流、信息互动的多渠道合作模式，如设立宣传栏、家长会、家长学习班、家长热线、家园校信通、网络交流等，为家长提供最新的育儿信息，帮助家长走出教育误区，树立正确的教育理念，鼓励家长带头学习，营造爱学习的家庭氛围，用自己好学的精神感染孩子，与孩子一起学习，一起成长。

（二）建立园社共育平台

把幼儿园教育融入社区，并招募社区中热心人士参与幼儿园教育，建立园社共育平台。幼儿园教育必须与社区教育相结合才能取到共育的效果。一方面，幼儿园要主动为社区提供服务，如社区内有的父母忙，未能按时接送孩子，可以增设晚托班；有的小学生中午用餐困难，可以在幼儿园开设"学生小餐馆"，还可以为社区的新父母开展0—3岁幼儿保健护理知识讲座等，这不仅为家长解除了后顾之忧，还扩大了幼儿园的影响力。幼儿园还可以带领幼儿在社区内开展各种公益活动，如"美丽家园人人有责"的环保活动、"为爱伸出你的手"的献爱心活动等，不仅让幼儿得到教育，而且服务了社区。另一方面，社区中人力资源丰富，充分利用这些资源，有利于创造适合幼儿发展的良好空间。幼儿园可以向社区招募志愿者加入园里的活动，如英语教育、角色游戏、物理实验、多媒体教学等，为幼儿园的教学活动提供专业知识、技能资源。此外，志愿者还可以为幼儿外出提供交通工具、帮助幼儿制作教玩具、帮助修理园里水电用具与设备、协助筹备大型活动等，以此发挥双方独特的优势，达到资源共享，互相服务，共同培养和教育幼儿的目的。

总之，随着社会的发展、时代的进步，幼儿园的教育不再是传统的单一的幼儿园内部的教育，要树立正确的教育资源观，让幼儿教育跨越围墙，开发并发挥幼儿园、家庭、社区教育资源的最大功能，去探索幼儿园、家庭、社区合作共育的新模式，不断扩展幼教天地，以促进幼儿健康、全面地发展。

第三节　幼儿园与小学衔接概述

> 一个人从小所受的教育把他往哪里引导，能决定他后来往哪里走。
> ——柏拉图

幼小衔接是指幼儿园与小学两个教育阶段平稳过渡的教育过程，也是幼儿在其发展过程中所面临的一个重大的转折。由于幼儿园与小学课堂模式的不同，幼儿园以游戏为主，注重幼儿生活习惯、学习习惯的培养，以及情感的体验，幼儿自主性、随意性较强；而小学以学习为主，注重知识点的突破，需要比较严肃的课堂氛围，导致幼儿园与小学的课堂模式产生脱节，致使幼儿刚升入小学时不能很快地适应小学的课堂模式，许多小孩子在进入小学后出现疲劳、消瘦、害怕学习的现象。

在这个重要的转折期内，其生活、环境、活动等发生着巨大的不同，这些不同主要表现在以下几个方面：

一、生活环境的不同

从幼儿园到小学是一个全新的环境，在幼儿园活动室中，一般布置得美观、形象而富有童趣儿童画，桌椅可移动，有自然角、图书柜、玩具，供儿童观察、游戏、劳动、娱乐之用，幼儿园的物质环境和和谐的心理环境，为儿童活动创设了积极宽松的氛围。而小学教室只有桌椅，座位固定，没有玩具和其他设备，对幼儿缺乏强烈的吸引力。然而操场上的运动器械和幼儿园是不能相媲美的，对刚步入小学的低年级孩子来说使用的机会较少，必然使幼儿感到枯燥。

二、教育方式不同

幼儿园以游戏为主要活动形式，游戏灵活、自由、趣味性大，没有严格约束力、规范性，注重全面和谐发展，使每个幼儿在原有基础上得到最大发展，培养学习兴趣，传授周围环境中的粗浅知识，形成良好的学习习惯，学习常渗透在各种幼儿感兴趣的生动、形象的活动之中，学习的收获没有严格的评分标准，不考核，没有压力，幼儿的学习责任感较淡，幼儿园教育是一种非义务教育。而小学以上课为主要活动形式，须依据国家统一规定的教学计划、教学大纲和教材进行系统的文化知识教育，要达到一定的质量要求。小学生的学习是一种社会义务，必须系统地掌握关于自然或社会的基础知识、基本技能，接受基本的学习能力训练，这是社会赋予的责任。幼儿必须努力学习，认真听讲，刻苦练习，积极思考，完成作业，参加考试。

做好幼小衔接的准备，不仅可以培养幼儿对小学生活的热爱和向往，也可以培养幼儿对小学生活的适应性。幼儿对小学生活的态度、看法、情绪状态等，与其入学后的适应能力关系很大。因此,幼儿园阶段应注意培养幼儿上学的意愿,对小学的生活充满兴趣和向往,为做一个小学生而感到自豪的积极态度,并让幼儿有机会获得对小学生活的积极情感体验。幼儿入学后,是否适应小学的新环境,适应新的人际关系,对其身心健康影响很大。有一种认识是,幼儿只要提前认一些字,学一点拼音、算术等就没有问题了,这是十分片面的。培养幼儿的社会适应性,特别是主动性、独立性、人际交往能力等,不仅关系着幼儿入学后的生活质量,也关系着他们在小学的学习质量,是幼小衔接的重要内容。

幼小衔接是帮助幼儿做好入学前的学习准备,着眼幼儿终身学习的需要,基本学习素质的养成,并在此过程中,帮助他们为今后的学习打下基础。

第四节 幼儿园与小学衔接策略

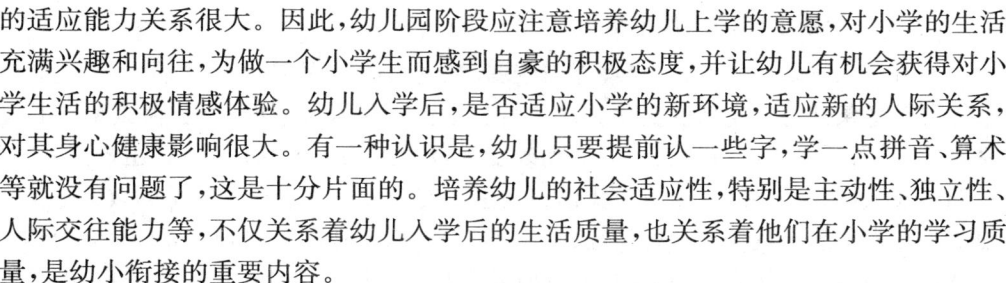

儿童的时间应当安排满种种吸引人的活动,做到既能发展他的思维,丰富他的知识和能力,同时又不损害童年时代的兴趣。

——苏霍姆林斯基

从幼儿到小学生,这是每一个人所必须经历的,陶行知也曾指出:"小学教育是建国之根本,幼稚教育尤为根本之根本。"著名教育家陈鹤琴先生曾谈道:"小学一年级与幼稚园联络起来,成为一个系统""一年级应当与幼稚园有密切的衔接,以免双方受损失"。《幼儿园工作规程》明确指出:"幼儿园教育应和小学密切联系,互相配合,注意两个阶段教育的相互衔接"。现在幼小衔接受到了教育工作者和广大家长的普遍重视,但在幼小衔接中还存在着以下几个方面的问题。

一、幼小衔接存在的问题

(一)幼儿教育小学化,幼小衔接名存实亡

目前,在大多数幼儿园中,幼儿教育小学化倾向日趋严重,且呈加速蔓延之势。不少幼儿园将小学对学生的行为规范搬到幼儿园来要求幼儿。比如对老师要绝对服从,要听话,不许顶嘴,不许辩解;上课要专心听讲,不许开小差、玩小动作、说话;坐姿要端正,精神要集中,回答问题要举手。而小学低年级教师对幼儿心理学、幼儿教育学知之甚少,不了解幼儿的想法。幼儿园教师与小学教师对彼此的教学大纲、教学活动、工作方法等不了解。幼儿也没有去观察小学的环境,不了解小学生的学习生活情况,对小学的学校环境和小学生角色都感到陌生,对幼儿园环境,对幼儿园的生活,对幼儿园教师有较深的感情,都不愿离开幼儿园,这对幼儿园教育向小学教育阶段过渡很不利,同时也会影响儿童身心健康发展。

(二)小学幼小衔接工作不得力

现阶段入学幼儿个性强、自理能力较弱、情绪不稳定,而进入小学后,幼儿的生活条件和教育条件将发生新的变化。幼儿由事事依赖父母、教师逐渐过渡到事事独立完成;幼儿所适应的以游戏为主的活动改变为以学习为主的活动,课后还要预习、复习功课或做作业;另外,学习以口头语言为主改变为以文字或符号为主的教科书。致使幼儿在入学后出现这样一种情况:上课不专心、做作业不认真,形成了不良的学习态度和习惯。缺乏认真学习的习惯,这时就出现了适应困难,导致学习"没后劲"等问题。故而,给幼儿园、小学的教学活动造成压力,幼小衔接难以顺利进行。

二、幼小衔接策略分析

幼小衔接的目的是解决儿童入学以后适应困难,即社会适应和学习适应两个方面的问题。因此对幼儿进行以能力为重点、适应幼儿年龄特点的全面系统的衔接教育,循序渐进地促进幼儿适应能力的持续发展,使幼儿身心和谐发展,是解决幼小衔接教育问题的实质所在。主要有以下两个方面:

(一)转变教育理念,明确幼小衔接教育目标

教育思想观念的转变是幼小衔接工作的先导,要坚持终身教育的理念,明确幼小衔接的教育目标。幼小衔接不应被狭义地看成是两个教育阶段的过渡,而应当看到,让孩子顺利实现过渡只是短期目标,幼儿的长远发展、全面素质的提高才是长远规划。幼小双方都应回到教育的原点,根据幼儿身心发展的阶段性和连续性,进行适应幼儿发展的衔接教育,以促进其健康成长,为幼儿一生的发展奠定基础,促进孩子的可持续发展。可以说,幼小衔接的最终目的在于促进儿童的可持续发展——幼小衔接本身不应是教育的目的,而是促进儿童可持续发展的手段。

(二)明确幼小衔接教育内容,把握主流价值取向

幼小衔接要坚持放眼于孩子终身发展的教育理念,明确幼小衔接的教育内容,把握幼小衔接的主流价值取向。在幼小衔接过渡期,要围绕学习适应能力(如抽象思维能力、观察能力、对言语指示的理解能力和读写算基本技能等)和社会适应能力(如任务意识与完成任务的能力、规则意识与遵守规则的能力、独立意识与独立完成任务的能力以及主动性、人际交往能力等)做好全面衔接准备,以降低由于衔接不利带来的学习、社会适应不良,帮助幼儿顺利实现两个不同教育阶段的过渡。幼小衔接要准确把握促进幼儿身心和谐发展的价值取向,不仅重视知识上的衔接,更要注重学习习惯、学习兴趣以及社会适应能力的衔接。"衔接"最终应聚焦在幼儿的身心发展上。

学 习 小 结

幼儿健康的生活行为和习惯对于后续的学习和生活具有重要影响。幼儿园和家庭作为幼儿成长的主要场所,只有通过家园合作形成正向、积极的教育合力,才能共

同帮助幼儿养成良好的生活行为习惯。针对影响幼儿不良行为、习惯产生的家庭因素,也需要构建有效的家园合作机制,对幼儿进行补偿性的个别化教育,才能纠正幼儿不良的行为习惯。家庭教育对人的成长意义重大,母亲作为家庭教育的主要承担者,其地位与作用更是显而易见。当今社会随着时代的发展,越来越多的母亲开始走出家庭,投入工作,教养子女不再是其主要的生活内容,目前很多的年轻家长是独生子女,如何做一名合格的家长对他们来说是极具挑战的任务。在学前教育发展的新形势下,幼儿园日渐成为幼儿教育的主要承担者,这使很多幼儿园在家园合作中采取居高临下的态度与独断专行的方式,不仅不利于家园交流与合作,也难以完成向家长传播科学育儿理念与方法的任务。为此,幼儿园应根据时代发展不断创新家园合作方式。

多数家长只重视孩子在知识上的储备,而忽视家园应有的配合,以致造成幼儿学习习惯差,自我管理意识缺乏,社会性适应与交往上也有些障碍。对今后小学学习生活难以适应。上述因素都不同程度阻碍着孩子们身心健康的发展。幼小衔接就是指幼儿园与小学的衔接,加强幼小衔接的目的在于,使幼儿可以很好地适应小学。幼儿从幼儿园进入到小学阶段,是重要的转折点,幼儿所面临的活动规则、学习方式、交往对象以及生活环境等均有了明显变化,具有坡度性,正因如此,很多幼儿都容易产生恐惧心理、厌学心理、疲劳心理以及学习兴趣低落情绪。想要改善这一问题,要求幼儿教师必须要在幼儿阶段中,做好相关疏导和培养工作。坚持在大班幼儿日常教学和管理过程中,注重培养幼儿的各项能力,以便使其更好地适应小学学习生活。

复 习 与 思 考

1. 家庭教育具有哪些显著特点?幼儿园应从哪些方面考虑家庭教育的影响?
2. 社区教育具有哪些显著特点?幼儿园应从哪些方面考虑社区教育的影响?
3. 结合自己的经验和所学,举例说明幼儿园应如何利用社区或社会的公共资源。
4. 幼儿园在与社区合作的过程中,应如何发挥自身的优势,加强与社区的联系?
5. 作为一名准幼儿园教师,在组织幼儿园活动时应如何把握游戏与教学的关系?在活动中如何避免小学化并培养幼儿良好的学习品质?
6. 简述幼儿入学后的适应性问题,并谈谈解决这些问题的相关策略。
7. 结合实际情况,请分析在做好幼小衔接工作时应该注意哪些方面?

问题讨论

1. 试描述幼儿教育小学化的危害。
2. 如何摆脱传统的灌输式、填鸭式教学或"小学化教学",发挥儿童学习的自主性?

3. 幼小衔接教育的实质问题是什么？怎样做好幼小衔接教育工作？
4. 如何正确理解幼儿园教育和小学教育的差别？

1. 幼小衔接工作的主要内容是什么？
2. 结合实际分析幼儿园与家庭合作时应注意哪些问题？
3. 幼儿园与社区合作的途径有哪些？

 知海拾贝

来自美国家园合作的启示
——基于美国几种家园合作计划的思考

苏霍姆林斯基说过："没有家庭教育的学校教育和没有学校教育的家庭教育，都不可能完成培养人这样一个极其细微的任务。"家长是幼儿园教育工作所不可忽视的教育资源。"家庭是幼儿园重要的合作伙伴。"教育从家庭当中开始，家庭的活动将会对发展个体学习的轨迹产生深远的影响。在儿童的学习当中，家长参与越多，儿童就越有可能接受到一种高质量的教育。在儿童的教育当中，家庭扮演了核心作用。在当今美国，"家庭教育和支持"越来越受到公众的喜欢，因为更多的方案受到各种基金的资助，为家庭提供儿童发展和神经科学信息、父母养育技能与其他资源，这些信息资源将会帮助父母使他们的孩子为进入学校和学习做好准备。美国向来注重家庭教育与学前儿童早期教育，对我们国家在学前教育阶段开展家园合作有一定的借鉴意义。

一、美国几种家园合作计划

在当今美国，为了使父母、家庭更好地促进学前儿童的发展，专门的计划或者方案有以下几种。

（一）美国家长教师联谊会（PTA）"美国家长教师联谊会"（Parent-Teacher Asociation，简称PTA）是指建立一种家庭与学校的伙伴关系，使得儿童有一个良好的人生开端；在儿童的人生头三年当中，最大限度地促进儿童全面发展。相对于美国的其他计划来说，PTA计划是一种典范。它为所有的家长提供了一种儿童发展和活动的信息，这种信息能够促进儿童的语言、智力和社会性的发展。

（二）"永远启航"（Even Start）计划

该计划是国家资助的家庭读写计划。这个计划把成人读写和父母培训与儿童早期教育相结合，从而打破从上一代传向下一代的文盲怪圈。"永远启航"在《改进美国教育法》的名义下进行，通过公立学校制度来运作。特别是，在孩子

的教育当中,"永远启航"计划已经帮助父母成为称职的伙伴,帮助孩子充分发挥其潜能,并为家长提供读写训练。"永远启航"计划目的是为了和已有的社区资源进行充分合作,以提供一种广泛的服务,把早期儿童教育和成人教育相结合。

(三)阿旺斯(Avance)计划

阿旺斯是一个以教育中心为基础的为父母提供支持和教育的计划,为位于得克萨斯州得桑安托努、休斯敦、雷欧·兰德三个中心的低收入西班牙家庭提供服务。家长和已满三岁的孩子被登记入册,通过一种主动上门服务,把家庭纳入这个计划当中来。阿旺斯的核心是历时9个月的父母教育计划,在这种计划当中,家长将学会如何成为孩子的启蒙老师,如何适应孩子的发展需要。为了在这个方面对父母进行支持,阿旺斯中心借鉴了很多形式,包括家访、读写发展、就业训练、家庭计划信息、利用社区资源进行教育、为满足其他形式的社会服务提供建议等。

二、美国家园合作计划产生的影响

最新研究成果表明,学前期是人一生中大脑形态、结构、机能发展最为迅速、可塑性最强的时期,是个体情感、行为、语言、认知等各方面发展的奠基阶段和敏感期,是个体社会化的起始阶段和关键时期。学前阶段儿童所拥有教育机会的多少和教育质量的优劣,不仅决定了其学前期的发展水平,而且影响着其终身学习与发展的质量和效果。

学前儿童的教育应该是促进学前儿童身心和谐发展的教育,PTA正是一种为家长提供有关学前儿童语言、智力和社会性发展方面有关信息的计划,这就使得参与该项计划的家长明确对学前儿童教育最主要的是哪些方面,因此家长对学前儿童教育的认识本身就是正确的,相应的也就坚持了正确的学前教育价值取向。2000年美国国会的相关调查研究表明:增加家长参与是儿童长远发展的关键,家长参与"美国家长教师联谊会"(PAT)项目的儿童在学业成就评价中认知能力、语言能力和社会技能等都有所增加。

从而证实了PAT计划对促进学前儿童发展的重要影响,是一个良好的促进父母、家庭参与学前儿童教育的实例。

Even Start计划的实施,成功地教育了成人和儿童,使得儿童和成人共同进步。成人通过读写训练,文化水平有一定的提高,认识事物的能力也有一定的提升,对学前儿童的教育能力也可能有所改观。比如,对学前儿童的指导会更有针对性,在儿童探究或者学习过程中更有耐心,与儿童之间的语言交流增多等。家长与孩子之间建立的这种伙伴关系,有利于家长"弯下腰来"观察儿童、发现儿童,儿童在这个过程会被给予更多的机会,有利于儿童自我探究、自我操作能力的发展。更重要的是,家长参与该计划,会更多地了解到学前儿童教育是什么,应该如何正确对待学前儿童的教育,为了促进学前儿童的发展,家长应该扮演的角色是什么,应该如何与幼教机构相互配合。

Avance 计划的开展，除了可以达到与上述两个计划基本相同的目标以外，更重要的是，实施该计划有利于社会的稳定和团结。这也正好验证了美国总统奥巴马指出的"接受优质的学前教育不仅有利于个体在今后的学业、工作中取得成就"，而且"能减少国家的社会教育费和社会福利费"，"投资1美元可通过社会福利、补救教育、预防犯罪等方面投入的降低以及纳税的增加而得到10美元的回报"。Avance 计划主要针对得克萨斯州低收入的西班牙家庭，家长的积极参与。一方面减轻了他们的经济负担，让儿童可以相对轻松地接受学前儿童教育，有利于教育公平的发展；另一方面，该计划中积极主动的、多样化的与家长沟通方式，能够使得家长了解如何成为儿童的启蒙老师，如何适应学前儿童的发展。这就能够保证家长对学前儿童教育的正确理解。现代教育生态研究者认为，对于幼儿来说，家庭是最自然的生态环境，与父母共同生活是其最基本的生存状态，幼儿的成长离不开家庭的照顾与支持。而家长作为幼儿的第一任老师，是影响儿童生命的关键人物，正如心理学家艾里克森所指出的，父母对孩子的良好态度为儿童以后形成正确的社会态度奠定了基础。因此，家长对幼儿的影响是幼儿园不可替代的，同时也是影响幼儿教育质量的不可忽视的因素。有研究表明，热心参与幼儿园活动的家长，其孩子以后发展比其他孩子要好。

上述几个计划的影响，使我们明确了学前儿童教育过程中家园合作的重要性和可能性。

三、美国家园合作计划对我国实施家园合作的启示

陈鹤琴先生说过："幼稚教育是一种很复杂的事情，不是家庭一方面可以单独胜任的，也不是幼稚园一方面能单独胜任的，必定要两方面共同合作方能得到充分的功效。"

随着幼教改革的深入与素质教育的开展，家园合作教育也逐渐被人们所接受。但是，我国的父母、家庭参与学前儿童发展与教育的现状不容乐观，甚至有些幼儿园为了争取生源，迎合家长的意愿，开设兴趣班、特长班，幼儿园"小学化"倾向严重，归根结底，有很大一部分原因是家长对学前儿童教育的理解发生偏差，使得学前儿童的教育偏离了正确的价值取向，因此，我们有必要借鉴美国家长、父母参与学前儿童教育的经验，更好地促进我国家园合作、共同培养学前儿童的发展。

（一）国家通过法律和政策来保障和支持家长的参与权

美国从20世纪60年代中期起，广泛开展"开端教育计划"（The Head Start Project），由政府出资向广大低收入家庭的3—5岁儿童提供教育、营养与保健服务。该计划强调家长对儿童的发展具有重要意义，要求受资助幼儿园必须积极帮助家长提高教育水平，组织家长参与儿童教育过程，以充分发挥家长的作用，形成家园密切合作，共同教育儿童的格局。此后，美国又颁布了一系列法规，进一步强调了家园合作的重要性。我国应该从法律和制度上，明确家长对儿童发展的作

用,使家长明确自身对学前儿童发展承担的责任和义务,使家长认识到自身对学前儿童的发展应该享有参与权的重要性和必要性。同时,以法律法规的形式固定下来,也有利于家长和幼儿园更好地实施家园合作,而不至于使这种合作流于形式,达不到应有的效果。

(二)开展家园合作计划,使得家长有参与权我国有必要开展类似于美国PTA、Even Start、Avance这样的计划或者项目,促使更多的家长积极参与到学前儿童的发展与教育,使更多的家长有权利和机会来认识什么才是真正的学前儿童教育,明确学前儿童教育的正确价值取向,明确什么样的家庭指导更有利于学前儿童的发展。只有尊重家长对学前儿童在幼儿园的参与权,才能真正促进家园合作,真正实现家园合作的意义。

(三)加强有关学前儿童方面的研究

国家应该重视学前儿童发展方面的研究,使相关研究真正应用到实践中。在美国,实验研究表明:"投资1美元可通过社会福利、补救教育、预防犯罪等方面投入的降低以及纳税的增加而得到10美元的回报。"

研究结果在一定程度上影响到国家政府层面政策的制定,这点对我们国家来说也是一个很好的借鉴,我们也可以做个长期的追踪研究,验证或者证实学前儿童时期的投资对一个人的发展有什么样的作用,或者对整个社会的稳定、团结有什么样的影响,这些相关的研究结果通过舆论宣传、社会媒体等传播途径,在全社会范围内树立一种正确的学前儿童教育观。这不仅有利于我国学前儿童教育发展的公平、普及,也有利于我们提升学前儿童教育发展的质量。从另外一个层面来看,有利于社会的团结稳定和学前教育公平地普及。

(四)转变思想观念,加大舆论宣传,重视家长对学前儿童教育的作用

在全社会范围内树立正确的思想观念,大力宣传:学前儿童教育过程中,家长的职责是什么,家长应该怎样更好地促进学前儿童的发展。通过宣传栏、《家庭教育指导手册》、日常家园合作活动等活动,教师将新的教育理念向家长宣传,向家长介绍学前儿童身心发展的特点和规律,对学前儿童的不当行为应如何给予正确指导等,让家长在活动过程中接受正确的思想观念,为促进儿童的健康发展奠定良好基础。

(五)丰富家园合作的形式开展多种形式的活动,让父母和家庭参与到学前儿童的教育和发展中来,例如家访、宣传栏、家长开放日、《家庭教育指导手册》等,甚至是主动地上门服务,让家园合作发挥真正的价值。有调查显示:84%的被调查教师认同家访是效果最好的一种家园合作方式,还有其他的形式,如日常家园合作活动、半日主题活动、系列主题活动、户外亲子活动和家家乐趣味运动会等。

(六)深化家园合作的内容

针对父母、家庭的计划或者服务,应该内容丰富并且实用。例如:开展育儿经

验的交流活动,向父母介绍学前儿童认知、语言、社会性等方面发展的特点等,让父母具备一定的学前教育思想,这也可以使家长更好地参与到学前儿童的发展中。加强父母、家庭参与学前儿童的教育,不仅可以转变家长的教育观念,也可以使得家长接收更多的新信息,促进家庭与幼儿园之间的合作。同时,也在一定程度上使家长的素质得以提升,这对儿童的后续发展也是非常重要的,家长可以了解如何更好地与儿童沟通,对儿童的发展给予正确指导。

(南姣鹏　西北师范大学教育学院)

参考文献

[1] 陈桂生.教育学的建构[M].上海:华东师范大学出版社,2009.
[2] 田景正.中外学前教育史[M].北京:北京师范大学出版社,2014.
[3] 黄人颂.学前教育学[M].北京:人民教育出版社,2009.
[4] 缪建东.家庭教育社会学[M].南京:南京大学出版社,1999.
[5] 汝茵佳.幼儿园环境与创设[M].北京:高等教育出版社,2006.
[6] 赵忠心.家庭教育学[M].北京:人民教育出版社,2000.
[7] 张燕.幼儿园管理[M].北京:人民教育出版社,2008.
[8] 朱家雄,华爱华.幼儿园环境与幼儿行为和发展的研究[M].北京:世界图书出版公司,1996.
[9] 朱家雄.幼儿园课程(第二版)[M].上海:华东师范大学出版社,2011.
[10] 李生兰.幼儿园与家庭、社区合作共育的研究[M].上海:华东师范大学出版社,2003.
[11] 李全华.幼儿园环境创设[M].杭州:浙江大学出版社,2007.
[12] 李胜兰.学前教育学(修订版)[M].上海:华东师范大学出版社,2006.
[13] 杭梅.学前教育学[M].北京:高等教育出版社,2014.
[14] 朱宗顺,陈文华.学前教育学[M].北京:北京师范大学出版社,2012.
[15] 李季湄.幼儿教育学基础[M].北京:北京师范大学出版社,1999.
[16] 虞永平,王春燕.学前教育学[M].北京:高等教育出版社,2012.
[17] 梁志燊.学前教育学[M].北京:北京师范大学出版社,2015.

后 记

2015年,教育部印发了《高等职业教育创新发展行动计划(2015—2018年)》,要"立项建设省级高等职业教育专业教学资源库(200个左右)和精品在线开放课程(1000门左右)"。为了响应号召,我院"学前教育学"课程组的老师们,一致决定将高职高专学前教育专业的核心课程——"学前教育学"建设成为湖北省精品在线开放课程,并努力向国家精品在线开放课程冲刺。

经过三年的建设,本课程已在智慧职教MOOC学院成功上线并开课,学员们学习积极踊跃,反映良好。

作为在线开放课程建设的成果之一,就是编撰与之配套的新形态一体化教材。本教材依据教育部颁布的《教师教育课程标准(试行)》〔2011〕6号中"幼儿园职前教师教育课程目标与课程设置"的要求,将其"幼儿教育基础"中的教育发展史略、课程与教学理论、学前教育原理等内容,有机整合,开发了4编15章内容。解决了高职高专因为师资、课时等原因,未专门开设教育发展史略、课程与教学理论的问题。讲义编撰完成后,我们请北京文华在线教育科技股份有限公司精心制作了75节微课,配套建设了有1000多道试题的习题库,实现了在线检测。

因此,本教材体例新、理论新,配套的微课制作精美,在线练习量大,适合于专科层次学前教育专业学生及其他社会学习者学习。

本教材由最初的讲义到现在的出版发行,经历了三四年的时间,四易其稿。陈学敏、陈新文提出整体思路和写作大纲,五位教授"学前教育学"的老师共同编写,最后由陈学敏统稿。具体分工如下:第一、二章(陈新文),第三、四、五、六、九章(陈学敏),第七、八章(张霞),第十、十一、十二章(杨森),第十三、十四、十五章(邓韵秋),我院的李芳老师也参与了后期的校对工作。同时,南京大学出版社丁群编辑及其同事也做了大量工作,在此一并表示感谢。

本书在编撰过程中,参阅、借鉴和引用了众多学者的观点和成果,主要参考资料列在书后,未能在书中一一标注,若有疏漏之处,在此一并表示感谢。

由于时间和水平有限,本书错误和不足之处在所难免,真诚欢迎各位同行、广大读者不吝批评指正,以利于我们在今后修订中改正和完善。

陈学敏
襄阳职业技术学院师范学院
2019年7月于襄阳